多職種連携を支える

「発達障害」理解

ASD・ADHDの今を知る旅

土居　裕和
金井智恵子　編著

北大路書房

はしがき

　ここ 10 年の間に,「発達障害」「自閉症」「ADHD」といった用語は, 一般の人々にとっても馴染みのあるものになってきました。それに伴い, 発達障害の人々が抱える生きづらさや, その保護者の方々の苦労が可視化され, 社会に共有されるようになってきたのは, 発達障害者・児支援に携わる方々の長年の地道な努力のたまものといえるでしょう。

　その反面, 世間に流布する「発達障害」のイメージが, 実像とずれてしまっていると感じることも稀ではありません。発達障害についての誤った情報の流布は, 当事者や保護者の方に心理的苦痛を与えるのに加え, 支援者の方々が発達障害について理解を深める妨げにもなっています。このような現状を踏まえ, 当事者・保護者・支援者をはじめとした発達障害に関わる皆さん, および, 支援職を志している学生さんに, 自閉スペクトラム症と, 注意欠如・多動症を中心とした発達障害支援の正確な知識・理解を身につけていただけるようにとの願いを込めて企画したのが本書です。

　近年, 発達障害支援においては, 分野間の連携が重要視されるようになってきました。ここでいう分野間の連携は, 支援現場での連携と, 発達障害支援を支える学問分野間の連携の双方を含みます。

　支援現場での連携においては, 乳幼児期〜成人期にまたがる切れ目のない支援を実現する「タテの連携」と, 教育現場・医療をはじめとした多職種の専門家が, チームとして支援に取り組む「ヨコの連携」が重要視されています。一方, 学問分野間の連携では, 従来, 発達障害支援研究を担ってきた教育学・福祉学分野の研究者が, 脳科学・医工学分野の研究者と連携することで, 発達障害の脳の特徴の解明や, その知見に基づく新たな支援技術開発が進んでいます。

　発達障害支援における分野間連携の流れは, 今後いっそう加速していくと考えられます。したがって, 発達障害支援に関わる皆さんが, 今後, 自分の専門ではない分野の知識を求められる場面に出くわすこともたびたび起こると予想されます。そこで, 本書では, 特定の専門分野に偏らず, さまざまなバックグラウンドをもつ執筆者を配することで, 発達障害支援に関係した幅広い分野を俯瞰できるように工夫しました。保育・教育・医療現場における発達障害支援の実際から, 脳科学・医工学的アプローチによる発達障害支援まで, さまざまな分野の基礎・最新知見を 1 冊で学べる点が, 本書の最大の特徴です。

本書は 3 部構成になっています。まず，第 1 部では，発達障害とアセスメントの基礎について概説してあります。第 1 部は初学者向けではありますが，発達障害支援に携わる専門家の皆さんにも，知識整理のためにご活用いただけると思います。

　第 2 部では，保育・教育現場における発達障害支援と，いわゆる「大人の発達障害」支援の実際について，現場での工夫や，発達障害支援を支える制度・理念を含めて，多面的に解説しています。第 2 部の執筆者は，保育学・教育学の専門家 2 名と，医療専門職 2 名から構成されています。保育・教育・医療のそれぞれの分野から，乳幼児～成人期における発達障害支援を眺めることで，発達障害支援における「タテとヨコの連携」の重要性を実感できるようになっています。

　最後の第 3 部では，発展的な内容として，発達障害の脳科学，薬物治療，そして医用工学技術を活用した発達障害支援の最新動向を紹介してあります。第 3 部で扱われているような内容には，ほとんど馴染みがないという方も多くいらっしゃると思います。そこで理解を助けるために，脳科学の基礎を説明した序説を設けました。最初はむずかしく感じられても，興味のある話題から読んでいただければ，発達障害研究の最前線の話題について，理解が深まるはずです。

　本書を通じて，発達障害支援に関わるさまざまな分野を眺めていくことは，発達障害支援という広大な領域を旅することです。本書は，発達障害の基礎から発展的話題へと，だんだんと知識を積み上げていくイメージで構成してありますが，旅の途中，気の向いた場所で途中下車するように，各章を独立した章として読むことも可能です。また，本書の各所に，軽い読み物として，当事者インタビューや，各執筆者の経験談等を含むコラムを配置しました。

　発達障害に関する理解は飛躍的に進歩し，支援も充実してきました。しかし，発達障害支援において，施設間・職種間の連携がうまくいかないケースも多々見受けられます。また，発達障害を扱う学問分野間の情報共有は，必ずしもうまくいっていないのが実情です。本書が，このような現状を打破し，よりよい発達障害支援を実現する一助となれば幸いです。

　最後になりましたが，各章をご執筆いただいた先生方，および，企画段階から多大なるご支援をいただいた北大路書房の西端薫様・若森乾也様に，心より感謝申上げます。

令和 2 年 11 月 30 日

編者　土居　裕和

目次

第 1 部
ASD・ADHD 臨床の基礎知識

発達障害は年々，数が増えているため，医療・保育・教育などのさまざまな領域において，発達障害に関する正しい知識の獲得や対応が求められている。本書では，発達障害の中でも現在注目されている ASD・ADHD について詳しく説明する。まず第1部では，発達障害の特性，ASD・ADHD のアセスメントを紹介することで，ASD・ADHD の臨床の基礎知識を身につける。

第 1 章

発達障害とは

第 2 章 →

1. はじめに

(1) 発達障害を学ぶ前に

　みなさんは，これまでに発達障害という言葉を聞いたことがあるだろう。その言葉を聞いて，頭に浮かぶとしたら，幼児期の子どもであれば，「一人遊びが好きなちょっと変わった子ども」「じっとしていられないやんちゃな子ども」かもしれない。また成人であれば，「1つのことにこだわっている個性的な人」「優秀な人」などを，まずは思い浮かべるかもしれない。発達障害は医療機関等で診断を受けるが，自閉スペクトラム症（ASD）の診断を受けたからといって，すべての ASD の人にまったく同じ特徴があるわけではない。また ASD の人であっても，他の発達障害，精神疾患，パーソナリティ障害，内科的な疾患（病気）があるかもしれないし，育った環境も異なることがあるだろう。したがって，その人に合った支援を行うために，発達障害に関わる専門家は，さまざまな領域に関する知識と技能を習得するようにするなど，日々努力することが求められる。学生時代は，新たな知識と技能を獲得するには最高の環境であるが，社会人になると，日々の業務に追われて勉強するための時間を確保することがむずかしいであろう。しかし，医療・教育・福祉などの分野を専門と

する人は，新たな知識を獲得し，経験を積むために，常に切磋琢磨し続けて，職務を果たしていくことが求められる。

（2）発達障害の子どもは普通になるのだろうか？

　発達障害をもつ子どもの保護者から「幼児期に発達障害の診断を受けた子どもが，成長に伴い普通の子どもと同じになるのでしょうか？」と質問されることがある。答えは「定型発達児（発達障害ではない子ども）と同じようにはならないが，障害特性が１つの個性としてみられるようになることも少なくない」となる。つまり，"個性的な人"になるということである。

　ここでみなさんに考えてほしいことは，「普通とは何だろうか？」ということである。以前，精神科に通院中の患者が「私は普通になりたい」と悩んでいた。カウンセリングを通じて話を聴いていると，この患者が言う普通というのは，身長，体重，顔，好み，性格，付き合う相手，収入，人生を含めるようだった。つまり，普通とは平均値とも解釈できるだろう。たとえば，20 歳女性の平均を考えると，身長 154.9cm，体重 44.9kg，顔の大きさ（全頭高 21.8 cm，頭幅 15.3 cm），アルバイト１か月の収入 29,675 円とする女性が世の

普通について考えてみよう

中にどのくらい存在するだろう。人間は，すべて平均なものをもっている人は
ほとんど存在しないし，もし存在するとしてもおもしろみのない人間になるだ
ろう。やはり人はそれぞれ個性があり特性があるからこそ，その人らしさがあ
り，それが，その人の魅力になるのである。発達障害の人も個性があるからこ
そ，自分の長所を伸ばし自分らしい生き方を見いだすことで，充実した人生が
送れるようになるのである。

2. おもな発達障害

　診断とは，所定の手続きに従って障害（疾病）を分類することであり，診断
は治療などの方向性を明らかにするために行われる。日本の医療機関では，お
もに，米国精神医学会（American Psychiatric Association：APA）の「精
神疾患の診断・統計マニュアル第 5 版（Diagnostic and Statistical Manual
of Mental Disorders, 5th edition：DSM-5)」(2013) と世界保健機構（WHO）
による「国際疾病分類第 11 版（International Classification of Diseases,
11th Revision：ICD-11)」(2019) の診断基準を用いて，精神科医が発達
障害の診断を行う。診断基準である DSM-5 と ICD-11 は，内容的にはかな
り統一されている。
　次は DSM-5（American Psychiatric Association, 2013）に基づき，自
閉スペクトラム症，注意欠如・多動症などを含むおもな発達障害について説明
をする。

(1) 自閉スペクトラム症（Autism Spectrum Disorder：ASD）

　自閉スペクトラム症（Autism Spectrum Disorder：ASD）は，定型発達の
人と一見あまり変わらないような人もいれば，知的な遅れを伴いさまざまな症
状をもつ人も含まれるため，境界線があいまいである。そのため，ASD は連
続体（スペクトラム）とされている。ASD の特徴を図 1-1 にまとめた。
DSM-5 では，ASD は以下の 2 つの特徴が幼少期の早い段階に生じるとされ

社会的コミュニケーションの困難さ	行動，興味，活動の偏り
・指さしがない ・他人に興味を示さない ・視線が合わない ・一人を好む ・見せたいものを共有しない ・他人への関心が強いが，その人との関わり方がわからない ・視線が合わない ・他者の気持ちを理解することがむずかしい ・表情が乏しい ・ジェスチャーが少ない	・触られるのを嫌がる ・音は聞こえているのに名前を呼んでも振り向かない ・フリ遊びやごっこ遊びなど想像力に関する遊びをしない ・オウム返しを繰り返す ・CM などを繰り返し言う ・独特の話し方や大人びた言葉遣いを使う ・変化に弱い ・感覚の異常（匂い，味，見る，感じる，音など）がある

幼少期の早い段階で社会的コミュニケーション困難・こだわりが出てくる

図 1-1　ASD のおもな特徴

ている。

1) 特徴 1：社会的コミュニケーションの困難さ

　おもに社会や人との関わりがむずかしいことを表している。

幼少期〜　　おもな特徴として，保護者や周囲の人と視線が合わない。また，表情がほとんどないので，周囲から見ても子どもの感情がわからず，喜んでいるのかわからないという状況があげられるであろう。そして，一人遊びを好み，いつまでも積み木を並べていることも多い。また，興味があるものを他者に教えるといった指さしがないことも共通してみられる。

　ASD の子どもによっては，1 歳くらいになっても一語文が出ない場合もある。また，多くの子どもに質的なコミュニケーションの障害があるだろう。たとえば，1 歳児で言葉が出ていても，一方的に自分の興味のあることばかりを話し，相手との会話のキャッチボールが成立しないことがある。そのため，ASD の子どもは大人とのやりとりを好む傾向がある。子ども同士の関係であ

れば，お互い対等な立場であるため，友人関係を築くことは困難な作業であることが予想される。なぜならば，ASDの子どもは，他人の考えていることを読み取ることがむずかしいからである。また他人との距離感を把握することがむずかしいため，やたらと相手に近づきすぎて不快感を示されるかもしれない。また，身振り手振りを使ったジェスチャーが少ない。定型発達児であれば，相手に身振り手振りを交えて，説明をするであろう。さらに，ASDの子どもは，プリンセス遊びなどのごっこ遊びや，何かを見立てて遊ぶことに関心が少なく，物の匂いを嗅ぐなど，感覚遊びを好む傾向がある。

成人期　成長とともに，相手の立場になって物事をとらえたり，相手の気持ちがよくわからないことが多いため，友達や恋人ができないことがある。しかしASDの人は，他者への関心がそれほど高くないため，他人がそばにいないという理由から，孤独感をもつことは少ないかもしれない。また，その場の空気を読むことが苦手であるため，いじめやからかいの対象になりやすい。たとえば，暗黙の了解で，クラスのみんなで秘密にしていたことを，本人が悪意なく，先生に打ち明けてしてしまった結果，のけ者にされたという人もいるかもしれない。さらに，他人との雑談が苦手であったり，真面目なため，冗談が通じないこともある。このように，対人コミュニケーションが苦手であるため，学校・職場においても困難をきたすことがあるだろう。このとき，本人は困っていなくても，周囲が困っていることがあるため，初診時では，保護者や上司が本人を連れてくることも少なくない。

2）特徴2：行動，興味，活動の偏り

幼児期～　ASDは常同的・反復的な行動（こだわり）や感覚異常が特徴としてあげられている。子どもであれば，目の前で手をひらひらさせたり，ブロックなどを並べることに没頭する。また物事を覚えたり，決まりを守ることは得意であるが，急な変更には対応がむずかしく，パニックを起こすことがあるだろう。そして多くのASD男児は，電車にこだわりがあり，保護者と一緒に電車に乗ったり，見学に行くかもしれない。また路線を丸暗記しているASD男児も多いだろう。また感覚異常としては，耳塞ぎをするなどして，大きな音や機械音などある特定の音に敏感である。また寒さ暑さに鈍感なため，冬なのに

薄着をしている ASD の子どももいる。

　また ASD の子どもの中には，視覚的な記憶力が優れているなど，特異的な能力をもつ場合がある。たとえば，ASD の子どもの中には，「他者との会話は成り立たないけれども，英語やひらがなを丸ごと暗記している」「カレンダーをすべて覚え，5 年後の 3 月 3 日の曜日がわかる。電車の時刻表をすべて丸暗記している」などがあげられる。その他，ピアノや絵画などの芸術的な才能をもつ ASD の子どもも存在する（本田，2018）。

成人期　　かれらは，ある特定のもの（電車，ゲーム，ネットサーフィンなど）に異常な関心を示す。また，「その対象の多くが，アイドルなどの人物ではなく物である」という点が，定型発達と異なることが推測できる。ASD の人の中には，得意な分野をさらに掘り下げてその道を究めるというように，ある特定の分野の専門家に向いている人もいる。多くの ASD の人にとっては，論理的思考が得意な領域であるため，理系を専門とするシステムエンジニア，研究者として成功することもあるだろう。

　しかし，臨機応変に行動することがむずかしいため，仕事で融通が利かないと周囲から判断されてしまうことがある。考え方も黒か白か（all or nothing）で，あいまいさをもって物事をとらえることが苦手である。環境が変わるとパニックになるかもしれない。たとえば，診察を受けるときに，普段は主治医しかいない診察室に研修医が同席していた場合は，パニックになることがある。

　ASD の人は，感覚過敏や感覚鈍麻により，音が苦手な場合も多い。そのため，電車の中では防音イヤマフをつけることで，音を遮断し快適に電車に乗ろうとする人もいるだろう。また感情の表し方も苦手で，怒りをコントロールするのがむずかしいと感じる人もいる。周囲からは，感情表出の少なさと，表情の乏しさにより，本人が何を考えているのかわかりにくいこともあるだろう（市橋，2018）。

　このように ASD の人は興味や関心，行動が広がらないことが特性であるため，かれらの得意なことを生かして将来につなげることが望ましい。

3）ASD の有病率

　有病率とは，ある時点で一定の集団の中で病気にかかっている割合のことである。たとえば，4月に調査を実施した場合には，4月の時点で診断を受けたASDの割合である。ASDの有病率（prevalence）は，近年高くなっており，世界的にみると，1～2％とされている。たとえば，欧米で行われた児童を対象にした研究では，ASDは54人に1人と割合が高い。男子と女子の比率は，およそ4：1であり，男子のほうが多い。また知的に遅れがあるASDは31％，知的に遅れがないASDは69％であることから，その多くが知的に遅れがないタイプである（Maenner et al., 2020）。ASDの有病率が高くなっている背景には，おもに，診断基準が精密化されたこと，メディアを通じてASDの認知度が高まったことなどがあげられる。実際に保育所・幼稚園の園長や学校の校長からも，「以前と比べてASDなどの発達に偏りがある子どもが増えた」「勉強ができるある男の子は，一人でいることを好むため，クラスの子どもと一緒に活動することを嫌がったり，突然パニックになる」という話を聞く機会が多くなったように思う。つまり，この有病率の高さは，現場の職員の経験に一致したものといえる。

(2) 注意欠如・多動症（Attention-Deficit/Hyperactivity Disorder：ADHD）

　注意欠如・多動症（Attention-Deficit/Hyperactivity Disorder：ADHD）は，小児期における神経発達障害群の1つの障害である。通常は，小児期に診断されることが多いが，近年は，成人期になって診断されることもある。ADHDの子どもは，注意を持続すること，多動性や衝動性の行動をコントロールすることが困難になるであろう。また興奮して感情が高ぶりやすく怒りが抑えられなくなることがある。ADHDには，「不注意が優位なタイプ」「多動性－衝動性が優位なタイプ」「両方が混同しているタイプ」に分けられ，「不注意が優位なタイプ」はADD（Attention Deficit Disorder）とよばれる。ADHDの特徴を図1-2に記した。以下に，「不注意が優位なタイプ」「「多動性－衝動性が優位なタイプ」」について詳しく説明する。

| 不注意 | 多動性 | 衝動性 |

・大好きな遊び以外には集中できない
・うわのそらでぼーっとしていることが多い
・いろんなものを忘れたりなくしたりする
・ケアレスミスが多い
・身のまわりのことを管理するのが苦手である

・順番が待てない
・思ったらすぐに行動してしまう
・自分の要求が満たされないと感情が抑えられない
・そわそわしたり落ち着かない
・いつも動き回っている
・静かに遊べない
・おしゃべりが止まらない
・他の人と仲良くやることがむずかしい

・子ども・大人：いくつかの症状があること
・2 か所以上の場所で症状が出ていること
・不注意・多動性－衝動性の両方をもつタイプと，片方が強いタイプがいる

図 1-2　ADHD のおもな特徴

1) 不注意が優位なタイプ

　おもに注意力や集中力の持続がむずかしい。不注意は成人でも継続する特性であるが，不注意が優位なタイプは，目立ちにくい特性であるため，子どもの頃には気づかれないまま，大人になってしまう場合がある。

幼少期～　おもな特徴としては，注意散漫であり，興味のあることや意欲のわかないことには，注意を持続することが困難になる。たとえば，興味のない国語の授業になると，床に寝転がって授業を受けようとしないが，興味がある算数の授業になると，席に座って授業に取り組むことなどがあるだろう。また，忘れ物が多く，物以外にも，学校で説明を受けた内容を忘れてしまうことがある。学校では，クラスの中で忘れ物が一番多く，答案用紙の名前の書き忘れなど，ケアレスミスも目立つだろう。また活動に飽きてしまい，周囲から行動が遅れてしまうことがある。保育所・幼稚園では，まわりを見て 1 テンポ遅れて動くが，不注意の症状が目立たずに過ごすこともあるだろう。子どもによっては，何度注意をしても，服装がだらしなく，頻繁に制服のボタンをかけ違え

ることもある。

成人期 仕事では段取りを組むことが苦手であり，単純なミスが多く，何度も同じミスを繰り返すことがある。また身の回りの整理整頓やスケジュール管理ができない場合がある。また，うわの空でぼーっとしていることがあるので職場で問題になるかもしれない。さらに，興味関心の偏りがある。たとえば，仕事に関する資料の内容を入力するだけの単純作業には興味がもてずに，ミスをすることが多いため，周囲から注意を受けることもあるだろう。一方で，ある企画のアイデアを出したり，取引先の会社に自ら出向いてプレゼンテーションをすることは得意なため，上司からは仕事ができる人だと評価されることもあるだろう。

2）多動性－衝動性が優位なタイプ

幼少期～ 多動性－衝動性をもつ子どもは，ある刺激に対して反応してしまう。たとえば，授業中や絵本の時間など，自分の席に着くことが求められているときに席を立ってしまうことや，走ってはいけないところを走り回ったり，高いところに上るなど，じっとしていることができず，終始落ち着きのない行動や発言をする。また集中して授業に取り組んだり，先生の話を最後まで聴くことが苦手で，課題や宿題を最後までやり遂げることがむずかしい。特に関心がないものであれば，他の刺激に心が奪われてしまうであろう。一方，感情面においては，自分の要求が通らないと怒りなどの感情を抑えることができず，その場でかんしゃくを起こすかもしれない。このような特性により，就学後は他の人と仲良くやっていくことがむずかしくなる場合がある。

成人期 大人になっても思いつきで行動をしてしまう。椅子にじっと座っていることがむずかしく，他のことを考えたり，貧乏ゆすりや体を揺らすなど落ち着きのなさがみられる。また順番を待つことも嫌がるので，うまく割り込む方法を考えるかもしれない。ADHD の人は，興奮性も高く，あるきっかけで衝動的にキレたりするなど，感情が高ぶると抑えきれないことがある。高い衝動性や興奮性から刺激を求めてギャンブルなどにのめり込んだり，アルコールに依存してしまうことがある。しかし，能力の高い場合には，人付き合いもよく，豊富なアイデアを出したり，行動力もあるので，起業家などとして，事業

を成功させる人もいる。つまり，新しい刺激を求めて常に前進することを好むのである。

3）ADHD の有病率

　ADHD の有病率は，ASD 同様に年々高まっている。近年の研究によると，児童期は 2 ～ 7% であり，成人期はおよそ 3% である（Moffitt et al., 2015；Sayal et al., 2018）。児童期の性差については，男子のほうが女子より多い（男子 12.9%，女子 5.6%）。しかし成人期になると，男女比が 1：1 ～ 2：1 になり，性差の比率の幅は狭まってくる。その背景には，児童期の男子に多い多動性－衝動性は，年齢が上がるにつれて減少することや，ADHD の診断基準が，年齢とともに女性に偏ってくるため，女性の症状が目立ちやすくなる可能性も考えられる（Danielson et al., 2018）。

（3）その他の発達障害

1）知的能力障害（Intellectual-Developmental Disorder：IDD）

　一般的には知的障害（Intellectual Disability：ID）とよばれることが多い。知的能力障害とは，知的機能や適応機能に基づき判断されるが，わが国では，知能検査により知能指数を測定することが多い。代表的な知能検査は「新版 K 式発達検査 2001」（第 2 章，p.39 参照）「田中ビネー知能検査」「ウェクスラー式知能検査」（本章，p.16 参照）である。知能検査では，知能指数の平均を 100 としてその値が高いほど知能が高いと判断する。数値が 70 以下を知的能力障害とし，軽度・中等度・重度で分類されることもある。たとえば，知能指数が 50 である 4 歳児の精神年齢（知能水準が何歳程度の平均レベルに相当するのか）は，2 歳児程度と解釈できる。また適応機能とは，日常生活でどの程度適応できるかを示す能力である。知的に遅れている子どもによって状態はさまざまであり，言葉によるコミュニケーションができる場合もあれば，会話でのやりとりがむずかしい場合もある。周囲の子どもと比較して，発達の遅れがひと目でわかる子どももいるが，見た目ではわかりにくい子どももいる。幼

児期では，周囲の子どもたちを見て，数テンポ遅れて行動するようなおとなしい子どもに対しては，大人はその子の特性を見逃してしまう可能性がある。知的に遅れのある子どもには，具体的で簡単な言葉で指示することや，絵カードなどの視覚教材を用いるとよいであろう。

2）発達性協調運動障害（Developmental Coordination Disorder：DCD）

　いくつかの身体の動きを協調させて動かすことが苦手であり，おもに「手先の不器用さ」「全身運動の苦手さ」が目立つ状態である。「微細運動」に問題（手先の不器用さ）がある場合には，おはしやハサミを使うのが苦手であり，筆圧が加わらず，絵を描いたりするのも苦手であり，折り紙などにも時間がかかるであろう。また「粗大運動」に問題（全身運動の苦手さ）がある場合には，ボール投げをうまくできなかったり，歩き方がぎこちなく，バランスをとることがむずかしいだろう。さらに筋力がとても弱かったり，筋肉を緊張させたり緩めたりするコントロールが苦手なので，すぐに座り込んだり姿勢が崩れてしまう。成長しても運動が苦手であったり，細かい作業が求められる実験もむずかしいため，体育や化学は不得意領域になる可能性がある。幼少期から療育で感覚統合を受けたり，家族やまわりの大人と身体を動かす楽しさを経験することが望ましい。

微細運動と粗大運動

3）学習障害（Learning Disability：LD）

　DSM-5 によると，診断名は限局性学習障害である。本章では，一般的によく知られている学習障害（Learning Disability：LD）を用いる。LD は知的な遅れはないが，学習能力のいずれかに困難がある。おもに，以下の 3 つの領域で障害がある。まず 1 つめの「読字障害」は，通常の会話はできるのに，文章が読めない。たとえば，似ている文字を間違ってしまうことなどがある。2 つめの「書字表出障害」は，文字は読めるのに，正しく文字を書くことができない。また自分が書きたい文字を思い出せなかったり，マス目に文字を正しく入れることができないことがある。3 つめの「算数障害」は，その他の勉強はできるのに，暗算などの簡単な計算だけが苦手である。このように LD は勉強が本格化する就学後に発覚することが多い。また LD の子どもは特定の領域以外のことはできるため，学校や家庭では，本人に障害があることが理解されにくく，「単になまけている」「やれば本当はできるのに」と評価されるかもしれない。しかし，本人は一生懸命にがんばっているのに周囲から認められなくなると，子どもは徐々に自分に自信がもてなくなるだけでなく，勉強への意欲もなくしてしまう。LD の子どもの場合は，どの部分でつまずいているのかを明らかにして，保護者や教師らがその子に合った学習のやり方を工夫することが望ましい。

3. 発達障害の特徴

（1）発達障害の原因

　以前は母親の養育態度が原因とされてきた時代もあったが，現在では，脳の一部の機能に障害があることが原因とされる。しかし，発達障害を引き起こす要因やメカニズムは，まだはっきりとは解明されていない。現在のところ，その原因を引き起こす要因としては，環境要因と遺伝要因があげられる。環境要因としては，両親の年齢，胎児期の感染症，低出生体重児（妊娠 26 週間前に誕生した場合はハイリスク），妊娠期による薬物服用などが報告されている。

また，家族歴などの遺伝要因がある。たとえば，父親が ASD である場合，その子どもが ASD になるリスクは高くなるであろう。さらに，海外では，ダウン症候群，脆弱 X 症候群，レット症候群など，ある遺伝的な条件をもっている家系には遺伝検査を受けることを推奨している。

(2) 発達障害は重なり合う

　発達障害は別の障害と重なり合うことが多い。図 1-3 に示すように，しばしば複数の発達障害が重なって現れることがある。2 つ以上の病気や障害が同時に存在することを併存症とされており，発達障害の中でも ASD と ADHD の併存率は高い。海外の研究によると，ASD では 30 ～ 90％の ADHD の併存がみられると報告されている（Francisca et al., 2013）。臨床においても，発達障害は，一種類にだけ該当する人よりも複数の種類が重なっている人のほうが多い。そして，重複しているタイプのほうが日常生活に支障をきたすことが多いのである。

　また，発達障害は二次障害にもつながりやすい。たとえば，ADHD は，気分障害（双極性障害，うつ病），不安障害，薬物・アルコール依存，パーソナリティ障害などを併発することが海外の研究で報告されている（Moffitt et al., 2015；Katzman et al., 2017）。気分障害である双極性障害は周期的に気分の波を繰り返し，うつ病は，長期にわたり「眠れない」「食欲がない」「やる気がない」「何をしても楽しめない」などの身体の症状，気分の落ち込み，

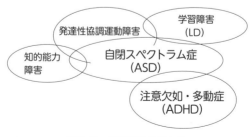

図 1-3　発達障害の重なり

欲の低下などが続くことで，生活に大きな支障をきたす病気である。また，不安障害は気持ちが落ち着かない，心臓がドキドキして心細くなるなどの症状がみられる（第6章，p.119 も参照）。そして，パーソナリティ障害は，大多数の人とは異なる考え方，感情，行動，対人関係のパターンがあるため，さまざまな苦しみや社会活動の問題が生じている状態を意味する（第2章，p.26 も参照）。また ASD は他の精神疾患の併存率も高く，強迫性障害，限局性恐怖症，反抗挑発症，気分障害（うつ病）などが多いことも報告されている。ASD の併存症である強迫性障害は，自分でも意味のないことだとわかっていても，そのことが頭から離れない，また，わかっていながら何度も同じ確認を繰り返してしまうため，日常生活にも影響が出てくる。自分の意志に反して頭に浮かんでしまい払いのけられない考えを強迫観念という。またある行為をせずにはいられないことを強迫行為という。また，限局性恐怖症とは，特定の対象，状況，環境に対して過剰な恐怖感を抱いている状態をいう。高いところが怖い，虫が怖いなど，怖いものというのは誰しも少なからずもっているが，恐怖症では過剰な不安が引き起こされ，特定の活動や状況を避けるようになるため，日常生活に支障をきたすようになる。反抗挑発症とは，否定的，反抗的，不服従の行動を繰り返し起こす状態をいう。反抗挑発症の症状は多くの場合，就学前から中学生までの時期に現れる。子どもであれば，「大人への口答えや挑発的な言動が目立つ」「かんしゃくを起こしたり，イライラしたりするなど怒りっぽい」「トラブルを何でも人のせいにする」「意地悪で執念深い」など，度を超えた反抗的態度を示す。

　このように，発達障害にはさまざまな特性があるために，周囲がその特性を理解せずに不適切な対応を続けると，二次障害を引き起こす可能性がある。二次障害（二次的な障害）とは，発達の特性によって生活上に支障をきたすこと以外に，本人が受ける過剰なストレスがきっかけで別の障害が引き起こされることである。たとえば，対人関係がうまく築けず，周囲からいじめを受けるようになったことが原因により，ストレスが強くなり，不登校やひきこもりになってしまうケースがある。またこれまでの失敗体験により，緊張や不安が強くなり，不安症や強迫症が伴う可能性がある。さらに，周囲から理解が得られないために，自信とやる気を失い，結果的にうつ病になるかもしれない。このよう

な背景により，診断を受けていない発達障害の人が，社会に適応できず，強迫症の症状が出たため，初めて病院に行ったケースがある。その患者は，しばらく強迫性障害の治療を受けたが，なかなか効果が得られなかった。しかし，治療を進めていくうちに，じつは発達障害であったというケースである。このように発達障害といっても，その人によって症状が異なる場合があるので，さまざまな角度から症状の背景にあるものをみていくことが求められる。

(3) 発達障害児・者の認知特性

　発達障害児・者の認知特性（五感で処理した情報を記憶したり，脳内で理解して表現する能力）を測定する代表的な検査として，わが国ではさまざまな検査が用いられている。病院や施設によって異なるが，乳児期は新版K式発達検査，幼児期はビネー式知能検査，児童期以降はウェクスラー式知能検査（児童：WISC，成人：WAIS）が代表的な検査である。発達検査や知能検査により，発達水準や凹凸をみるために使われることも多い。発達障害の特性を把握するための代表的な検査であるウェクスラー式知能検査は，年齢に合わせて，WPPSI-III（2歳6か月〜7歳3か月），WISC-IV（5歳0か月〜16歳11か月），WAIS-IV（16歳0か月〜90歳11か月）がある。いずれも基本的

WAIS-IV の検査用具の例と検査場面

な考え方は同じであるが，WISC-IV と WAIS-IV では，全検査 IQ（FSIQ），言語理解指標（VCI），知覚推理指標（PRI），ワーキングメモリ指標（WMI），処理速度指標（PSI）の得点の算出と，下位検査の算出により，対象者の知的発達の様相をより多面的に把握することができる。

　WISC による ASD 児の認知特性は，知識や単語力は豊富であり，目で見てわかるグラフや図の意味の理解が得意である反面，他者と同じスピードで作業ができないことや，社会常識に対する理解力が低い傾向にある（Kim et al., 2020）ことがあげられる。一方，WAIS による成人の ASD 者の認知特性では，ASD 児とほぼ同じ傾向をもつが，社会常識に対する理解力が高くなる（Kanai et al., 2017）。これは本人の経験や知識により，理解度が高まった結果と思われる。また，成人になっても，作業にはそれなりの時間がかかる。したがって，ASD 者への支援方法は，感情に訴えるのではなく論理的に物事を説明する。また本人のペースに合わせて仕事を進めていけるとよいだろう。

　また，臨床的にみると，ASD の得意な科目は理系が多く，この傾向はより男性の ASD 者にあてはまると思われる。かれらは，論理的に物事をとらえる傾向がある。一方，苦手な科目は体育，図工など実技である。おそらく知能が高ければ，子どもの頃に「物知り博士」と呼ばれたかもしれない。また論理的に物事を考えることが得意であるため，成人になると，その特性を生かして，研究者，医師，システムエンジニアなどの職業に就いている人もいるだろう。また，機械的で変化の少ない作業をコツコツとこなせる仕事に向いていることも多い。

　WISC・WAIS による ADHD 児・者の認知特性としては，耳で聞いた情報を一時的に記憶することがむずかしいので忘れてしまったり，複数の作業を同時に進めることが苦手である（Kanai et al., 2017；Moura et al., 2019）ことなどがあげられる。ADHD 児・者への支援方法は，日頃からメモを取ることや，チェックリストで見直す習慣を身につけてもらうようにすることが望ましい。また周囲の人にその都度，確認してもらうことでミスを防ぐようにする。

　臨床像としての ADHD は，芸術や体育などの実技が得意な場合がある。子どもの頃は，元気な子，独特な雰囲気のある子と見られていたかもしれない。成人になると，芸術的な才能によりアーティスト，スポーツのインストラク

ター，また発想力や企画力に優れているため，起業家などの職業に就いている人もいるだろう。

認知特性は自己理解のための1つの手段になるため，客観的に自分の特性を理解することができる。自分を知ることが，将来，どのような職業に就けばよいかのヒントになるであろう。

まとめ

発達障害の症状は，その人によって程度の差がみられるが，本人の障害特性や二次障害などにより，生きづらさを抱えて生きていく可能性がある。そのため，発達障害は幼少期から成人期までの縦断的な支援が求められる。乳幼児期の段階では，病院や発達支援センターで診断を受けた後，療育に通うことで，子どもの発達を促し，本人が自立して生活できるように支援することが必要である。また保育所や幼稚園などで集団生活を通じて，社会のルールや他児との関わり方を学ぶことが重要である。この時期は保護者支援にも力を入れたい。保護者の協力があれば，園と家庭との連携がとれるため，子どもの発達に良い影響を及ぼすであろう。

就学後は，周囲の子どもたちから“変わった子ども”とみられる場合には，いじめやからかいの対象になるために，学校生活で慢性的なストレスにさらされることも少なくないだろう。そのため，「自分は何をやってもダメなんだ」という自己否定感が本人の中で強くなり，成人になっても自己肯定感がもてずに，結果的にうつ状態になるなど，生きづらさを抱えていくことが予想される。またこの時期に，不登校・ひきこもりになり，さらに社会から孤立するなど，二次障害につながってしまうことも考えられる。したがって，就学後は個別対応，周囲からの理解，自己特性の理解が必要になる。特に発達障害児・者は，対人関係が苦手であるため，社会生活を送るうえで，必要なスキルを獲得するためのソーシャルスキル・トレーニングを活用することも有効である。また感情をとらえにくい特性がある人は，日常生活の中で自分の感情の動きを意識して，行動と感情を結びつけることも有効な方法の1つであろう。学校教育以外にも，本人が書籍，動画などのさまざまな教材を用いて，発達特性に関する知識を獲得し，多くの社会スキルの引き出しをもつことが，社会生活をスムーズに送れるヒントにつながる。そして，発達障害の人は得意・不得意の領域があるため，苦手なところをがんばらせるのではなく，得意な領域で本人の能力を

発揮できるように支援したい。

グループワーク

　最初に4〜5人組のグループになり，各自で事例を読んでから，問題を解こう。その後，グループで話し合い，発表しよう。

◆事例1 「年中組　ひろきくん」--

　ひろきくんは，あまりまわりのお友達に興味がなく，登園しても集団での遊びに入らず，いつもブロックを並べて遊んでいる。好きなものには熱中し，担任の保育士が声かけしても，時々視線は合うものの，聴こえていないように感じることもある。しかし，保育士の指示はきちんと理解できている。以前，ブロックの片づけをするときは，パニックを起こし，なだめるのに大変な状況であった。さらにそのとき，保育士がなだめようとして，ひろきくんの体に触れると，大声で泣き出してしまった。

　また，まわりの子どもたちとにっこり笑ったり，楽しそうにおしゃべりをしている姿は見たことがない。自分の要求を言葉でうまく伝えることが苦手のようである。しかし，保育士に対しては，ひろきくんが好きな電車の名前や駅名を延々と説明し続ける。一方，こちらの質問には，応えることもあれば，反応しないこともある。

　①ひろきくんの症状をあげて，診断名を考えてみよう。
　②ひろきくんの保育支援にはどのようなものがあるだろうか？

◆事例2「小学校2年生　かずくん」--

　かずくんは，人懐っこい性格で，運動能力も高く，クラスの子どもたちからも人気者である。また仲良しのお友達はいる。しかし，じっと座っていることが苦手である。授業中は先生の説明を聞いていないことも多く，気になるものが目に入ったり音が鳴ったりすると，すぐにそちらに注意がそれてしまう。

　さらに，興味のない授業のときは，床でひっくり返って，寝転んでいる。また体育の時間に，滑り台の順番待ちができずに割り込みをしたことがきっかけで，お友達とけんかになった。担任は，その場で割り込みがいけないことを伝えたが，最近もまた順番が待てずにトラブルになった。

　一方，かずくんは，整理整頓が苦手である。机の中には，プリントなど，いろん

なものが入っている。それによく忘れ物をするので，最近はクラスの忘れ物 No.1 になった。

　かずくんのことを心配した担任が，懇談会のときに，保護者に家庭の状況を聞いたところ，「部屋の片づけがまったくできないです。また家の中でじっとしていられないので，外で遊ばせますが，衝動的に後先を考えずに行動するので，いつも危険がないか心配することが多いです」とのことであった。

　①かずくんの症状をあげて，診断名を考えてみよう。
　②かずくんの教育支援にはどのようなものがあるだろう？

保護者支援

　発達障害の支援では，本人だけではなく，保護者への支援が必要である。特に幼少期の早期から支援する場合には，子どもに対する保護者の理解を促す取り組みや，保護者の育児・心理相談ができる場を提供することにより，子どもの発達に良い影響をもたらすであろう。しかし，保育施設の支援者が保護者を支援したくても，拒否されることがある。たとえば，保育士が，ある子どもの発達が気になると思い，それとなく保護者にその子どもの様子を伝えようとしても，子どものありのままの姿を受け入れてもらえず，その後，保護者との信頼関係を築くことがむずかしくなることがある。特に，一見，定型発達のように，知的に問題がない発達障害の子どもであれば，保護者は，発達に何か問題があるように思っていても，「子どもの発達が心配だわ。でもこれは一過性のことなので，いずれは消失するわ」というアンビバレントな心理状態に置かれることも少なくない。そのときにどのように対応するかということが，保護者支援には重要になる。

　保護者支援では，おもに2つのことが大切となる。1つめは，カウンセリングマインドをもって接することである。カウンセリングでは，信頼関係を作るために，まずは相手に傾聴し共感することが求められる。そのため，支援者はきちんと保護者に向き合い，保護者の話に耳を傾け，批判せずに受け入れることで，徐々に信頼関係が築くことができる。関係形成を焦らずに，時間をかけてその人に寄り添う姿勢が何よりも必要である。2つめは，相談業務の要素が含まれる。相談とは，相手に必要な情報を提供したり，忠告することである。保護者に子どもの様子を伝え，特に子どもの得意なところと苦手なところを具体的に伝えるとよい。そのときに，苦手なところを訓練するということに比重を置くと，子どもの自尊感情が低くなったり，二次的な問題のリスクが高くなる。子どもの得意なところを伸ばすことで自己肯定感を高める支援が求められる。また，子どもの発達支援には保護者の協力が欠かせない。このときに，家庭でも，園での対応を継続して保護者にやってくださいと責任を押しつけるのではなく，あくまでも良い方法を一緒に考えていくという姿勢が求められる。

　最終的には，保護者と連携して，子どもが将来自立するための能力を身につけるように支援する。成人になったときに，子どもの特性をなくすのではなく，子どもの個性や得意なところを生かして，本人が自信をもって，生きることは楽しいことと思える人生に導くことが周囲の大人の務めであろう。

第2章
ASD・ADHDの
心理アセスメント：
行動と認知プロファイル

← 第1章　　　　　第3章 →

1. はじめに

　自閉スペクトラム症（Autism Spectrum Disorder：ASD）と注意欠如・多動症（Attention-Deficit/Hyperactivity Disorder：ADHD）には，それぞれについての特化した検査があり，ASDとADHDの鑑別，併存（ある人がASDであるかADHDであるかどちらかを判別するのが鑑別，その両方があった場合は併存と考える）の確認に役立っている。また，各発達障害の特性に特化した検査により，個々人の障害特性が詳細に把握できることで，効果的な支援へとつないでいくことも可能となっている。

　発達障害の心理アセスメントは，「スクリーニング」「診断・評価」に分けて考えると，理解しやすい。スクリーニングとは，なんらかの障害や問題を抱えている可能性がある児・者を発見するためのアプローチである。スクリーニングの結果が，そのまま診断となるわけでは決してない。診断や効果的な支援のためには，専門家による詳細な評価が必要である（図2-1）。

　スクリーニングには，1次スクリーニングと2次スクリーニングの2種類がある。1次スクリーニングとは，一般の集団を対象とした健診等の際に，なんらかの問題のある児・者を特定するものである。早期発見や早期支援においては，健診等でいっせいに実施される1次スクリーニングは特に重要である。

図 2-1　ASD・ADHD のアセスメントの階層（黒田，2013 より改変）

2 次スクリーニングは，発達障害のリスクの高い群を対象に作成されたもので，
1 次スクリーニングで発達障害の特徴があると判断されたケースや療育・医療・
福祉機関などにすでにかかっているリスクの高いケースを対象に，ASD，
ADHD，学習障害（Learning Disorder/Disability：LD）などの特徴をある
程度とらえ，弁別するためのアセスメントといえる。スクリーニングの方法と
しては，特定の障害に特化した質問紙，養育者への面接，行動の直接観察など
があげられる。スクリーニングは，その目的に応じて，対象年齢や使われる方
法，調べられる内容も異なっているので，適切なツールを選ぶことが肝要であ
る。ただ，どのようなスクリーニングにおいても，偽陽性（誤って該当してい
ると判断されること）と偽陰性（誤って該当していないと判断されること）が
生じる可能性はある。特に，偽陰性があることを念頭に置いて，結果がカット
オフ値（障害に該当するという基準の点数）を下回っていても，発達障害の可
能性は完全には否定されないことに注意が必要である。スクリーニングを経て，
個々の特性をきめ細やかにみていくのが，診断・評価アセスメントであり，支
援において必須である。

2. ASDのアセスメント

(1) ASDのスクリーニング検査

1) ASDの1次スクリーニング

　1次スクリーニング検査としては，乳幼児期自閉症チェックリスト修正版（Modified Checklist for Autism in Toddlers：M-CHAT）（Robins et al., 2001）があり，1歳6か月乳幼児健康診査で使用し始められている。M-CHATは，対象を16～30か月とし，養育者を回答者とする他者記入式質問紙である。共同注意，社会的参照，模倣などの非言語性コミュニケーション，聴覚過敏や手をひらひらさせるなどの衒奇的運動などASD独特の行動について「はい」「いいえ」で尋ねる全23項目から構成される。標準的なスクリーニング手続きは，幼児期における発達の個人差の大きさを考慮し，質問紙と1～2か月後の電話面接の2段階となっている。実施時間が数分であり，また，費用もほとんどかからないため，地域全体の乳幼児集団を対象として悉皆的に行う1次スクリーニングとして，非常に適している。

　1歳6か月健診で有効な短縮項目については検討がなされており，以下の6項目（「要求の指さし」「模倣」「ふり遊び」「指さし追従」「言語理解」「興味のあるものを見せる」）が，ASDの判別において有効であることが示唆された（Kamio et al., 2015）。幼児の発達フォローにおいて，わが国の1歳6か月児健診は世界に誇れる制度である。その健診におけるM-CHATの有効6項目についての報告は，臨床的に非常に有意義である。1歳6か月健診では発達障害のスクリーニングだけでなく，運動発達・言語発達・栄養・虫歯ケアなど調べるべき事項が多く，少ない項目数で判別することが望まれていたからである。M-CHATの限界として，回答者（養育者，おもに母親）の子どもの行動への認識が強く影響することがあげられる。

2）ASD の 2 次スクリーニング

　ASD についての 2 次スクリーニング検査としては，自閉症スペクトラム指数（Autism-Spectrum Quotient：AQ）（Baron-Cohen et al., 2001）が使用されている。AQ は，そもそも「精神疾患の診断・統計マニュアル第 5 版（Diagnostic and Statistical Manual of Mental Disorders, 5th edition：DSM-5）」（American Psychiatric Association, 2013）の診断基準にも取り入れられた「ASD がスペクトラムである」という仮説を検証するために，あるいはその理論に則って開発されたものである。スペクトラムを仮定した場合，個人の ASD の特性を数値化すると，ASD 群と定型発達群を識別できるだけでなく，ASD から ASD の特性を薄くもってはいるが日常生活の適応には問題がなく診断もない群である BAP（Broader Autism Phenotype），そして定型発達へ連なる連続性も示されると考えられる。AQ は，その得点によって，ASD かどうかを判別するだけではなく，定型発達児・者がもつ ASD の特徴の個人差を測定することが可能であり，また，診断までは至らない BAP つまり，一般にいうグレーゾーンの位置づけをできるという点で有効である。

　AQ は，16 歳以上の知的障害のない児・者を対象とする自記式質問紙で，回答時間は約 15 分である。構成は，ASD を特徴づける症状の 5 つの領域，「社会的スキル」「注意の切り替え」「細部への注意」「コミュニケーション」「想像力」について各 10 問ずつからなる下位尺度があり，全体で 50 項目となっている。「あてはまる」「どちらかといえばあてはまる」「どちらかといえばあてはまらない」「あてはまらない」の四肢択一であり，各項目で ASD 傾向とされる側に回答をすると 1 点が与えられ，ASD 傾向ではない側に回答すると 0 点が与えられる。得点は 0 点〜 50 点に分布し，得点が高いほど ASD 傾向が強いことを示す。

　AQ の実施の注意点としては，対象者の条件について明確に書かれたものがないが，実際は，自己記入式ということで，質問紙を読み無理なく理解できる言語能力が必要である。したがって，知的障害のある場合の実施はむずかしいと考えられる。また，短時間で手軽に特性がわかることは AQ の長所であるが，自己記入式であるため，自分を客観的にみる能力が乏しい場合，また，逆に自分の行動や対人関係を過敏にとらえてしまう場合，それぞれ誤差が大きくなる。

ASDでは，感情や行動を含めた自己認知が乏しい人も多いので，カットオフを超えなかったからといって，安易にASDではないと判断するのは危険である。むしろ，他のアセスメントと比較して，AQの結果のみが，ASDのカットオフ値を超えていない場合，自己認知の弱さなどを考えることになる。逆に，カットオフ値を超えるケースの中には，ASDのないパーソナリティ障害（自己像とストレスに対する反応に障害があり，基本的には人間関係を築くことやストレスに対処することが困難で，本人の自己像が状況によって異なり，また，他者がもつその人の像との間に隔たりがある障害）の患者も含まれる可能性が高いことは留意すべきである。自己記入式以外の問題として，AQのオリジナル版も日本語版も，カットオフ値は，すべて既診断の患者群を対象として算出されているため，未診断でまったく気づきや葛藤のないASD者に対して，AQがどれほど鋭敏なのかは不明であることがあげられる。

　また，診断・評価のアセスメントに直結した2次スクリーニングとしては，対人コミュニケーション質問紙（The Social Communication Questionnaire: SCQ）（Rutter et al., 2003）があげられる。2次スクリーニング用の他者記入式質問紙である。ADI-Rからの選ばれた40項目の質問に対し，養育者が「は

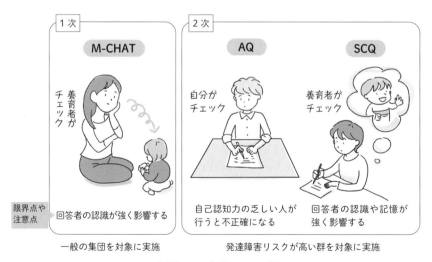

ASDのスクリーニング

い」「いいえ」の二肢択一で回答する。回答時間は約 15 分である。対象年齢は，生活年齢（誕生日から数える暦上の年齢）が 4 歳以上，精神年齢が 2 歳以上であるが，カットオフ値を修正すれば生活年齢 3 歳以上で使用できるという報告がある（Corsello et al., 2007）。異常な行動がある場合に 1 点，ない場合に 0 点と採点し，言語の有無については合計点に加えないため，総合得点の分布は 0 点〜39 点までになる。発語のない対象者に実施する場合には，言語に関する問題について評価しないため，33 点までとなる。さらに，SCQ には，生まれてから現在までについて回答する「誕生から今まで」と現在の状態（過去 3 か月）について回答する「現在」の版がある。「誕生から今まで」版では，4〜5 歳時点に焦点を当てて評価する項目が用意されており，検査時の年齢に関係なく ASD の症状が最も顕著にみられる時期の評価ができる。ASD のカットオフ値は「誕生から今までの」の版に設定されており，原版のカットオフ値は 15 点である。日本語版のカットオフ値は現在調査中である。SCQ の限界として，回答者の子どもの行動への認識や記憶が強く影響することがあげられる。

(2) ASD の診断・評価のアセスメント

　ASD の診断・評価のアセスメント用の検査は，欧米でオリジナルが発行されてから 10 年以上経って，やっと日本語版が作成された。診断・評価用のアセスメント・ツールである ADI-R（Autism Diagnostic Interview-Revised：自閉症診断面接 改訂版）（Rutter et al., 2003）の日本語版『ADI-R 日本語版』（土屋ら［監修］，2013）が刊行されたのが 2013 年，ADOS-2（Autism Diagnostic Observation Schedule-Second Edition：自閉症診断観察検査第 2 版）（Lord et al., 2012）の日本語版『ADOS-2 日本語版』（黒田・稲田［訳］，2015）が刊行されたのは 2015 年である。

　診断においては，診断基準があれば正確な診断ができるわけではない。ある行動が診断基準に定められた項目に合致するかどうかの境界線はあいまいで，評価者の判断にゆだねられるからである。このため評価者の経験・知識・価値観のバイアスを除外できず，診断の均質性や妥当性が担保されないという問題

が生じる。特に軽症例や他の精神疾患の併存例は診断がむずかしい。こうした診断基準を補助するために，欧米では，DSM に基づいた診断を的確に実施するための診断アセスメント・ツールが 1990 年代から開発されてきた。中でも ASD の診断アセスメント・ツールのゴールド・スタンダードとされるのは，ADI-R と ADOS-2 である。

　この 2 つの検査は，アメリカのロード（Lord, C.）やイギリスのラター（Rutter, M.）など著名な心理学者・児童精神科医のグループによって，診断の妥当性を担保するために研究用に開発されてきたものだが，対人コミュニケーションやこだわりの様子を詳細にみることから，臨床的にもきわめて有用である。診断に必要となる患者の情報を系統的かつ効率的に収集でき，アルゴリズム（診断に合致する特徴を把握できる項目群で，その合計点等をもって診断に合致するかを判断できるものをさす）を使って診断分類ができるため，熟練した精神科医でなくとも高い精度の診断を実現できるというメリットがある。ADI-R は，ASD 児・者の養育者を被面接者とし，対象者の乳幼児から現在の行動までを詳細に聞いていく半構造化面接（質問の内容は決められているが，聞き方などは検査者の裁量に任されている面接）の検査である。ADOS-2 は，ASD 児・者本人を対象とする行動観察によるアセスメントで，現在の相互的対人関係と意思伝達能力，常同行動と限局された興味を把握できる。すなわち，ADI-R は「過去の行動特性」から，ADOS-2 は「現在の行動特性」から診断に必要な情報を収集でき，両者は相補的役割を果たしているといえる。この 2 つについてはのちに詳しく説明する。

　他の診断・評価アセスメント・ツールとしては，小児自閉症評定尺度 第 2 版（The Childhood Autism Rating Scale-Second Edition：CARS-2）（Schopler et al., 2010）や対人コミュニケーション障害の診断書（The Diagnostic Interview for Social and Communication Disorders：DISCO）（Wing et al., 2002）があげられる。

　CARS-2 は 2020 年 1 月に日本語版が刊行されたばかりである。CARS-2 は，以前からある CARS を CARS2-Standard とし，これに，親や養育者が記入する質問紙（CARS-QPC）と，IQ80 以上の流暢な言語水準の 6 歳から成人までの ASD の評価にも対応する CARS2-High Function（CARS2-HF）を加

えたもので，高機能の対象にも有効な検査である。

　CARS2-HF では，知的に遅れのない対象者に合わせ，評価項目が修正された対人関係，感覚，感情制御などを含む 15 分野について，CARS と同様に重症度に応じて 1 〜 4 点まで 0.5 点刻みで評定し，総合得点を算出してその得点に応じて ASD かどうかだけでなく，重症度も調べることができる。さらに，CARS-2 では，T 得点（集団の平均値からどの程度隔たっているのかを示す指標）とパーセンタイル（データを大きさ順で並べて，小さいほうからのどの位置にあるかをパーセンテージで示したもの）が算出でき，対象者の特徴は ASD 全体の中のどこに位置づけられるかを把握できる。

　DISCO は養育者を回答者とする半構造化面接である。ADI-R の質問項目が診断に関するものを中心に構成されているのに対し，より広範囲な症状による

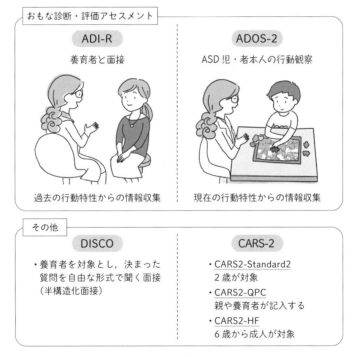

ASD の診断・評価のアセスメント

困難に関する項目を含んでおり，他の発達障害や精神障害の診断に必要な情報も得ることができる。

1）自閉症診断面接 改訂版（Autism Diagnostic Interview-Revised：ADI-R）

ADI-R は，ASD 当事者の養育者を回答者とする半構造化面接によって，発達歴や日常生活の行動など ASD 診断に関連する特定領域の情報を収集できるアセスメント・ツールであり，おもに幼児期の特性から ASD の診断を判定する。オリジナルの ADI（The Autism Diagnostic Interview）（Le Couteur et al., 1989）は面接時間が 2 ～ 3 時間と長く，また対象年齢が 5 歳以上とされていたため早期発見に対応できないという問題もあり，1994 年に改訂版 ADI-R が発表された。ADI-R の面接時間は 90 分～ 2 時間に短縮され，対象年齢も 2 歳以上と変更された。検査対象となるのは，一般精神科や小児科から ASD の可能性があるとして紹介されたケース，診断前のスクリーニング・ツールとして開発された前述の SCQ がカットオフ値を超えているケースなど，ASD が疑われる者である。なお，回答者は対象者の養育者とされているが，一般的には母親が多く，両親や祖父母，また施設職員なども想定される。ただ，ASD の症状が最も顕著に観察される 4 歳 0 か月～ 5 歳 0 か月に合わせて質問項目が作成されているため，この時期の対象者の行動をよく知る人が回答者として望まれる。

ADI-R には，ASD 関連行動を中心に，「初期発達」「言語と意思伝達機能」「社会的発達と遊び」「興味と行動」などの領域について，93 項目の質問が用意されている。回答は基準に従って段階評定（おもに，0 ＝問題される行動はない，1 ＝なんらかの問題がある，2 ＝明確な問題がある，3 ＝明確な問題がありそれが生活上の大きな支障となっている）される。各質問において，「現在の症状」および 4 ～ 5 歳の間で最も異常な場合を中心とする「過去の症状」をセットにして把握していく。質問が終わったら，最終的に診断基準に適合する項目から構成されたアルゴリズムの該当の記入欄に各項目の評定値を転記する。

アルゴリズムには「①対人的相互反応の質的異常」「②意思伝達の質的異常」「③反復的，常同的な行動様式や興味」「④発症年齢」の 4 領域が含まれる。また，「診断アルゴリズム」と「現在症アルゴリズム」の 2 種類が用意されて

いる。診断は「診断アルゴリズム」に基づいて判定され，前述の４領域それぞれにカットオフ値が示されている。「現在症アルゴリズム」は，養育者が考える子どもの問題を把握したり，介入前後に実施して介入効果を測定したりすることができる。ADI-R の限界として，回答者の症状の認識や記憶が強く影響することがあげられる。

2）自閉症診断観察スケジュール第 2 版（The Autism Diagnostic Observation Schedule-Second Edition：ADOS-2）

　ADOS-2 は，ASD 当事者を対象とする半構造化面接を通した行動観察検査であり，現在の相互的対人関係と意思伝達能力，常同行動と限局された興味を把握できる。

　ADOS-2 は，12 か月の幼児（非言語性精神年齢 12 か月以上）から成人までの幅広い年齢帯を対象とし，年齢と言語水準に応じた 5 つのモジュール（年齢と言語水準に応じた検査段階）から構成されている。ロードらが作成した自閉症診断観察スケジュール（The Autism Diagnostic Observation Schedule：ADOS［3 歳の言語レベル以上］）（Lord et al., 1989）と，ディラボアらが作成した前言語自閉症診断観察スケジュール（Pre-Linguistic Autism Diagnostic Observation Schedule：PL-ADOS［表出言語のない子ども用］）（DiLavore et al., 1995）が基盤となっている。この 2 つのアセスメント・ツールは，対象年齢によっては診断の精度が下がるという問題点が開発者自らによって指摘されたため，2000 年に ADOS-G として 1 つに統合され，年齢と言語水準によって 4 モジュールに分けられた（Lord et al., 2000）。

　その後，2012 年には，ADOS-G に 12 〜 30 か月の幼児に使用できる「乳幼児モジュール（Toddler Module：モジュール T）」を加えた ADOS-2 が刊行された。さらに，ADOS-2 では，DSM-5 に応じて診断精度を高めるように，モジュール 1 〜 3 でアルゴリズムが改定された（Gotham et al., 2008；Gotham et al., 2007）。また，評定方法や実施方法にマイナーチェンジを行ったほか，モジュール T からモジュール 3 までの重症度（比較得点）が測れるようになったという変更点もある（Gotham et al., 2009）。

各モジュールの対象は，下記のようになる。

モジュールＴ：無言語～１，２語文レベル（推奨年齢 12 ～ 30 か月）
モジュール１：無言語～１，２語文レベル（推奨年齢 31 か月以上）
モジュール２：動詞を含む３語文以上～流暢に話さないレベル
モジュール３：流暢に話す幼児～青年前期（推奨年齢４歳以上～ 15 歳）
モジュール４：流暢に話す青年後期～成人（推奨年齢 16 歳以上）

ADOS-2 は対象者の行動や回答内容をみるため，遊びなどの活動や質問項目が設定された半構造化面接となっている。乳幼児モジュールは 11 課題，モジュール１は 10 課題，モジュール２，３，４，は 14 課題から構成される。年齢や言語発達を加味した課題が設定され，モジュール間で課題が重複しながら上のモジュールに移行するようになっており，乳幼児期から成人期までの連続性が保たれている。

各課題で観察されるべき行動は複数あり，特定の働きかけがどのような行動特徴をみるためのものなのか熟知しておく必要がある。実施にあたっては，観察後の評定を念頭に置きながら，把握すべき行動（アイコンタクト，表情，身振り，対人コミュニケーション）を記録する。幼児に用いるモジュール１の実施内容をみてみると，風船を膨らませて飛ばすという遊びをするのだが，この課題では，子どもがしぼんだ風船を膨らませてもらいたくて，検査者に対してどのような行動をとるのか，また，そのときに視線は行動に伴って検査者に向けられるのかといった点を観察していく。成人期に用いるモジュール４の実施内容についてみてみると，図にピースを並べていく課題では，ピースを要求するときの視線の使い方やジェスチャーを観察している。また，相手の経験や考えに興味があるかや，相手の知識に考慮して話せるかなどに着目しながら，会話や質問をしていく。友人に関する問いでは，親友がいるかについて尋ねたあとで，「その友達は他の学校や職場の人と何が違いますか？」と尋ねると，「どこか違うんですか？」という答えが返ってくる場合があるが，このように人間関係における情緒的関与（他者との情緒的な相互性や信頼感など）に気づいていない様子が明らかになる。また別の課題で「他の人も寂しいと感じたことが

あると思いますか？」と尋ねると，「聞いたことがないのでわかりません」といった答えがよく聞かれるが，これは他者の感情を推察する力，つまり「心の理論」能力をみることができる質問といえる。

　観察された行動について，評定を行っていく。評定は，次の5領域を構成する約30項目があり，基準に従って段階評定される。

　　A：言語と意思伝達
　　B：相互的対人関係
　　C：遊び（あるいは）想像力／創造性
　　D：常同行動と限定的興味
　　E：その他の異常行動（ASDに併存しやすい多動や不安といった症状）

　さらに評定項目の中から，その時代のDSMの診断と合致するように評定の項目が抽出され，診断アルゴリズムが構成される。これを用いて「自閉症」「ASD」「非ASD」という診断分類（モジュールTでは懸念の程度で分類）を行うことができる。またモジュール1，2，3の診断アルゴリズムには年齢と合計得点に基づく変換表があり，ADOS比較得点を算出することで，ASDの重症度を調べることが可能である。

　ADOS-2の臨床的有用性は，対人コミュニケーション行動を検査場面で最大限引き出せるような課題が設定され，養育者の記憶や子どもの症状への感受性に依存することなく，専門家が直接観察で行動を段階評定できる点である。その一方で，最も重篤だった過去の症状を知ることができないという限界，また反復的・常同的な行動様式や興味の限局の評価は検査場面で観察されにくいため，把握がむずかしいという限界もある。その場合には，養育者から回答を得るADI-Rなどを援用する必要がある。

　ADOS-2の成人に使用するモジュール4は，アルゴリズムがDSM-5には対応していない。これは，新しいアルゴリズムの開発が遅れたためだが，論文ではすでに新アルゴリズムが発表されている。新アルゴリズムでは，以下のように変更されている。これまでのアルゴリズムは，「意思伝達」と「相互的対人関係」，および「想像力／創造性」「常同行動と限定的興味」の領域に分かれ，

それぞれ特定の項目が指定されていた。一方，新アルゴリズムは，「対人的感情（意思伝達）（相互的対人関係）」と「限定的・反復的行動」の領域に分かれ，それぞれに特定の項目が指定されている。また，今までは，意思伝達領域・相互的対人関係領域の2領域それぞれの点数と，その合計点にカットオフ値が設定されていたが，新アルゴリズムでは，2領域の合計点にカットオフ値が設定されている。

3. ADHD のアセスメント

　ADHDの特徴を調べる検査では，1次スクリーニングと2次スクリーニングはあまりはっきり分かれていない。ADHDのスクリーニング検査はADHDの可能性があるかどうかを同定するために使われるため，そもそも2次スクリーニング検査として考えられるものである。以下，スクリーニング検査として述べていく。

(1) ADHD のスクリーニング検査

　小児用としては，ADHD-Rating Scale（ADHD-RS）-IV（DuPaul et al., 1998）がある。これは幼児から高校生くらいまでを対象とした，親や教師などによる他者評価質問紙である。家庭版と学校版があり，2か所での行動を別々の評価者が，過去6か月を振り返って評価する。不注意9項目，多動性－衝動性9項目の計18項目で構成されており，各項目は4段階（0：ほとんどない，1：ある，2：しばしばある，3：非常にしばしばある）で評定される。評価時間は約5分である。合計点がカットオフ値を超えた場合，ADHDが示唆される。また，治療効果の判定にも使用することができる。

　ADHD Self-Report Scale（ASRS）は18歳以上を対象とした自己評価質問紙である。世界保健機関（WHO）で作成された。評価時間は，約5分である。6項目からなり，各項目を5段階（1：全くない，2：ほとんどない，3：時々ある，4：よくある，5：非常によくある）で評定する。1（全くない）が0点，

2～5は項目ごとに2～5点の範囲で加点され，合計点で評価される。他に成人期のスクリーニングとして，Adult Self Report Scale-V（Kessler et al., 2005），Conners' Adult ADHD Rating Scale（CAARS™）（Conners et al., 1998）がある。CAARS™ は18歳以上を対象としており，原版では，通常版，短縮版，スクリーニング版があるが，日本で刊行されているのは66項目の通常版である。通常版には，自己評価式と観察者評価式の2種類がある。両者とも項目数と内容は同じで，自己評価式では「私は……」，観察者評価式では「評価対象者は……」で始まる形となっている。結果は，「不注意／記憶の問題（12項目）」「多動性／落ち着きのなさ（12項目）」「衝動性／情緒不安定（12項目）」「自己概念の問題（6項目）」の4つの下位尺度について求められる。それ以外に，「DSM Ⅳ不注意型症状（9項目）」「DSM Ⅳ多動性－衝動性型症状（9項目）」とこれらを合算した「DSM Ⅳ総合 ADHD 症状」が求められる。ADHD 指標は，その症状が生活の支障になっているかを示す指標であり，12項目の単一の尺度で，一部他の下位尺度を構成する項目が含まれる。結果はT得点で示される。一般的な解釈としては，65以上のT得点がない場合，臨床的に顕著な症状はないと考え，65以上のものが多いほど重篤である。

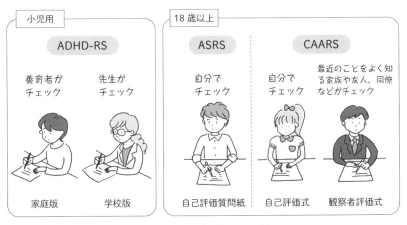

ADHD のスクリーニング

自己評価式と観察者評価式をつけてもらった場合，両者の乖離^{かいり}がみられる場合がある。本人は注意や多動の問題を感じているのに，観察者のほうはまったく気づいていないケースと，逆に本人は注意や多動の認識がないにもかかわらず，観察者は強く感じているケースである。前者は，ADHD の特性がありながらも，それを本人の努力で周囲から見えないくらいカバーすることができているのだが，逆に大きなストレスを感じている可能性がある。後者は，自己認知が弱いケースで，自分の ADHD の特性に気づいていないと考えられる。

(2) ADHD の診断・評価のアセスメント

　小児用としては，Conners 3（Conners, 2008）がある。これは ADHD の症状を詳細に評価する質問紙である。「保護者用」「教師用」「本人用（8 歳以上）」の 3 つのバージョンがあり，対象年齢は，保護者および教師が評価するフォームは 6 ～ 18 歳，青少年本人による自己報告では 8 ～ 18 歳である。記入に要する時間は，約 30 分である。回答する場合は，子どもを最も知る保護者，教師が複数で記入することが推奨されており，過去 1 か月間の行動について評価する。Conners3 は，DSM-IV-TR（American Psychiatric Association, 2000）の診断基準に対応した質問紙として開発されたが，DSM の改訂を受けて，2014 年に DSM-5 版へとリニューアルされた（日本語版は 2017 年刊行）。ADHD および ADHD と関連性の高い問題（攻撃性，学習の問題，友人／家族関係，実行機能など）を評価，特定するもので，また ADHD と共存する可能性の高い診断項目である反抗挑発症や素行症（わがままで他者への思いやりがなく，罪悪感にさいなまれることなく，いじめたり，他者の持ち物に損害を与えたり，嘘をついたり，盗んだりするような他者の権利を侵害するような行為を繰り返す障害）も DSM-5 の症状基準に準拠した方法で評価することができるように構成されている。さらに，ADHD と共存することの多い不安と抑うつを対象としたスクリーニング項目も設けられている。このように，Conners 3 は，ADHD の症状やその関連する問題を詳細に評価することで，支援計画の立案，実施，再評価において有効である。

　また，Conners 3 には，以下の 4 つのフォームがある。

Conners 3 標準版：保護者 110 項目，教師 115 項目，青少年本人 99 項目からなるフォーム。

Conners 3 短縮版：問題数の少ない保護者 45 項目，教師 41 項目，青少年本人 41 項目からなるフォーム。

Conners 3 ADHD 指標：ADHD 症状にのみ着目した保護者，教師，青少年本人それぞれ 10 項目からなるフォーム。

Conners 3 総合指標：保護者，教師それぞれ 10 項目からなるフォーム。

　日本語版は，Conners 3 標準版を翻訳したものである。Conners 3 の限界としては，主観的評価であることで，特に本人評価の場合，自己の行動を客観的に把握できなかったり，また，ADHD 特有の過度に自己評価を低く見積もる特性が，大きく反映する可能性があることがあげられる。

　成人期については，診断用評価尺度として 18 歳以上を対象とする半構造化面接の Conners' Adult ADHD Diagnostic Interview for DSM-IV（CAADID™）（Epstein et al., 2001）がある。CAADID™ は，「パート I：生活歴」と「パート II：診断基準」に分かれており，それぞれ所要時間は 60 〜 90 分である。パート I は，対象者の家庭・学校・職場での様子や，成育歴，既往歴（病歴：これまでにかかった病気について，疾患名・治療法や健康状態をまとめたもの）などの生活歴について，「はい／いいえ」または自由記述で回答する。パート II は，成人期と小児期の両方において問題となる ADHD 症状および，ADHD のサブタイプ（不注意優勢型／多動性－衝動性優勢型／混合型）を評価できる。

　なおパート II は，診断に関する面接である。基準 A では，不注意と多動性－衝動性の領域それぞれについて，DSM-IV の記載と同一の 9 つの症状が用意されている。最終的に，不注意と多動性－衝動性それぞれについて，症状の数を数え，6 以上あれば，その時期に症状があったと判断する。基準 B は，不注意と多動性－衝動性の症状のそれぞれが最初に現れた時期を特定する。いずれかが 7 歳以前に現れていた場合，DSM の診断基準 B の発症時期を満たすことになる。基準 C では，症状がみられる場所・場面について尋ね，学校・家庭・スポーツやクラブ活動・職場の 4 つで症状が生じたかを尋ね，2 つ以上の場面でみられた場合，DSM の診断基準の C を満たしたと考える。基準 D

では，ADHD 症状に起因する障害のレベルの判断をするが，不注意と多動性
－衝動性症状を分けて考えることはむずかしいので，それらを一緒にして生じ
る総合的な障害を評価する。不注意あるいは多動性－衝動性の症状が，小児期

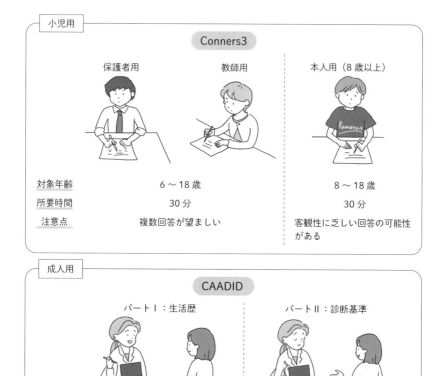

ADHD の診断・評価のアセスメント

と成人期それぞれにおいて，学校（職場／学校），家庭，社会的な行動，自己感覚・自己概念・自尊心の領域において適応を妨げていたか判定する。最終的に，パートⅡのまとめとスコアリングのための「サマリーシートとスコアリングのルール」によって，小児期と成人期それぞれでDSMの診断基準を満たすかどうかとADHDの不注意優勢型／多動性－衝動性優勢型／混合型のサブタイプを評定できる。

　本検査は，小児期と成人期の症状の比較ができたり，本人がその症状をどうとらえているかが理解できる貴重な検査であり，有用である。また，ADHD症状の具体例があげられているので，質問をしやすく使いやすい。しかしながら，こうした面接検査に共通することではあるが，本人の症状への気づきやその影響に気づいていない場合，正確な評価ができないという問題もある。

4．支援に役立つ他のアセスメント・ツール

　実際の支援においては，ASDやADHDに特化した検査だけではなく，包括的なアセスメントが必要になる。包括的なアセスメントの要素は，大きく分けると以下になる。

- 知的水準・認知特徴のアセスメント
- 適応行動のアセスメント
- 感覚や運動のアセスメント
- 併存する精神疾患のアセスメント
- 心理社会的・環境的アセスメント

　知的水準・認知特徴のアセスメントについては，発達障害の症状を理解したり支援したりするうえで必須である。なぜなら，知的水準や発達水準によって行動は大きく影響を受ける。たとえば，社会性に問題があるとしても，発達水準が低い場合，期待される社会性は低くなり，ASDの特性とは言えない場合もある。こうした発達水準や知的水準について，幼児であれば，新版K式発

達検査のような領域別の指数が求められる発達検査が推奨される。この発達検査では，姿勢・運動，認知・適応，言語・社会の3領域について，それぞれ発達年齢と発達指数が求められるので，各領域の乖離をみていくことが有用である。児童期以降は，WISC-IV，WAIS-IV などを用いて，全検査 IQ だけではなく能力間の偏りを把握することが重要である。

　適応行動（日常生活を安全かつ自立的に送るために必要となる年齢相応のスキルであり，食事，身だしなみ，掃除，お金の管理，仕事，友人関係，社会的スキルなどが含まれる）のアセスメントも重要である。発達障害の支援の最終目的は，日常生活の適応の向上であることを考えると，現状の適応行動の水準を把握しておくことも，支援のうえでは非常に重要である。知的機能と適応行動は通常正の相関を示すが，発達障害の場合，知的水準から期待されるような適応行動は達成されないことが明らかになっている。特に ASD では，適応スキルはその個人がもっている知的機能よりもかなり下回ることが多く，特に，知的障害のない高機能 ASD の人にその傾向がある。最も大きな乖離は，社会性スキルと IQ の間に認められる。こうした点からも，適応水準を調べることが重要である。

　ただ，最近まで日本には広い年齢で使える，きちんと標準化された適応行動を測る検査がなかった。2014 年に日本版 Vineland-II 適応行動尺度（Sparrow et al., 2005）が刊行されたが，これは 0 歳から 92 歳までの適応行動を調べるために非常に有効な検査である。対象者をよく知る養育者，介護者が回答者となる半構造化面接で，実施時間は 30 分〜1 時間程度である。Vineland-II 適応行動尺度は，「コミュニケーション」「日常生活スキル」「社会性」「運動スキル」の適応行動の 4 領域と「不適応行動」で構成され，それぞれの領域に下位領域がある。その下位領域に多くの質問が用意されており，適応行動を多面的にとらえることができる。なお，評定対象者の年齢によっては，実施しない領域および下位領域がある。また，問題行動を評価する「不適応行動領域」はオプションであり，3 歳以上の対象者に関して，回答者の許可を得たうえで実施する。さらに，「内在化問題」「外在化問題」「その他の問題」「重要事項」という領域があり，特に強度の不適応行動について評価する「重要事項」では，その強度に関しても重度，中等度の評定を行う。不適応行動の項目によって，

青年期以降に顕在化する 2 次障害等の問題を把握することも可能である。

　Vinland-Ⅱ適応行動尺度で算出される適応行動総合点はウェクスラー式知能検査の IQ と同じシステムで算出されており，IQ との比較が可能である。前述したように，ASD や ADHD では，知能水準から期待される適応行動の水準を大幅に下回ることが多いので，IQ と比較できることには大きなメリットがある。また，ASD の重症度が適応行動と比例しないという研究もある（Klin et al., 2007）。このように，適応行動は，知的能力や障害特性から推定することができないので，適切なアセスメントを実施することが必須である。

　また，ASD や ADHD には感覚や運動の問題も併存することが多いため，感覚や運動のアセスメントも必要である。DSM-5 の ASD の診断基準にも，感覚の過敏さや鈍感さが加えられている。感覚の偏りについては，2015 年に日本版感覚プロファイルが刊行され，感覚面を詳しく調べることができるようになった。これは アメリカで開発された感覚プロファイル（Sensory Profile）を日本で再標準化したものである。感覚プロファイルには，乳幼児版（0 ～ 6 か月児用と，7 ～ 36 か月児用）（Dunn & Daniels, 2002），3 ～ 10 歳用（Dunn, 1999），青年・成人版（11 歳以上）（Brown & Dunn, 2002）がある。保護者などによる他者評価であるが，青年・成人版については自己評価版もある。

　運動については，2020 年現在，国際的には協調運動発達に関する質問紙である DCDQ-R（Developmental Coordination Disorder Questionnaire-Revised）（Wilosn et al., 2009）と，直接に対象者に実施する検査である M-ABC2（Movement Assessment Battery for Children-Second Edition）（Henderson et al., 2007）が広く用いられている。DCDQ-R は日本語版が開発され，その有用性が示されている（Nakai et al., 2011）。M-ABC2 は，2020 年現在，日本版が開発中である。それ以外に，運動の指導をする理学療法士によって用いられる日本版ミラー幼児発達スクリーニング検査（Japanese Miller Assessment for Preschoolers：JMAP）（日本感覚統合障害学会，1989）と，感覚統合検査である日本版感覚処理・行為機能検査（Japanese Playful Assessment for Neuropsychological Abilities：JPAN）（日本感覚統合学会，2011）がある。

　併存疾患のアセスメントとしては，発達障害は，それぞれの障害がオーバーラップする場合や他の精神疾患が併存する場合が多くみられる。そこで，支援のため

には，併存する発達障害やうつや不安障害といった精神症状などを調べることが重要である。すでに学童期において，不安障害や気分障害などの併存がみられることが明らかになっている。青年期・成人期においては，さらにうつや不安障害などの精神疾患の併存率は上がるので，こうした併存する精神疾患については，M. I. N. I.（The Mini-International Neuropsychiatric Interview：精神疾患簡易構造化面接法 日本語版）など，事前に評価基準や質問項目が決められており，マニュアル通りに実施していく構造化面接も開発され，使用することができる。併存疾患については，精神科医との連携も重要である。

　心理社会的・環境的アセスメントに関しては，標準化された検査はないが，発達障害の可能性のある人の自己理解や，その人を取り巻く家族，学校，職場，地域などについても，アセスメントしていくことが不可欠である。

まとめ

　本章では，ASD と ADHD のアセスメント・ツールについて，標準化されたグローバル・スタンダードを紹介した。日本の医療機関や教育機関などの臨床においても広く使われることが望まれる。実際には，図 2-2 で示すように，発達障害の疑いのある人がいる場合，まず，スクリーニングを行い，その後，スクリーニングの結果によって診断・評価のアセスメントに進むことになる。

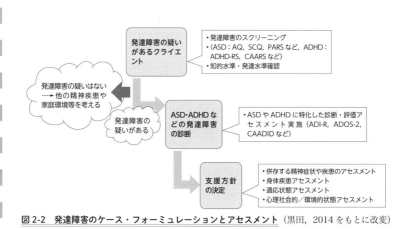

図 2-2　発達障害のケース・フォーミュレーションとアセスメント（黒田，2014 をもとに改変）

診断・評価のアセスメントは，いきなりやるものではなく，それまでに情報収集したうえで，行うものである。さらに，ASD や ADHD の特性を調べるだけでなく，支援においては，適応行動や感覚，運動などのアセスメントも必要である。また，標準化されたアセスメント・ツールを紹介したが，診断や支援において，一般的な面接や母子手帳や学校の成績表，対象者が作成した作文や絵画なども多くの情報を与えてくれるので活用していきたい。

練習問題

　　ASD の幼児に使われる 1 次スクリーニング検査名は（　　①　　）である。診断・評価用の検査で，直接行動観察で使えるものは，（　　②　　）（　　③　　），養育者への聞き取りは（　　④　　）（　　⑤　　）を用いる。

　　ADHD のアセスメントでは，小児用と成人用が分けられているが，小児用のスクリーニングとしては（　　⑥　　），診断・評価では（　　⑦　　），成人用のスクリーニングとしては（　　⑧　　）（　　⑨　　），診断・評価では（　　⑩　　）などを用いる。

発達障害の人を理解しよう
その①

　29 歳女性の ASD の人にインタビューをした。これまでの経緯については，高校生のときに気分障害の診断を受けるが，状態が良くならないために，再度大学病院を受診した後に ASD の診断を受けた。その後大学で文学を専攻したときに，短歌に興味をもち，大学のゼミの教授から短歌の指導を受けた。卒業後は，対人関係の問題により，繰り返し体調を崩すこともあったが，パートナーと出会うことで，人とのつながりの大切さを学びながら，自立した生活が送れるように日々励んでいる。

▼ご自身にはどのような発達障害の特徴があると思いますか？

　まずは，対人関係が苦手です。人と関わりたい欲求がそもそも湧かないので，対人関係を築く意義を見いだせず，コミュニケーションの必要に迫られるときは，多大なストレスを抱え二次障害を発症しやすくなります。また，感覚過敏があるために，生活環境にもかなりの不便を感じています。満員電車や雑踏等の聴覚過敏はノイズキャンセリングイヤホンで何とか凌いでいますが，最近は隣家や出先の煙草臭で嗅覚が過敏になり，パニック症状を頻発しています。そして過集中傾向があります。たとえば「書き物をしていたら，いつの間にか丸 1 日経過しており重要な予定をすっぽかしてしまう」ことがあります。薬物治療により，集中力を分散・緩和して対処しています。

▼学校で ASD の特性により生きづらいと思ったことはありますか？

　小・中学生のときは，特に勉強せずともテストの成績が良かったので「優等生がむかつく」という理由でいじめに遭いました。礼儀正しさを厳守していたためか，先輩や先生方には気に入られていた一方，高校入学後も同級生からの「年上に気に入られて生意気だ」という理由でいじめは続きました。人には「良い子だけど変わった子」と思われていたそうで，おそらくそれが悪目立ちする場面が多かったのだと思われます。しかし大学では勉学に（過）集中する姿勢を老若男女問わずよく賞賛され，逆にいじめとは無縁で，奇妙に感じたことをよく憶えています。

　総括してみれば，学校では常に対人コミュニケーションを要求されたため，生きづらさや苦痛は，形を変えてずっと継続した学生時代でした。

▼ ASD に対して，学校ではどのような支援があるとよかったですか？

　常にいじめに遭っていた学校生活で，たくさんの人に「こんなにいじめられて辛くないのか」と聞かれました。ですがそもそも，辛い・苦しい・悲しい等とはどんな感覚や

感情なのか，当時はまったくわかりませんでした。そのため，いじめに対抗する発想に至れず「私はいじめを受けるべき存在悪だ」という認知の歪みが根深く残ってしまいました。学生時代後，その歪んだ認知が二次障害やパニック発作を誘発させるようになり，精神にたびたび苦痛をきたしました。

　最近，通院先のカウンセリングで話した内容をセラピストが分析し，その結果をフィードバックする方法（フィードバック療法）や感情分析の機会を設けていただき，喜怒哀楽とは感覚として「こういうもの」という学びを経て，かつて被ったいじめに対する内省を深めることができ，症状は少しずつ和らいできました。われわれ ASD はまず，自分自身の悲しみや苦痛の感覚を具体的に認知する必要があると思います。今の学校機関にも，そのような心理療法を行う支援施設を私は期待します。

▼ ASD として自分が発達したと思う点は何でしょうか？

　小中高そして大学時代にかけての学術書や図鑑等で培ってきた「頭の学び」が，一人暮らしによって実生活での体験や経験に基づく「心・体での学び」に変わってきました。たとえば，幼少期は「大人（社会人）になるのは大変だぞ」と口々に忠告される意味がわかりませんでした。しかし実際に親元を離れて自活をしてみると，金銭や住宅の管理，体調管理，労働等，社会の中で生きることの大変さをこの身をもって学ぶことができました。頭の中の知識や理論だけではわからない，貴重な発達経験だと自負しています。また，その気づきをきっかけに，対人関係において「この人も，この場合は大変なのかな」など，他者の立場や境遇を想定・推定する発想が初めて生まれました。対人関係そのものでのストレスは相変わらずですが，おかげで相互間でのトラブルが格段に減り，精神的に安定した生活を送りやすくなりました。

▼ 現在，ご自身の特性を生かした趣味や活動があれば教えてください。

　前述した感覚過敏があるので，たとえば外食先のおいしい料理の味をおぼえて，自炊でほぼ再現することができます。おかげで外食費が減り，家計的節約にもつながりました。また論理性を重んじるこだわりがあるので，コミュニケーション上のなんらかの議題に対し極力矛盾のない説明を行うスキルが身につき，ディベート進行能力も向上しました。学術意欲も高く言語に対するこだわりもあるため，短歌を創作する歌人としていくつか業績を上げることもできました。

　しかし，障害特性を職業スキルとして生かすうえでは集団への所属がほぼ必須になるため，対人関係からのストレスにより現時点で就職状況が安定しないだろうと自己判断し，今はパートナーと暮らしながらハウスキーピングや炊事等に存分に特性を生かせるよう努めています。

第2部
ASD・ADHD 支援の基礎知識

生涯発達の側面から ASD・ADHD 児・者を支援することが求められる。また支援においては，複数の機関の連携が重要である。第2部では，幼児期の保育支援，学童期の教育支援，特別支援における医療と教育の連携，成人期の就労・職場適応支援に関する最新の知見と現場からの報告を紹介することで，ASD・ADHD 児・者の支援の知識を習得する。

第3章

幼児期の ASD・ADHD 児の保育支援

← 第2章　　　　第4章 →

1. はじめに

2007（平成 19）年 4 月から特別支援教育の本格的実施（2006［平成 18］年 3 月学校教育法等改正）が開始された。そして「特殊教育」から「特別支援教育」へ，盲・聾・養護学校も特別支援学校へと名称変更された。乳幼児期保育においても，特別支援教育が始まり，幼稚園・保育園・幼保連携型認定こども園などの乳幼児施設では，障害のある子どもと，定型発達の子どもを一緒のクラスで保育する統合保育や，どの子も排除されない社会をめざすインクルーシブの考え方が普及し，現在では，ほぼすべての園でこれらの考え方に基づいた取り組みが行われている。

しかし，法や制度が整備されてきた一方で，保育現場では，保育者と子どもが不都合や困難さを感じているという現状がある。本来，保育という営みの中では，「保育支援」として一人ひとりの子どもに応じた支援が必要になるが，いくつか課題があり，混乱している様子がうかがえるのである。そのような混乱した「保育支援」では，保育者も自らのめざす保育が行えないため，ますます困難さが増すと思われる。本来一人ひとりの育ちに向き合うところから始まり，その子の「良さ」や「強み」を大切にしていく行為であるはずの「保育支援」がその行為からかけ離れてしまうことや，障害のある子どもに対する理解

のむずかしさ，そして保育者自身も悩みを抱えてしまうことなどが，現場での
むずかしさにつながってくるようである。

2. 幼児期における特別支援教育とは

　2007（平成 19）年 4 月から「特別支援教育」が学校教育法に定められ,「す
べての学校において，障害のある幼児・児童生徒の支援をさらに充実していく
こと」とされた（文部科学省，2007）。さらに，「特別支援教育」は，自立や
社会参加に向けた主体的な取り組みを支援するという視点に立ち,「一人一人
の教育的ニーズを把握し，その持てる力を高め，生活や学習上の困難を改善又
は克服するため，適切な指導及び必要な支援を行う」ものとされている（文部
科学省，2007）。
　幼児期の保育については，平成 30 年公示幼稚園教育要領解説書 第 5 節「特
別な配慮を必要とする幼児への指導」において,以下のように記載されている。

　　「障がいのある子どもの指導は集団の中での生活を通して全体的な発達を
　促していくことに配慮する」（中略）「また関係機関と連携した支援のための
　計画を個別に作成する。個々の幼児の障がいの状態などに応じた指導内容や
　指導方法の工夫を計画的，組織的に行うこと」
　　　　　　（文部科学省，2018, pp.117-122 より抜粋，下線は筆者による）

　また，保育支援を行う場の幼稚園では，下記のようなことが，総則としてま
とめられている。

1. 幼児は安定した情緒の下で自己を十分に発揮することにより発達に必要
　な体験を得ていくものであることを考慮して，幼児の主体的な活動を促
　し，幼児期にふさわしい生活が展開されるようにすること。
2. 幼児の自発的な活動としての遊びは，心身の調和のとれた発達の基礎を
　培う重要な学習であることを考慮して，遊びを通しての指導を中心とし

て第 2 章（幼稚園教育要領解説の第二章）に示すねらいが総合的に達成されるようにすること。

3. 幼児の発達は，心身の諸側面が相互に関連し合い，多様な経過をたどって成し遂げられていくものであること，また幼児の生活経験がそれぞれ異なることなどを考慮して，幼児一人一人の特性に応じ発達の課題に即した指導を行うようにすること。

（文部科学省，2018，p.21 より抜粋，下線は筆者による）

これらに基づき，保育においては，下記の事項を重視して教育を行わなければならないとされている。

- 安定した情緒の下で自己を十分に発揮すること
- 主体的な活動を促し発達に必要な体験を得ていくこと
- 幼児期は遊びが指導の中心であること
- 幼児一人ひとりの特性に応じ発達の課題に即した指導を行うこと

これらの基本原則に加え，ASD・ADHD 児の保育支援では，以下を計画的・組織的に行うことが求められている。

- 集団の中での生活を通して全体的な発達を促していくこと
- 関係機関と連携した支援のための計画を個別に作成すること
- 個々の幼児の障がいの状態などに応じた指導内容や指導方法を工夫すること

3. 幼児期における保育支援の形態の変遷

この節では，ノーマライゼーション・インテグレーション・統合保育・インクルーシブの概念を軸として，障害児保育の保育形態と保育の考え方の変遷について概観する。

(1) ノーマライゼーションと統合保育

　ノーマライゼーションという概念は，デンマークのバンク＝ミケルセン（Bank-Mikkelsen, N. E.）が提唱し，1959年同国で制定された知的障害者法に盛り込まれた。1969年にスウェーデンのニィリエ（Nirje, B.）が「ノーマライゼーションの原理（The normalization principle）」を発表した。これをきっかけとして，その中心思想であるノーマライゼーションの考え方が北欧を中心に広まった。障害のある人もそうでもない人も，区別されることなく，生活を共にするのが正常（ノーマル）であるとされる状態が，本来の望ましい社会の在り方であるという考え方である。逆に障害者施設などを作り，多くの人たちが暮らしている地域から，障害者を隔離するのはアブノーマルな社会であるとされる。日本では1970年代から，保育の中でノーマライゼーションの考え方が取り入れられてきた。

　2000年代以前の日本では，障害の有無により子どもたちが分離（セパレーション）されており，教育施設や保育施設では，障害のある子どもは特殊教育

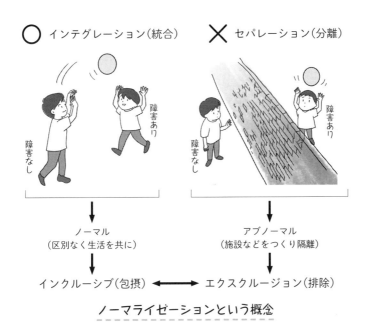

ノーマライゼーションという概念

学校へ，定型発達の子どもは地域の学校や保育園へ，という施策が講じられていた。それが，ノーマライゼーションの考え方の広がりとともに，障害の有無により子どもを分けて考えるのではなく，両者を統合（インテグレーション）して保育する統合保育（障害のある子どもも定型発達の子どもも同じ学級）が広まってきたのである。

（2）統合保育の課題とむずかしさ

　分離からの脱却として，統合保育が可能になったことを，状況の改善ととらえることもできるだろう。しかし統合保育になったことで，障害のある子どもたちは，定型発達児と同レベルのことを求められるようになってしまった。保育者も，クラス全体の流れや定型発達児に迷惑がかからないようにすることを強く意識してしまう。つまり，保育の理念や方法などを抜本的に改善していくことよりも，場の統合が優先されてきたため，定型発達児に求められる内容に，障害のある子どもを同化させる形で保育が行われてきたのである。しかしそれだと，「その子どもに適した保育支援」という視点ではなく，「同調を求める支援・援助」が中心となる。その結果，障害のある子どもの特性に合った発達課題を提供することができず，その子のもつ特性やむずかしさが見えやすい形で現れるようになってしまい，クラスの中で障害のある子どもが，"場を乱す子"や"クラスから出て行ってしまう子"として認識されやすくなってしまったのである。

　堀（1998）は，日本では，統合保育が「共に生きる教育」を支える理論として明確に意識されたわけではなく，以前の教育論や教育方法が，そのまま統合保育に適用されてきたと指摘している。つまり統合保育では，保育の場が統合されはしたものの，結果的に，その中で定型発達児と障害のある子どもが分離されてしまうという事態が多くみられるようになったのである。

（3）インクルーシブ保育

　ノーマライゼーションをもとにした統合保育から，エクスクルージョン（排

除）との対立軸をもとにして，インクルーシブ（包摂）という概念が提唱された。1994年にユネスコが採択したサマランカ声明で広まった概念である。インクルーシブ保育においては，統合された保育の場を提供することだけでなく，すべての子どもが，個性のある存在として認められ，どの子も主体として生活することを念頭に置いて保育をすることが重要である。つまり，保育の基本理念として，どの子にもその子の特性に応じて主体として活動できる場を用意していくことが求められる。

　このように，障害のある子どもの保育形態についての変遷を概観していくと，幼児期におけるASD・ADHD児の保育支援では，インクルーシブの概念と保育自体がめざしている基本に立ち戻り，一人ひとりの子どもの特性に応じて支援していくことが重要である。次の節では，具体的な保育支援の方法について事例をもとにして考える。

4. 幼児期における保育支援の方法

(1) 支援方法の基本的な考え方

　保育支援の具体的エピソードを用いて考える前に，障害のとらえ方について考えていきたい。特に幼児期における保育支援では，子どもの障害を，保育者である支援者側がどのようにとらえるかが重要になってくるためである。鯨岡（2009）は，以下のように「第三者の観点から見た障害」と「子ども本人の観点から見た障害」を分けて考えることにより，子どものニーズを読み取ろうと試みている。

　　第三者の観点から見た障害：発達の遅れや目に見えてわかる特性をもとに，第三者の視点からとらえた障害。その子どもを，定型発達の子どもとの比較（何ができて，何ができないか）という観点から理解しようとする。自分らしく生きているかということはあまり考慮しない「個体議論的な障碍観」（鯨岡，2009）であるといえる。

子ども本人の観点から見た障害：本人の生きにくさや困難を感じることをもとに，子ども自身の視点からとらえた障害。定型発達の子どもとの違いや能力面だけを見るのではなく，障害が他者やまわりの環境とどのように関係しているのかといった観点からとらえる「関係論的障碍観」（鯨岡，2009）であるといえる。

(2) 具体的な保育法の考え方

　保育者が「その子への支援のねらい」を考えるときは，ついつい「望ましい」「こうしてほしい」と思うこと（順番を守ってほしい，片づけられるようになってほしい，他者への思いやりの気持ちをもってほしい等）を考えてしまう。

　その一方で，子どもが「こうしたい」と思うことは，まだ遊びたい，友達の使っているおもちゃがほしい，仲間に入れてほしい…といったことである。つまり，両者の考え方には大きなギャップがあるため，どちらかに偏ることなく両方の視点から考えるということが重要になってくる。また，保育者の行う支援では，「正しいことを教えなければならない」という考えに偏りがちである。特に幼児に対しては，そういった視点に立ちやすいので，保育者と子どもの視点の違いをしっかりと整理して支援することが重要である。

　前述した鯨岡（2009）の概念をもとに考えると，子どものニーズを読み取り，それに合わせていくことが保育支援を行ううえで大切になる。保育の中で大切にしている，一人ひとりの子どもの特性に応じて支援していくことのみに注目するのではなく，子どもの視点に立ち，障害を探ることができて初めて，その子のニーズが見えてくるのである。

(3) 具体的エピソードを通した保育支援方法の考察

　次に紹介するのは，障害名やその特性や特徴にばかりとらわれてしまった事例である。子どもとの関わりの中で，保育支援の方法をとらえ直したことが，子ども本来の願いに耳を傾けていくことにつながった。その子どもの視点に立つと，遊びや，保育者・仲間との関係も広がってくる。

紹介するのは，年中クラスに進級したカイくんのエピソードである。カイくんは，自閉スペクトラム症（ASD）傾向があるということで，3歳児クラスのときから地域の養育センターに通っている。4歳児クラスに進級したカイくんは3歳時クラスのときとは違い，行動範囲を大きく広げ，屋上菜園に植えたブロッコリーを見たり，水をあげたりするために屋上に行く機会が多くなった。カイくんは屋上がとても好きであり，毎回のように屋上で保育者が行う水やりについていく。カイくんにとっては，今までは見えなかった世界が見えるようになったようだが，保育者にとっては理解できない行動が多くなっている。

エピソード「屋上からいなくなる」

　屋上菜園があるA園で，カイくんはブロッコリーの水やりをしに，屋上に行く機会が増えてきた。カイくんは「屋上に行くこと」を好んでいたので，他の物には興味を示さないこともあったが，屋上には必ず行くのであった。そして水やりも率先して行うが，いつの間にか脱走するのであった。屋上は保育室からかなり離れているということもあり，保育者が必ずついて一緒に屋上から降りることになっているが，いつもいなくなってしまう。屋上に行った子どもたちと保育者は，カイくんを探しながら降りるのだがなかなか見つからない。カイくんを探していたはずの保育者らのほうが先に保育室に着き，しばらくすると，カイくんがあとから何食わぬ顔で戻ってくる。保育者が，帰ってきたカイ

くんに「もう勝手に行っちゃダメだって」と伝えると，カイくんは無表情で「はい」とだけ答える。「いなくなったらみんなが心配するよ」と言っても，「はい」と無表情で返事をするだけである。このようなやりとりが毎日のように繰り返される。

考察　カイくんが ASD 傾向にあることから，カイくんの行動よりも，みんなと行動させるためにはどうすればよいかに保育者の注意が向きがちだった。保育者は，禁止行為（行動を制限する決まり）や，園での決まりごとをなんとか理解してもらおうとして，典型的な ASD 児の対処方法にカイ君を当てはめようとしていた。しかし，どれだけていねいに説明しても，カイくんは常に「はい」と返事をするだけで，なかなかわかってはもらえなかった。またカイくんは必ず保育室に戻ってきた。しかし，その行為は保育者にとって，「脱走」にしか見えなかった。

　本エピソードで保育者は，カイくんのやりたいことやニーズを汲み取ろうとするのではなく，カイくんに保育者のやめてほしいという思いを伝え，「脱走」するカイくんの行動や行為を制止することだけに終始していた。このような保育支援では，カイくんと保育者において良好な関係は築けないだろう。

■ エピソード「屋上で見せた意外な一面」

　夏野菜（ミニトマト）に肥料を足そうと考えていた保育者が，屋上にある肥料小屋に一緒に行こうとカイくんを誘おうとすると，カイくんはいつものように，フェンスとフェンスの間にある少し高くなっている所にのぼり始めていた。そこで，保育者は少し離れて，カイくんの位置からは見えない肥料小屋に行った。しばらくすると，ドンドンと窓を叩く音が外から聞こえてきたが，カイくんが叩いているとは思わずに，保育者はそのまま肥料を取っていた。すると「おーい」「おーい」「でておいでー」と，聞きなじみのある声が聞こえてくる。保育者が小屋から窓を眺めると，必死の形相のカイくんの姿が見えた。そして，保育者と目線が合うと，カイくんは安心したようにホッとした表情を浮かべた。

考察 カイくんは，たまたま一人になったため，心配になり，保育者を捜そうとしていた。つまり，カイくんは，保育者に対して意識を向けていたことが推測される。そのため，カイくんが無意味に行動しているわけではないのだということがわかった。ASD 傾向があるカイくんは，日頃から関わりやすさがあるわけではなく，保育者が困ると思うような行為もたくさんする。その一方で，本エピソードでは，カイくんは，他者である保育者に助けを求めようとしていた。つまり本人の行為や本人のニーズに目を向けていくと，カイくんの行動や思考が理解できるようになった。それには，困った行動をとる ASD 傾向の子としてレッテルを貼るのでなく，子どものニーズを探ろうとする理解が重要となる。カイくんの視点に立つことで，カイくんの本当の姿が明らかになった。このように，保育支援では，ふとした瞬間も見逃さない，子どもを理解しようとするまなざしが求められる。

　　カイくんが屋上からいなくなってしまったために，保育者がカイくんのあとを追いかけると，ちょうど階段にいた。すると，カイくんは保育者の存在に気づき，「もうこないでー」と追いかけっこ勘違いしている様子で逃げていく。しかし，実際には，カイくんは階段の途中で部屋の前を往復し，どこに何があるのかを自ら調べていたのであった。各部屋に書いている札を読んでは，「活動室」「子どもクラブ」などと自分で確かめながら読んでいたのである。

考察　　カイくんは，単に園内を走り回って「脱走」を繰り返しているわけではなく，自分の足で自らの世界を広げようと探索していたのである。このエピソードからは，今まで自分が認識していたカイくんの姿とは別の姿が見られた。保育者は屋上から勝手に降りてしまうカイくんに対して，入ってはいけない場所を教えることが保育者としては大切であると考えていた。さらに保育者には，カイくんは ASD 傾向があるので何をするかわからないという思い込みがあったために，カイくんに対して，さまざまな行動の禁止に終始していた。しかしよく考えると，見たことのない場やモノに対して調べてみたい，確かめてみたいという探索意欲があるのは，幼児期の発達を考慮すれば当然のことである。つまり，幼児期の子どもは好奇心からさまざまな興味を広げていくのである。

　　保育者が大人の視点で子どもの行動をとらえていると，本来のカイくんの行動の意味を見落としてしまう。そのことに気づいた保育者は，カイくんの行動を「困った行動」ではなく，「おもしろい行動」として受け取ることができるようになった。保育者がカイくんの世界の広がりに気づくと，クラスの子どもたちも，その世界の楽しさに気づいていくようになる。それが次のエピソードである。

　　給食の下膳はこの日の当番のカイくんの役目だったので，保育者がカイくんを給食の下膳へ誘うと，「はーい，待ってました」と言わんばかりのワクワクした

表情で，ワゴン（食事の入っている）のほうにやってきた。しばらく保育者と一緒に，もう一人の当番であるミキちゃんを待っていたが，なかなか来ないため，しびれを切らしたカイくんは，「ミキちゃん！（遅い！）」と怒りをあらわにした。というのも，カイくんは給食の下膳による電車ごっこをしたいので，いつも当番の日を楽しみにしていたからである。しばらくすると，ミキちゃんが来たので，給食室までの下膳を，いつもの電車ごっこ風に行う。カイくんが「次は〇〇組」と言うと，「Next Station 〇〇クラス」と保育者が言う。カイくんは，ミキちゃんに，電車に乗れなかった人の役を演じてほしいため，「電車に乗り遅れちゃったー，って言って」と言う。ミキちゃんが「私が電車に乗れなかったっていう人の役をやるの？」と聞くと，カイくんは「うん，そうだよ」と答え，3人での電車ごっこが盛り上がっていった。

　給食室までの道のりの中で盛り上がったので，3人ともそのまま電車ごっこを終わりにするのが，なんだか物足りないと感じていた。そこで本来は避難用である階段を使って，「カイくん，屋上から帰ってくるみたいに2，3，4階をこのまま電車ごっこしてみない？」とミキちゃんが尋ねると，カイくんは小さくうなずきながら，ぴょんぴょんと嬉しそうに飛び跳ねる。ミキちゃんが「電車？探検だね？」と言うと，カイくんは「探検電車」と言い，「次はさくらんぼ駅」と電車の車掌をまねて階段を上りはじめた。その後，2，3，4階のほとんどの部屋を回り，屋上まで行って部屋に戻った。下膳した後のミキちゃん・カイくん・

保育者が何やら楽しそうに帰ってきたことや，いつもよりとても時間をかけて帰ってきたことを，クラスのみんなが気にしていた様子であった。

　次のカイくんの当番の日，カイくんと，今年から入園してきたナミちゃんが一緒に下膳することになった。その日も，給食室までの電車ごっこ，そしてそのあとの探検電車をしていると，ナミちゃんは「（自分たちの過ごしている１階以外をさして）こうなってたんだね。私もほんとは来てみたかったんだ。あーよかった。カイくんの遊び楽しいね」と嬉しそうに答えた。カイくんはナミちゃんを新たな世界へと導き，自らだけではなく他の子の世界も広げたのだ。ナミちゃんは部屋に戻ったあとに，こっそりと仲の良いミイちゃんとミサちゃんに「下膳は，探検できてたりするんだよ」とその楽しさを伝えていた。

考察　保育者はカイくんの世界に近づきたいという願いから，カイくんとの関係の中で，どのように楽しんでいけるのかについて模索していた。そのときにちょうど，下膳を利用した遊びが生まれたのである。そして保育者は，カイくんの世界が，他の子どもに影響したことに驚いた。カイくんは生き生きとした姿で遊んでいたため，他の子どもには，魅力的に映ったのであろう。みんなが楽しそうなカイくんに興味をもち一緒に遊びを展開していく中で，カイくんは気づかないうちに，他の子どもを楽しい世界に導くことができたのである。言い換えると，カイくんは「使ってはダメかもしれない場所」という枠組みを自分でどんどんと広げていき，その世界のおもしろさを他の子どもや保育者と共有できたと解釈できる。

エピソード「大人・子どもも誘われる電車遊び」

　カイくんの遊びは，まわりの子どもたちを巻き込んでいった。２階に行くと他のクラスの先生たちが「カイくん君，今日は誰ときたの？」と声をかけるなど，普段あまり関わりのない人同士がつながるということが起きていた。ナミちゃんが「カイくん，今日は一緒に〇〇組のイチカワ先生に会いに行こう」と声をかけ，電車遊びからその人に会いに行く遊びになっていった。そしてナミちゃんは「ねー，ミウちゃん，ミサちゃんも一緒に行こう」と他の子を誘う。「カイくん，今日は，お客さんいっぱいだよ」と言うと，カイくんも嬉しそうである。

カイくんが駅の名前を言うとミウちゃんは「そこっておばあちゃんと降りたことあるよ」と言った。すると，ミサちゃんが「ここでおばあちゃんが乗ってきたらおもしろいから，しばらく止まっていて」と言い出し，新たなやりとりが行われ，電車ごっこを中心にしながら，さまざまな関わりが生まれてきていた。

考察 この遊びの中で，カイくんは普段あまり交流がない乳児クラスの保育者や支援センターの職員とも関わりをもつことができている。また，遊びに参加した子どもたちも，カイくんの遊びを通じて新たな環境とつながっている。保育支援の観点から，カイくんを中心にして，まわりの子どもや大人が互いに関わるチャンスが生まれたととらえることができる。

　カイくんのエピソードを振り返ってみると，子どもに対する誤った理解，障害特性に偏った保育，誤った保育形態が，訓練などに置き換わり，環境や指導の工夫がおろそかになることがわかる。また障害にとらわれてしまうと，知識や技術に重きを置くため，本来の子どもの姿を読み取ることがむずかしくなる。

　また子どもに対して診断名などのレッテルが先行してしまうと，保育者は一人ひとりの子どもの良さを生かすための保育支援ができなくなるため，その子どもの行動を抑制したり規制したりすることが多くなる。

　障害のある子どもがいる保育において，保育者が保育支援の方法に不安を感じるようになると，保育者の狭い視点でしか子どもをとらえることができなくなる。マニュアルに基づく障害児の対応や，それが子どものためだとする保育者の考えが優先され，結果的には，本来の子どもの姿を見失ってしまうのである。

　子どもとの関わりの中で保育支援の方法をとらえ直していったカイくんと保育者のエピソードから，保育実践においては，次の6つの点が重要であることが理解できる。

①子どもにとって安心できる場所や関わりを提供すること
②子どもを観察し，興味関心・探索行動の意味を理解すること
③子どもがいろいろなものに触れたり，他の大人や子どもを模倣したり，さまざまな行事に参加することを，子どもの成長につなげること

④子どもがやりたいことに最後までチャレンジする意味や，その価値を理解することこと

⑤子どもの困り観に立ったうえで障害をとらえ，その子どものペースで保育に参加できるように保障していくこと

⑥子ども同士が相互に関わり合うことの意味を理解すること

　これらのポイントを大事にしながら保育実践を行うことで，子どもの良い部分やできること，やりたいことなどプラスの側面を援助する保育支援を実現できる。また，そうすることで子どものニーズを把握し，楽しさや喜びを引き出すことが可能となる。そこから，子どもは自己肯定感や自信を身につけ，生きる力を育んでいくのである。

5．幼児期における保育支援と関係機関との連携

　特別支援教育が施行され，すべての学校種で個別の支援指導計画を立案し，関係機関との連携を組織的に計画的に行うことや，特別支援教育コーディネーター（保育所・幼稚園の中で特別支援教育をコーディネイトする役割を担う保育者であり，おもに，園内委員会，園内研修の企画・運営，関係機関や学校との連絡・調整，保護者からの相談窓口などの役割を担う）として，保育支援の必要な子どもおよび家庭を支援していくことが求められている。そこで本節では，基本的な考え方とともに，個別の支援指導計画の立案について考えていきたい。

(1) 関係機関との連携の基本的な考え方

1)「誰（子ども・保育者・保護者）のためか」についてよく検討する

　保育者が，子どものためだと思い，療育機関との連携を急ぐがあまりに，子どもの背後にいる保護者との関係が悪くなり，情報共有ができなくなるケース

が多くみられる。誰のためにどのような方法で，他機関と連携するのかについて，検討する必要がある。

2）園が所在する自治体の施設（公立・民間）を確認する

　保育支援を行ううえで，園が所在する自治体にどのような施設があり，現在どのような支援を利用できるのか等を整理し，知っておくことが重要である。手がかりがない場合でも，自治体に直接問い合わせると，糸口が見つかることがある。

3）その子に適したやり方はさまざまであることを認識する

　あくまでも主体となるのは，支援対象となる子どもである。たとえ，優れた方法で支援を実施し，優秀な人材とつながることができたとしても，支援対象となる子どもを軸に考えないと意味がない。保育者は，以前うまくいった支援方法をもとに，目の前の子どもの支援について考えてしまうこともあるだろう。もちろん，経験が非常に有用であることは確かである。しかし，目の前にいる子どもと保護者が納得する支援方法を模索し，適用することが大前提であることを忘れてしまうと，本末転倒となるので注意が必要である。

4）つながれる（連携できる）人は必ずいると信じる

　自治体で利用できる支援を探す（上記の2）ときに，連携できる相手がいないという悩みをよく耳にする。その場合は，保育者が連携できる相手を見つけるため積極的に行動することが必要である。たとえば，就学を控えた小学校に支援をつなぐ人がいないと悩んでいた保育者が，その小学校に連絡をとってみると，校長先生が一番の理解者になってくれたこともある。このように，保育者が自ら行動することが求められる。

5）保護者との関係性

　幼児期の保育支援における関係機関との連携では，子どもの障害特性や関わりのむずかしさについて，保護者に伝えることがむずかしい。発達障害をもつ我が子への対応のむずかしさを感じていても，保護者にとっての障害受容は容

易ではない。保護者の中には，自分の子どもの障害について触れてほしくないという思いから，園や保育者と関わりを極力もたないようにする人もいるであろう。そのような場合には，保護者とのやりとりは慎重に行い，言葉の選び方，伝え方，タイミングを考えていく必要がある。1）でも述べたように，誰のための支援なのかについて考えることが重要になる。

　そしてさらに大事になるのが，チームワークである。対象となる子どもと関わる人の力を集結し，一人に押しつけず園全体がチームとなって支援を行うことにより，その子にとっても支援者にとっても必要な機関につながることができる。

（2）園内での連携を生かした保育支援

　特別支援教育では，連携を組織的かつ計画的に行うこととされている。園内においても，園として子どもにどのような支援を行うかを，組織的に決定することが求められる。また保育者は，障害のある子どもとの関わりから孤立化しやすく，責任を感じやすくなる傾向にある。

　図 3-1 では，職員同士で情報を共有し，園全体のチームとして保育支援を行うための，ケース会議の例と順序を示した。ケース会議では，子どもの姿（子どもの実際の姿・実態）を観察（①）してから，複数の保育者が，自分の見ている立場から感じたことや考えたことを出し合う（②）。ここでは何が正しいか，妥当かということよりも，さまざまな考え方や感じ方を共有しておくことが大切である。それをもとに，③では，なぜそのような支援が必要か，なぜそのような理解をしたかを検討する。そのうえで，④実際の支援の行動指針を決めて

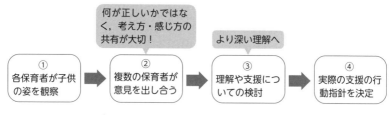

図 3-1　園でチームとして行うケース会議の流れ

いくことが大事である。そしてその支援方針をもとに，子どもの姿を検討していくことによって組織的かつ計画的な支援が行われる。

（3）個別の支援指導計画

　関係機関とつながる際に，重要になるのが個別の支援指導計画である。自治体によって形式や項目は異なるが，その自治体の様式を使うことをおすすめする（図 3-2）。それは，関係機関と連携する際に自治体などにも共通している文言やわかりやすい文言を使うことにより，共通言語で話し合うことができるからである。また何度も同じ書類を書く等の，重複した業務の軽減にもつながる。

　個別の支援指導計画は，その子の支援を見通して記載し，関係機関との連携（療育センターや保護者）を確認して作成する。計画だけでなく評価まで行い，次の計画や学校種への引き継ぎにも使用することが可能である。

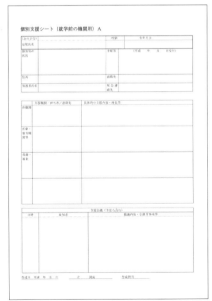
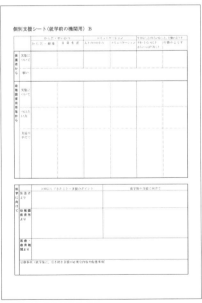

（資料：https://www.pref.okayama.jp/site/16/detail-9562.html より）

図 3-2　個別の支援指導計画の書類例

まとめ

　　現在（2020年）の保育は，すべての子どもたちには，個性があるというインクルーシブ保育を基本的な考え方としている。幼稚園教育要領解説では，幼児期のASD・ADHDの子どもおよびその傾向のある子ども，関わりのむずかしさを抱えている子どもへの保育支援の基本として，①集団の中での生活を通して発達を促していくこと，②関係機関と連携した支援のための計画を個別に作成すること，③個々の幼児の障害の状態などに応じた指導内容や指導方法の工夫を，計画的・組織的に行うことの重要性が指摘されている。そして保育支援を行う場の幼稚園では，遊びを通して幼児一人ひとりの特性に応じた，また発達の課題に即した指導を行うこととされている。

　　保育支援においては，発達障害および幼児期のASD・ADHDの子どもおよびその傾向のある子ども，発達が気になる子どもが，どのような困難を抱えているかを探ることが重要である。その子どもが抱えている困難や援助してほしいニーズを探るためには，障害特性（第三者から見た障害：個体論的障碍観）だけでなく，その子どもがどのようなことに困っているのかという視点（本人の観点から見た障害），と，そのことが他者やまわりの環境とどのように関係しているのかといった視点（関係論的障碍観）の両面から探ることが必要になる。また幼児期は，特に一人ひとりの特性に応じた指導や遊びを通しての指導が必要となるので，障害特性をつかむと同時に，その子どもの得意なことからアプローチを考えていくことも大切である。

　　さらに，保育支援のための連携では，誰のために，どのような方法で支援をつなげていくかが重要となる。また，自治体等の個別の支援計画などを使用し，他学校種や他機関と共通言語で連携していくことや，園内で保育支援の担当者が，その子どもを支えていけるような機会を設ける体制を整え，組織的かつ計画的に支援を行うことが必要である。

グループワーク

◆事例1「5歳児のADHDのソウちゃんのエピソード」----------------------------
　担任の保育者が，みんなに絵本を読もうとすると「僕に読ませてくれ」とソウちゃ

んが急に前に立ちはだかった。「ソウちゃん，今じゃなくて，あとで絵美先生が聴いてあげるから。今はみんなに読む時間だよ。ソウちゃんも座ってね」と保育者が伝えると，ソウちゃんはしぶしぶ，後ろで絵本を聴いていた。しかし納得がいかないようであった。ソウちゃんの様子を心配したフリー保育者は，皆で絵本が読み終わったあとに，「ソウちゃんが読むんだって」「見たい人は寄っといで」と言うと，ツバキちゃん，サナちゃん，サラちゃんらなどのお友達が来た。それから，ソウちゃんが絵本を読み出すと，その読みっぷりは好評であり，お友達から，「また読んでね」というお墨付きももらった。ソウちゃんは「また読もうねって言ってもらったよ」と自慢気に保育者にいった。

　次の日も，ソウちゃんは絵本を読みたいと主張したが，保育者は認めなかった。すると，ソウちゃんは，「僕の番はいつなの!!　まだなら，先生にドーンってするよ！（先生を突き飛ばしちゃうよ！）」と，すごい勢いで怒っていた。これまでもソウちゃんの自己主張が通らないことはあったが，そのときとは大きく保育者の態度が違ったので，ソウちゃんは驚いた様子であった。

　　問題：ソウちゃんのエピソードについて，①担任の保育者・フリー保育者（担任をもたない保育者）の支援の方法について話し合おう。②ソウちゃんが主張したい気持ちについても考えたうえで，あなたならどうするかを考え，話し合おう。

◆事例2「4歳児の夏途中から入園してきた，ヒジリくんのエピソード」 ------------

　途中入園のヒジリくんは，入園して落ち着き始めた頃，自由遊びのときに急にお友達を叩いてしまうことがしばしばあった。また，何もないときでも歩きながらお友達にぶつかることも多かった。さらに，朝からイライラしたことがあったりすると，物を投げてしまうようなことがあった。自分の気に入らない子には話をしようとしない。どのように保護者にヒジリくんの問題を伝えればよいか，また関係機関とどのように連携していけばよいか悩んでいる。

　　問題：ヒジリくんのエピソードについて，①どのように園の中で連携してヒジリ君の支援をしていくかについて話し合おう。②保護者や関係機関との連携をどのように進めていくかについて話し合おう。

連携しているつもりの落とし穴

　ヒカリくんは，3歳児クラス進級の頃から，ASD・ADHD傾向があり，落ち着きがなく手が出やすかったため，地域の療育センターに通っていた。療育センターに通わせること自体は，保護者も納得し，本人のためになるならと了承している。一方，ヒカリ君のお兄さんも，小さい頃にはASD・ADHD傾向がみられたが，年齢が進むにつれて落ち着いている。このような経験をしていたため，ヒカリ君の保護者は，ヒカリ君を療育センターに通わせるのは大げさだと考えているふしもある。また，息子が療育センターに通っていることに恥ずかしさを感じ，他の人には知られたくないようである。

　この保育所では，各学期（年間で3回前後）に，すべての保護者と面談の機会を設けている。ヒカリ君の保護者との面談では，いつも個別の支援指導計画を参考にしてヒカリくんの良いところを伝えている。2回目の面談で，ヒカリ君の保護者から，保育所と療育センターとの連携が不十分なことに不満をもっていると告げられた。実際には，地域の療育センター職員が，各学期に最低1回は保育所を訪問し，ヒカリ君の保育所での様子を観察するとともに，保育所との間で情報共有・意見交換を行っていた。このことは，ヒカリ君の保護者も知っているが，保育所の職員にも療育センターを訪問し，療育センターでのヒカリ君の様子を知ってほしいとのことである。

　面談での要望に応えて，担任と特別支援教育コーディネーターが療育センターを訪問し，集団療育でのヒカリ君の様子をみることにした。保育所の職員が療育センターを訪問するのは，このときが初めてだった。療育センターを訪れると，ヒカリ君と保護者が笑顔で出迎える。面談での要望に応えてもらえたこともあってか，ヒカリ君の保護者は，とても穏やかな表情をしている。その後，保護者と，集団療育での様子について話をする。保護者と話した内容自体は，普段の保育所の面談と大差なかったが，療育センター訪問の翌日に，保護者から手紙を受け取り，「来てくれて嬉しかった，ヒカリのことをわかろうとしているのがわかった」という内容が書いてあり，保護者からの感謝の気持ちがうかがえる。

　このケースでは，保育所の職員は，療育センターと連携しようと努力はしていた。しかし，療育センターに実際に足を運ぶことがなかったため，ヒカリ君の保護者に不信感をもたれる結果となってしまっていた。各施設の職員が多忙を極めている状況であっても，相互に施設訪問を行い，それぞれの施設での児の様子を知ることが，支援の大きな一歩になることを痛感する。

第4章

学齢期の ASD・ADHD 児の教育支援

← 第3章　　　　第5章 →

1. はじめに

　学齢期の ASD・ADHD 児は，知的障害の有無や障害の程度によって，通常の学級・通級による指導・特別支援学級・特別支援学校で指導を受ける。通級による指導とは，児童生徒が，通常学級に在籍しながら，ある時間を通常学級外の教室等で障害に応じた指導を受けることができる制度である（詳細はP.74）。特別支援学級は通常の学校内に設置された固定式学級で，児童生徒の在籍は特別支援学級となり，ほとんどの時間を特別支援学級で過ごす。特別支援学校は，特別支援教育以前の特殊教育時代の盲学校・聾学校・養護学校を前身とする学校で，多くの特別支援学校は通常の学校とは分離した建物として設置されている。

　学齢期の ASD・ADHD 児に対するおもな教育支援者は教師であるが，現在，教師の指導における専門性の在り方が課題となっている。特に通級による指導と特別支援学級では，ASD・ADHD 児の発達特性について十分な知識をもたない教師から指導を受けることがある。というのも，現在（2020 年）日本では，特別支援学校の教師には特別支援学校教諭免許状の保有が求められているのに対し，特別支援学級の教師，通級による指導を行う教師は特別支援学校教諭免許状の資格を必要としないためである（必要な自治体もある）。2018（平

成 30）年時点の特別支援学校教諭免許状の保有率は，特別支援学校が約 80％，特別支援学級が約 30％である（文部科学省初等中等教育局，2019a；俵，2019）。

通級による指導と特別支援学級

【通級による指導】
・通常学級に通いながら別の教室で障害に応じた指導を受ける（教科の補充指導，自立活動等）
・特別支援学校教諭免許状をもたない教師が指導
・通常の学校に設置
・障害に応じた指導の教室は学校外にある場合もあり

【特別支援学校】
・もともと盲学校，聾学校，養護学校だった
・おもに特別支援学校教諭免許状をもった教師が指導（保有率 80％）
・通常の学校とは建物が別

【特別支援学級】
・在籍する生徒はほぼ同じ教室で過ごす
・特別支援学校教諭免許状をもたない教師が指導（保有率 30％）
・通常の学校内に設置

特別支援学級と特別支援学校の違い

また，情緒の現れ方が偏っていたり，その現れ方が激しかったりする状態を，自分の意志ではコントロールできないことが継続し，学校生活や社会生活に支障をきたす障害を情緒障害といい，特別支援学級に在籍する情緒障害の児童生徒（多くが ASD の児童生徒）は 2018（平成 30）年時点で 122,836 人であるが（文部科学省初等中等教育局，2019b），かれらの多くは特別支援学校教諭免許状をもたない教師から指導を受けている。一方で，特別支援学校教諭免許状をもたない特別支援学級教師においても，専門性のないまま指導することが精神的負担になっているとの指摘もある（山口・岩田，2017）。

　では，特別支援学級や通級による指導を担当する教師には，どのような指導上のスキルが求められているのだろうか？　いくつかの調査では，教育課程（時間割・年間計画）の編成，集団への指導（授業づくり），個別の指導計画の目標設定，発達障害の理解，ユニバーサルデザイン等にニーズがあることが明らかになっている（山口・岩田，2017；岡野，2020）。個別指導だけではなく，教育課程や授業づくりを含めた幅広いスキルが求めてられているようである。

　本章では，おもに学校で ASD・ADHD 児の指導・支援を担う教師をめざす学生，現在特別支援学級等の教師だが特別支援教育をあまり知らないと感じている先生方を想定し，学習指導要領・教育課程・自立活動・個別の指導計画等の学校現場で指導をするうえで必要な内容を取り上げる。これまでエビデンスが蓄積されてきた ASD・ADHD 児への指導方法を，学校教育の指導場面でどう活用するかについても触れたい。教師以外の専門家を志す人も，特別支援教育制度において教師がどのように ASD・ADHD 児への教育支援を行うかを知り，連携に生かしてほしい。

2. 学齢期の ASD・ADHD 児の　　　　　　教育支援に関連する法制度

　本節では，次節「3. 教育課程の編成と個別の指導計画」以降に示す内容の基底にある法制度と学習指導要領について取り上げる。教育課程を編成する際の基準である学習指導要領は，本節で示す法制度やその理念に基づき策定され

ている。

(1) 障害者の権利に関する条約

　2006 年に国連総会で採択された障害者の権利に関する条約（以下，障害者権利条約）は，1950 年に世界人権宣言が国連によって示されて以降の，障害者の社会的統合をめざす宣言・規則の 70 年に及ぶ集大成である（United Nations Department of Economic and Social Affairs, Division for Social Policy and Development, 2018；中村，2019）。第 24 条 教育では，「一般的な教育制度から排除されないこと」「必要な支援を一般的な教育制度のもとで受けること」「個人に必要な合理的配慮の提供」「インクルージョンという目標に合致する学問的・社会的な発達を最大にする環境での個別化された支援の提供」が定められている。合理的配慮は，本人の意思の表明が出発点であるが，自分から表明することが困難な ASD・ADHD 児に対しては，周囲の教育・支援者の配慮を要する。

(2) 発達障害者支援法（平成 16 年制定，平成 28 年最終改正）

　日本は，障害者権利条約の批准（2014［平成 26］年）に向けて国内の法の整備を進めてきた。その結果として，2004（平成 16）年に発達障害者支援法が制定された。2016（平成 28）年に発達障害者支援法は改正され，第一章 第一条 目的では，「切れ目なく発達障害者の支援を行う」ことが追記された。「切れ目のない支援」とは，医療・保健・福祉・労働等の分野間で連携する支援（「ヨコの連携」）と，保育園・幼稚園と小学校，小学校と中学校，学校等と就職先などのライフステージの変わり目においても連携する支援（「タテの連携」）の 2 つの連携のことである（発達障害の支援を考える議員連盟，2017）。第八条 教育では，切れ目のない支援に必要なツールである「個別の指導計画と個別の教育支援計画の作成の推進」のほか，「可能な限り発達障害児が発達障害児でない児童と共に教育を受けられるよう配慮する」こと，「いじめ防止等のための対策の推進」「大学及び高等専門学校における適切な教育

上の配慮」が盛り込まれた。

（3）特別支援教育制度（平成 19 年〜）

　2007（平成 19）年 4 月 1 日より「学校教育法等の一部を改正する法律」が施行され，インクルーシブ教育を実現するための日本の教育制度「特別支援教育制度」が始まった。特別支援教育制度では，①就学の手続き，②通級による指導・自立活動・個別の指導計画の関係が定められ，③学習指導要領における連続性の在り方が課題となっている。

1）就学の手続き

　就学の手続きは，本人・保護者の意見を重視する方向で改正されてきた。まず 2007（平成 19）年には，市町村の教育委員会による専門家からの意見徴収に加えて，保護者からの意見徴収が就学手続きにおいて義務付けられた。さらに 2013（平成 25）年より学校教育法施行令が改正され，市町村教育委員会は，最終的な就学先を決定する前に十分な時間的余裕をもって手続きを行い，保護者の意向を尊重しなければならないとされた。加えて，特別支援学校から小中学校への転学，小中学校から特別支援学校への転学も，児童生徒の発達の程度，適応状況を勘案しながら柔軟に行うことになった。

　こうした状況により，以前は特別支援学校を教育の場としていた学校教育法施行令「第 22 条の 3」において定められた程度の重度の障害がある子どもや，視覚障害，聴覚障害，知的障害，肢体不自由，病弱を 2 つ以上あわせもつ重複障害のある児童生徒が，通常学級や特別支援学級に在籍するようになっている（国立特別支援教育総合研究所，2016）。したがって，通常学級・特別支援学級の教師においても，障害の程度が重度の子どもの発達特性や特別支援学校学習指導要領を理解する必要がある。特別支援学校と小中学校間の転学の際には，転学元と転学先の教師の双方が教育課程のつながりを保護者に説明できることが望ましい。

2) 通級による指導・自立活動・個別の指導計画の関係

　通級による指導は，大半の授業を在籍する通常の学級で受けつつ，障害による学習上・生活上の困難を主体的に改善・克服するために受ける指導であり，1993（平成 5）年に制度化された。2019（平成 31）年時点で全国の小中公立学校で通級による指導を受けている児童生徒は約 109,000 人で，2007（平成 19）年の約 2.4 倍であり，ASD・ADHD の児童生徒で通級による指導を受ける者が増加している（文部科学省初等中等教育局，2019c）。

　通級による指導の対象となる ASD・ADHD 児は，「平成 25 年 10 月 4 日付 25 文科初第 756 号文部科学省初等中等教育局長通知」により，「自閉症者：自閉症又はそれに類するもので，通常の学級でおおむね参加でき，一部特別な指導を必要とする程度のもの」「注意欠陥多動性障害者：年齢又は発達に不釣り合いな注意力，又は衝動性・多動性が認められ，社会的な活動や学業の機能に支障をきたすもので，一部特別な指導を必要とする程度のもの」と定められている。

　通級による指導の対象としたほうがよい児童生徒の判断については，在籍校の校長が行う（文部科学省初等中等教育局，2020）。通級による指導を受ける標準年間指導時間は，35 〜 280 単位時間（週 1 〜 8 単位時間程度），ADHD 児は 10 〜 280 単位時間（月 1 〜週 8 単位時間程度）である。

　通級による指導のおもな内容は 2 つあり，教科の補充学習と，特別支援学校学習指導要領の自立活動である。自立活動は「個々の幼児児童生徒が自立をめざし，障害による学習上又は生活上の困難を主体的に改善・克服するために必要な知識，技能，態度及び習慣を養い，もって心身の調和的発達の基盤を培う」ことを目標とし，6 区分 26 項目の指導内容からなる（詳細は p.79，表 4-2 参照）。自立活動を行うためには個別の指導計画を作成する必要があることから，通級による指導を受ける児童生徒に対しては，個別の指導計画を作成しなくてはならない。2018（平成 30 年）年から高等学校でも通級による指導を実施できるようになった（文部科学省初等中等教育局，2019c）。

3）学習指導要領における連続性の重視

　学習指導要領とは，全国どの地域で教育を受けても一定の水準の教育を受けることができるように，文部科学省が学校教育法などに基づき定めている各学校で教育課程を編成する際の基準である。

　欧米におけるインクルーシブ教育システムでは，2000年頃より，それまであった特殊教育（Special Education）のカリキュラム（日本の特別支援学校学習指導要領に相当する）を廃止し，通常教育のカリキュラムに一本化する動きが生じた。アメリカでは障害のある子どもの通常教育カリキュラムへのアクセスが法的に義務付けられ，通常カリキュラムを基盤として，対象の子どもに応じて教育内容・方法の一部を変更・調整することで，個々のニーズを満たすことができるとされている（野口・米田，2014）。

　一方，日本では，特別支援教育制度において，通常学級の学習指導要領と特別支援学校の学習指導要領の2トラック制を維持している。ただし既述のように，2013（平成25）年の就学制度改正により特別支援学校と小中学校間で児童生徒の転学が生じるようになったことを背景として，文部科学省は2017〜2019（平成29〜31）年の学習指導要領改訂において，通常の学習指導要領と特別支援学校学習指導要領の各教科等の目標を，共通する3つの柱「学びに向かう力，人間性」「知識及び技能」「思考力，判断力，表現力」によって整理することで連続性を重視することとなった。

　連続性を説明するうえで留意すべき点は，知的障害教育で実施している学習指導要領上の領域・教科を合わせた指導形態（おもな指導形態：日常生活の指導，生活単元学習，作業学習，遊びの指導）とのつながりである（"領域"については P.82 参照）。この説明が教師に求められるのは，通常学校と特別支援学校の転学が生じるときである。特に，特別支援学級から特別支援学校高等部・高等特別支援学校への進学者は多いため，教師は通常学校で学んだ内容と特別支援学校で学ぶ内容とのつながりを，本人・保護者にていねいに説明する必要がある。

3. 教育課程の編成と個別の指導計画

　学齢期の ASD・ADHD 児の学びの場は，①通常学級＋通級による指導，②特別支援学級，③特別支援学校であり，それぞれの場でどのような教育内容を行うかを決定し，教育課程を編成する。教育課程を編成する際の基準は学習指導要領であるが，それぞれの場によって，通常の学習指導要領を用いるか，特別支援学校の学習指導要領を用いるかが異なる（表 4-1）。①通常学級＋通級による指導と②特別支援学級においても，特別支援学校の学習指導要領を参考にする必要があるため，教師は特別支援学校の学習指導要領を理解しておくことが望ましい。

　個別の指導計画の書式は自治体や学校によって異なるが，本人と保護者の願い，本人の長所と課題，長期（年間）の指導目標，短期（学期）の指導目標，指導内容，指導方法（手立て）等の項目を含む。2017 ～ 2019（平成 29 ～ 31）年の特別支援学校学習指導要領の改訂では，「実態把握をし，指導目標（ねらい）と具体的な指導内容を決定し，個別の指導計画を作成する」という手続きの中に「指導すべき課題」を明確にすることが示された（文部科学省，

表 4-1　学びの場と学習指導要領・教育課程の関係

	通常学級＋通級による指導	特別支援学級	知的障害特別支援学校
学びの場 在籍する学級	通常学級に在籍し，必要な指導を通級による指導によって受ける	特別支援学級に在籍し，行事などの特別活動，特定の教科において通常学級の児童生徒とともに行う場合がある	特別支援学校に在籍し，交流および共同学習で通常学級の児童生徒と交流学習を行う
学習指導要領	通常の学習指導要領＋特別支援学校学習指導要領の自立活動	通常の学習指導要領＋特別支援学校の学習指導要領を参考にする	特別支援学校（知的障害）の学習指導要領
教育課程 （時間割の編成）	通常の学習指導要領の教科 / 特別活動 / 総合的な学習等で編成する	通常の学習指導要領の教科の名称で編成する学級もあれば，特別支援学校の領域・教科を合わせた指導を取り入れる学級もある	特別支援学校の学習指導要領の教科等＋領域・教科を合わせた指導形態（生活単元学習，作業学習，日常生活の指導，体育，音楽，ことば・かず等）で編成する

2018)。

　指導すべき課題は，児童生徒の実態（障害の状態に関する心理検査や医療機関からの情報，発達や経験の程度，興味・関心，生活や学習環境，学級における行動観察の記録等）に加え，将来の可能性を見通しながら段階的に設定する。個々の児童または生徒が，将来の自立や社会参加に必要な資質・能力との関係において自立活動での学習の意味を理解しつつ，学習に取り組めるようにする。ASD・ADHD児に対しては，視覚的に図示するなどして，自己の目標が将来のどんな姿につながるのかを示すとよいだろう。問題行動への対応だけではなく，ASD・ADHD児に自己肯定感をもたせるように，かれらの得意なことを生かし，達成感を味わうことのできる内容も取り上げる。

　個別の指導計画の短期目標については，評価可能な具体的な行動目標，学びの場面，手立てを記載するのが望ましい。また，どのような手立てや支援がよいかについて，ASD・ADHD児自身が選択できる機会を設定し，将来自分から周囲に支援を求めることができるよう留意する。たとえば，音に過敏のあるASD児が活動に取り組むために，静かな環境を設定するのか，ヘッドホンを用いるのか，あるいは，教室内の騒音により蓄積したストレスを解消するため，その場を離れ図書室や保健室等で深呼吸する時間を設定するのかを，ASD児本人が選択し，支援者に伝える機会を設定するとよい。特に小学校低学年や発達段階の低いASD・ADHD児には，何も選択肢がない状況でその場で可能な支援を自分自身で推し量り，教師に言葉で伝えることは困難である。教師は対象児に対し「自分で伝えられないことが課題」であると指摘する以前に，下記のステップをていねいに用意したか見直す必要がある。

　ステップ1：その場で可能な有効な支援を選択肢として示す。
　ステップ2：対象児に選択させる。
　ステップ3：その支援により，状況が改善したことを対象児自身が実感できる。
　ステップ4：対象児が，徐々に教師に必要な支援を伝えられるようになる。
　ステップ5：他の場面でも応用できる。

手立ての有効性を確認し適宜変更するために，介入前のベースラインとその後の記録をていねいにつけていくことが重要である。記録には，児童生徒自身の振り返りのノートやエピソード記録，トークンエコノミー法（p.88参照）のトークンの記録，ビデオカメラによる行動や発話の記録等を適宜活用する。評価は成長の記録であるため，ASD・ADHD児本人が理解できるよう視覚的に示すとよい。

（1）通常学級＋通級による指導の教育課程と個別の指導計画

通級による指導の中心となる学習指導要領の自立活動（表4-2）には，ASD・ADHD児を中心とする発達障害児の指導を充実させるために，2017～2019（平成29～31）年の特別支援学校学習指導要領改訂で，「1. 健康の保持」の区分に「(4) 障害の特性と理解と生活環境の調整に関すること。」の項目が加わった。また，発達段階に応じた指導を充実させるため「4. 環境の把握」の区分の「(2) 感覚や認知の特性への対応に関すること（従前）」を「(2) 感覚や認知の特性についての理解と対応に関すること」に変更し，「(4) 感覚を総合的に活用した周囲の状況の把握に関すること（従前）」を「(4) 感覚を総合的に活用した周囲の状況についての把握と状況に応じた行動に関すること」に改めた。ただし，学習指導要領に示されている自立活動の内容は基本的な概要であるため，個々の実態とニーズを踏まえ，学習指導要領に示された項目を選定し，相互に関連付けて行うことが重要である（文部科学省，2018）。

ASD・ADHD児の中心的課題である人間関係の形成やコミュニケーションに関する指導内容は，個別指導や小集団指導の通級による指導の時間だけでは十分ではない。教師は，対象児が通級で学んだ内容を通常学級の中で生かせるよう支援することが大切である（岡野・松田，2019）。

通級による指導の個別の指導では，ASD・ADHD児に自分の行動を報告させ，振り返りをさせること（セルフモニタリング）によって，他者との関係について本人はどのように考えているか，他者はどのように期待しているか，生徒本人はどのように対応したいと思っているかなどを，教師が本人と一緒に整理する。そして問題の行動に対して当該生徒がどのように意識しているか，それら

表 4-2　自立活動（文部科学省，2018）

自立活動（特別支援学校小学部・中学部学習指導要領　第 7 章　高等部学習指導要領　第 6 章
第 1　目標
個々の児童又は生徒が自立を目指し，障害による学習上又は生活上の困難を主体的に改善・克服するために必要な知識，技能，態度及び習慣を養い，もって心身の調和的発達の基盤を培う。
第 2　内容
1. 健康の保持
(1) 生活のリズムや生活習慣の形成に関すること。
(2) 病気の状態の理解と生活管理に関すること。
(3) 身体各部の状態の理解と養護に関すること。
(4) 障害の特性の理解と生活環境の調整に関すること。
(5) 健康状態の維持・改善に関すること。
2. 心理的な安定
(1) 情緒の安定に関すること。
(2) 状況の理解と変化への対応に関すること。
(3) 障害による学習上又は生活上の困難を改善・克服する意欲に関すること。
3. 人間関係の形成
(1) 他者とのかかわりの基礎に関すること。
(2) 他者の意図や感情の理解に関すること。
(3) 自己の理解と行動の調整に関すること。
(4) 集団への参加の基礎に関すること。
4. 環境の把握
(1) 保有する感覚の活用に関すること。
(2) 感覚や認知の**特性についての理解と対応**に関すること。
(3) 感覚の補助及び代行手段の活用に関すること。
(4) 感覚を総合的に活用した周囲の状況についての**把握と状況に応じた行動**に関すること。
(5) 認知や行動の手掛かりとなる概念の形成に関すること。
5. 身体の動き
(1) 姿勢と運動・動作の基本的技能に関すること。
(2) 姿勢保持と運動・動作の補助的手段の活用に関すること。
(3) 日常生活に必要な基本動作に関すること。
(4) 身体の移動能力に関すること。
(5) 作業に必要な動作と円滑な遂行に関すること。
6. コミュニケーション
(1) コミュニケーションの基礎的能力に関すること。
(2) 言語の受容と表出に関すること。
(3) 言語の形成と活用に関すること。
(4) コミュニケーション手段の選択と活用に関すること。
(5) 状況に応じたコミュニケーションに関すること。

注:太字は 2017〜2019（平成 29〜31）年の特別支援学校学習指導要領改訂による追加・変更点である。

が問題の行動とどう関連しているか，問題解決のスキルがあるかを分析する。ASD・ADHD児本人の認知の偏りやパターン，問題解決のスキルの有無や適した解決方法を把握する際は，認知行動療法の手続き（Ayers et al., 2014）が参考になる。問題解決のスキルに課題がある場合，トラブルを回避する方法や，自己コントロールの指導を行う。怒りのコントロール（アンガーマネージメント）では，自制心を高めること，怒りを引き起こす状況を避けること，リラックスするテクニックなどを学ぶ。

　教科の補充指導では，ASD・ADHD児に対しては，定規やコンパスを使った作図，ラインマーカーで1行置きに線を引き読みやすくする，言葉のイメージを視覚化する等の指導が行われている（長田・都築, 2015）。通常学級では集中しやすい刺激を精選した環境を作る，配布資料における視覚的配慮を行う，やるべきことを伝える際には口頭で指示をするのではなく，板書に①②③と箇条書きに記す，予定変更はあらかじめ伝え，スケジュールに見通しをもたせるといった工夫をする。このように，通常学級教師は，ASD・ADHD児が，その特性に応じた配慮を受けられるようにする。また，音楽・図工・家庭科などでも，口頭指示だけではなく，図表で手順を表示したり，動線をわかりやすく示すようにする。さらに，グループ学習では，ASD・ADHD児を含むグループの他児が，そのASD・ADHD児の得意なことを知らないケースもある。日

言葉のイメージを視覚化

定規やコンパスで作図　　マーカーを1行おきに
　　　　　　　　　　　　ひいて読みやすく

障害に応じた指導のための教室で行われる教科の補充指導

頃から ASD・ADHD 児の得意な面を取り上げ，活躍する場を作ることで，グループ活動が円滑に進むことがある。

　通常学級では，ASD・ADHD 児の指導のために支援員が学級に入ることがあるが，学級担任は支援員任せではなく，授業における具体的対応について伝える必要がある。通級による指導の担当教師と通常学級教師が十分に連携し，ASD・ADHD 児への一貫した教育支援をできるよう努める。

（2）特別支援学級に在籍する ASD・ADHD 児の教育支援

　特別支援学級には知的障害を伴う ASD・ADHD 児が在籍する。このため，障害の程度と学級の実態を考慮し，特別支援学校小学部・中学部学習指導要領を参考とし，自立活動を取り入れる，各教科の目標・内容を下学年の教科の目標・内容に変える，各教科を知的障害特別支援学校学習指導要領の各教科に替えるなどして教育課程を編成する必要がある。

　教育課程の編成は，制度上は学校長に責任があるが，ほぼ学級担任に任されている現状がある（佐藤・浦野，2017）。特別支援学校教員免許を保有しない教員が教育課程を編成する場合，特別支援教育コーディネーターや専門家の支援が必要である。特別支援教育コーディネーターは，保護者や関係機関に対する学校の窓口として，また学校内の関係者や福祉・医療等の関係機関との連絡調整役として，それぞれの学校で校内の連携を図り，特別支援教育を推進する役割を担っている。

　小学校 1 年生の教科を学ぶレディネス（その学習活動をするために必要な前提となる知識や経験）が身についていない発達段階の ASD・ADHD 児の指導では，教師は知的障害教科の小学部 1 段階・2 段階・3 段階の内容を理解する必要がある。小学部 1 段階・2 段階では，物のある／なし，物の大小，長短，形の弁別，色の弁別，マッチング，物の操作，順番，手と目の協応，数唱など，算数・国語につながる認知発達に応じた内容を含む（文部科学省，2018；立松，2009）。時間割の中で認知能力の発達を促す個別指導の時間を設定し，ASD・ADHD 児が集中して取り組み，達成感を味わうことができるようにする。そして，認知能力の発達を促す個別指導で学んだことを，学校生活場面全体で生

かすことができているか，確認しながら進める視点が大切である。

（3）知的障害特別支援学校に在籍する ASD・ADHD 児の教育支援

1）領域・教科を合わせた指導形態における教育支援

　知的障害特別支援学校に在籍する ASD・ADHD 児は，知的障害特別支援学校学習指導要領により編成された教育課程による授業を受けることになる。知的障害特別支援学校の学習指導要領は，通常の学習指導要領の学年段階別ではなく，小学部 3 段階・中学部 2 段階・高等部 2 段階の段階別に示され，生後8 か月程度から小学校高学年の発達段階までの内容で構成されている（文部科学省初等中等教育局，2016）。

　知的障害教育では，領域・教科を組み合わせた内容を，具体的な経験や行動によって学ぶことを重視してきた。領域とは，国語・算数・理科・社会などの教科に分化する前の未分化な内容や，教科の枠ではくくることのできない内容

生活単元学習　　作業学習　　日常生活の指導　　遊びの指導

〇〇屋さんを開く
〇〇へ行く
　　　　　　など

農耕・園芸・木工・
縫製
　　　　　　など

朝の会，係の仕事，
給食，清掃
　　　　　　など

水遊びをする
粉遊びをする
　　　　　　など

領域・教科を合わせた指導形態の代表例 4 つ

（たとえば，日常生活の指導，職業教育，目的地まで移動する指導，人間関係やマナー，自立活動の内容等）のことである。特に知的障害特別支援学校では，知的障害特別支援学校学習指導要領の領域・教科の内容（教科・自立活動・特別活動・道徳の時間・総合的な学習の時間・学校生活場面の指導等）を合わせて指導することが一般的である。

　領域・教科を合わせた指導形態の代表例は，生活単元学習・作業学習・日常生活の指導・遊びの指導の4つの指導形態であり，これらの名称はしばしば時間割に用いられる（教育課程もこれらの名称で組まれる）。作業学習とは，実際に作業をして製品を作ったり，仕事をしたりして職業に必要な技能と態度を学ぶ学習である。

　領域・教科を合わせた指導形態のうち，「作業学習」「日常生活の指導」は作業スキルや生活スキルの改善を主たる目標とすることが多く，繰り返し同じ課題・類似する課題を行いながら技術を修得していく活動が含まれる指導形態である。また作業を分担することで，ASD・ADHD児の得意な面を生かした個別の課題を設定しやすい。ASD・ADHD児がやるべきことを理解し，自ら行動する力を育むことが可能になる。

　発達障害の子どもの指導・支援では，構造化が重要である。構造化とは，子どもが最大限の能力を発揮できるように，環境を整えることである。子どもの支援の際には，指導の際，① 課題分析（タスクアナリシス）と，② 作業の構造化（本人の発達段階と特性に合った手順表の作成）と，③ 環境の構造化を行う。

　課題分析は，作業学習が導入された1950年代から行われており，ある目標までの工程を細かいスモールステップで分け，どこにつまずきがあるのか，つまずきのあるステップで必要とされる認知能力やスキル，苦手な部分を補う補助具・教材，必要な支援方法を分析する。作業学習だけではなく，目的地までの移動，着衣のスキル等の目的のある一連の行動において有効である。

　次に，課題分析した工程にASD・ADHD児が自分で取り組めるようにするために，応用行動分析（Applied Behavior Analysis：ABA）のTEACCHプログラム（Treatment and Education of Autistic and Communication handicapped Children）における「構造化」の考え方に基づいて作業環境を整備し，工程表

や手順表を用いて見通しをもたせる。応用行動分析とは，特定の障害種に行う療育ではなく，心理学の一分野で，行動の原因を環境側に求めるという特徴がある。応用行動分析の基本はABC分析であり，A：行動のきっかけ（antecedent），B：行動（behavior），C：行動の結果（consequence）を分析する。TEACCHとは，ノースカロライナ大学がASDを対象に開発したアプローチで，アプローチの基本となる「構造化」によってASDの視覚処理・興味・強みを活用し，かれらの混乱を減少させ，自立した行動を増やす方法である。構造化には，次のようなものがある。

環境の構造化：どこで何をするか視覚的にわかるようにする，環境からの刺激を精選する，児童生徒が教室内を移動する際の動線をわかりやすく示す等。

時間の構造化：見通しをもたせるためにスケジュールを文字やイラスト等で視覚化する等。

作業の構造化：何をどうやってどのくらい行うかの手順を視覚的に示す，成果を視覚的に示し達成感をもたせる等。

手順表を作成する際は，個々の認知発達・認知特性に応じて，イラストで示す，文字で示す，めくりタイプにする，イラストに擬態語や擬音語を添える……など工夫し，対象児が取り組みやすいよう視覚的に提示する。

生活単元学習には，行事単元・季節単元・学級集団のニーズに応じた内容の単元など，作業学習のような繰り返し型の学習ではなく，子ども同士の関わりや自然な日常環境の中で学習を進める場面があり，十分な構造化がむずかしいことがある。

構造化がむずかしい学習におけるASD・ADHD児の教育支援として，PRT（Pivotal Response Treatment：機軸行動発達支援法）が参考になる。PRTは，極端に構造化された1対1の個別指導，無関係のキャンディやチョコのご褒美の多用に対する批判から開発された，より自然なアプローチである。自然な強化子（ある特定の行動の頻度を増加させる働きをする要因）を与える応用行動分析の手法の1つとされる。ちなみに，Pivotal とは，1つ教えると他のあ

らゆる行動にプラスに貢献する「機軸」のことである。

　PRT では，1 つひとつの行動の小さい範囲への介入ではなく，「ある部分（領域）」に介入することで，その部分だけではなく，広範囲の行動にその効果が及ぶことを狙う。PRT における「ある部分（領域）」とは動機（モチベーション）である。ASD 児は，本来は動機をもつことが困難である。しかし，次の 5 つのポイントを

ABC 分析で
いうと…

↓

A
(Antecedent)
行動のきっかけ

①子どもが選ぶ

外がいいな

ASD・ADHD 児

B
(Behavior)
行動

②生活の中の
強化子を使用

くつひも
むずかしい

③「やってみる」
を大切に…

C
(Consequence)
行動の結果

ぼうし
かぶって

すいとうも
もった

くつひも
むすべた

外であそべる

④できたことの維持と
簡単な課題をミックス

⑤より多様性を
もたせた課題へ

応用行動分析（ABA）に基づく療育支援法（PRT）で大切な 5 つのポイント

押さえることが，ASD 児の動機を引き出す助けになる。

①子どもに選ばせる，子どもに選択させる機会を多く作る。
②生活の中の強化子を使用する（例：お散歩に行くために靴紐の練習をする）。
③ 100％できなくても「やってみる」試みを強化する。
④できたことの維持と新しいことの獲得をミックスして課題を出す（むずかしいことと簡単なことをミックス）。
⑤課題に多様性をもたせる（日常生活によって）。

　知的障害教育で行われてきた生活単元学習は，元来子どもの興味や動機を機軸としてさまざまな教科に分けられない内容を取り入れてきた指導であるため，PRT も取り入れやすいだろう。

2）行動障害を伴う ASD・ADHD 児への教育支援
　重度の知的障害を伴う ASD・ADHD 児は，集団の学習に長時間参加できなかったり，行動上の問題を伴う場合がある。パニックによる自傷，かたまる，直接他害や間接他害（床に寝ころがる，大きな声を出す，周囲の者をつねる，異食など）の行動障害が通常考えられない頻度と形式で生じ，療育環境で困難が生じることを強度行動障害といい，「強度行動障害判定基準表（行動障害児研究会，1989）」をもとに 10 点以上を強度行動障害とする。
　強度行動障害への支援の対象は，おもに重度・最重度の知的障害をあわせもつ ASD 児であり，全国に 8,000 人程度いるとされる。行動問題・強度行動障害になる背景として，重度・最重度の知的障害 ASD 児は，環境のさまざまな刺激や多種多様な情報を適切に受け取ることが困難であるという事情がある。わかりにくい刺激や情報が入ってくると，「わからない」経験を積み重ねることになるうえ，「わからない」不安を周囲に伝える手段も十分にもっていないため，「伝えられない」ストレスが積み重なってしまうのである。中学校，高校の時期に行動障害が激しくなっているケースが多い（国立重度知的障害者総合施設のぞみの園，2014）。
　行動障害への対応では，臨機応変ではなくチームで決めた方法による支援を，

実直かつ確実に継続すること，準備・記録・報告をチームで共有し，うまくいかないときは相談しながら進めること，環境を構造化すること，リラックスできる強い刺激を避けた環境にすること，自尊心を持ち一人でできる活動を増やすこと，医療と連携することが重要である（国立重度知的障害者総合施設のぞみの園，2014）。

4. ASD・ADHD 児が在籍する
学級経営，学級全体へのアプローチ

インクルーシブ教育では，必要な支援を一般の教育制度のもとで受けることを前提とし，包括的なアプローチからきめ細やかな個への支援という連続体で支援を考える在り方が潮流となっている。支援の連続体は，しばしば三層構造で説明されることがある。アメリカでは行動面に働きかける積極的行動支援（Positive Behavior Support：PBS），学業面に働きかける RTI（Response to Intervention）を行政単位で取り入れ，モニタリングと介入をシステマティックに行っている（米田ら，2011）。

支援の三層構造は，①第 1 層「全体への支援，簡潔にできる・取り入れやすい支援」，②第 2 層「全体への支援でこぼれた子どもへの支援，小集団に行う支援」，③第 3 層「個別の集中的支援，個別のアセスメントに基づく支援」がある（図 4-1）。

通常学級でニーズのある子どもに直面したとき，教師はいきなり第 3 層に手をつけるのではなく，第 1 層の学級全体の支援の見直しを行う。教室環境，指示の出し方，質問の仕方，座席の配置等を見直す。学校全体へのアプローチはホール・スクール・アプローチや学校全体に働きかける積極的行動支援（School Wide Positive Behavior Support：SWPBS）とよばれ，通常学級全体の底上げこそが通常のカリキュラムにアクセス可能な子どもを増やす，という考えをその根底にもつ。

以下では，簡潔にできる全体への支援である第 1 層にフォーカスを絞って説明する。第 1 層では，ASD・ADHD 児に有効な手立てとして，以下の 3 点

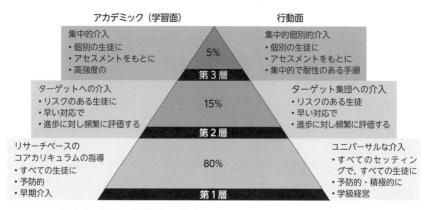

図 4-1 支援の三層構造の例（Livingston Parish Public Schools, 2020）

を取り入れるとよい。

第一に，TEACCH プログラムの環境の物理的な構造化である。刺激を精選し，やるべき活動に集中できるようにする，目で見てわかる配置や動きのつながる配置にする，活動場所を一貫させる等の対応をする。

第二に，適切な行動を増やす働きかけ PBS を学級全体に行う。たとえばアメリカで PBS を取り入れている学区では，「尊重」「安全」「責任」というスローガンに基づき，学校全体で PBS（スクールワイド PBS：SWPBS）を行っている（米田ら，2011）。学級目標の提示は，日本の学校でもよく見られることである。しかし，ASD・ADHD 児にとっては，抽象的な目標は，具体的にどこでどのように行動したらいいのか想像がつかないことが多い。アメリカで PBS を取り入れている学校では，学期のはじめに，食堂，教室，特別教室，体育館などさまざまな場所においてとるべき具体的な行動について，上記 3 つのスローガンに基づき児童生徒が話し合い，具体的行動を掲示する。食堂であれば「尊重する＝食事を受け取るときは列に並ぶ」などである。行動レベルで何をすべきか視覚的に明示することで，ASD・ADHD 児はやるべきことが明確になる。ASD・ADHD 児だけではなく他児にもわかりやすく，教職員も一貫した指導を行うことができる。

PBS では，適切な行動を引き出すために応用行動分析のトークンエコノミー

法を取り入れている。学校全体で行う場合は，学校の教職員全員が良い行動について共通理解をもつことが前提となる。トークンエコノミー法では，良い行動をしている児童生徒がいれば自分の学級の子どもかどうかにかかわらず教職員が「良い行動チケット（Good Behavior Ticket）」を渡し強化する（その行動が出現する頻度を増加させるよう仕向けていく）。どの教師も共通の軸で子どもを見ることにより，児童生徒が人によって行動を変えるということを予防するねらいもある。トークンは「良い行動チケット」ではなくても，メダル，ステッカー，スマイルマーク，花丸ポイントなど，集団の興味や年齢に応じて設定する。ASD・ADHD 児にとっては，良い行動を具体的に伝えられ，褒められていることを視覚的に示されることで，できているという自己肯定感や安心につながる。

第三に，自尊心・自己肯定感を高める働きかけを学級の中で意識して取り入れる。ASD・ADHD 児は，自己肯定感が低く，思春期に精神疾患などの二次障害をもつリスクがある。幼少期に高圧的な指導を受けたことにより，トラウマとなったり，自己効力感（self-efficacy）が低下し，思春期に問題が顕在化することもあるので，学齢期の教育支援では注意しなくてはいけない。学級の中でうまく学習に乗ることができない時間があるとしても，それは ASD・ADHD 児の一面でしかないのである。ASD・ADHD 児の良い面を見つけ，引き出し，学習における成功体験を積ませ，本人が成功したことをわかって達成感を味わえるような教育支援をすることが大切である。教師は，ASD・ADHD児が自分の個性を生かし活躍できることや，他児に何かを教えることを経験できるように工夫するとよいだろう。

まとめ

　　学齢期は環境の変化が大きく，ASD・ADHD 児は環境に適応するために混乱することもあるだろう。混乱を軽減するためには，周囲の教育支援者・保護者・本人が必要とする支援や克服する方法を知っていて，それを引き継いでいけるかどうかが鍵となる。個別の指導計画，個別の教育支援計画をうまく機能させるためには，教育支援者一人ひとりが ASD・ADHD 児の発達や認知の特性への理解を深め，最新の研究情報にアクセスし指導方法を学び続ける必要がある。

また，学齢期の ASD・ADHD 児の教育支援は基本的にはチームで行うため，チームで共通理解をもち，一貫した指導をするよう努めることが大切である。学校教育においては，集団の授業，個別の指導，教科学習，領域・教科を合わせた指導形態までさまざまな学習の場面がある。ASD・ADHD 児がそれぞれの授業に主体的に参加し，成長できるよう，ASD・ADHD 児が「見通しをもち，わかって行動できる」工夫をしていってほしい。

グループワーク

ASD のいつき君は，全校集会・入学式・卒業式などの大勢が集まる集会で長時間座って話を聞いていることが苦手である。そこで担任の先生は，次のような個別の指導計画を作成した。その一部を示す。

〈目　標〉全校集会など大勢が集まる場でも集中して参加する。
〈手立て〉教員が声かけをする。

しかし，全校集会でのいつき君にはなかなか改善がみられず，集会中に教員が声かけをして注意をすると，いつき君はイライラし興奮するようになってしまった。

そこで，特別支援教育コーディネーターの先生に，いつき君が全校集会に参加する様子を見てもらったところ，いつき君は「大きな音楽や歌声に耳を手塞ぐ様子が見られる（聴覚過敏がある）」「30 分の長い集会の中でいつ終わるのか見通しをもつことができていない」「朝会での先生の話はボリュームがあるが視覚的な手がかりがないので，内容を理解できずおもしろいと感じていない可能性がある」といった指摘を受けた。

いつき君の個別の指導計画において，どのように目標・手立てを修正すればよいか，グループで話し合い，考えてみよう。

感覚過敏（偏食）への対応

ASD 児の特性の 1 つに，「感覚過敏」がある。視覚・聴覚・味覚・嗅覚・触覚で，さまざまな感覚過敏がある。ASD 味覚過敏においては，味だけではなく，舌触り・シャリシャリとした感覚を苦手とする場合もある。味だけではなく，温度や色にこだわる偏食もある。学童期においては，給食の時間があるが，給食は食育の時間であるから，栄養バランスのいい給食を完食することも指導として行われる。

しかし，ASD 児の偏食に対する指導においては，強制的に食べさせる，無理やり完食させるなどの指導は行わず，慎重に進める必要がある。学童期において無理に完食させることを続けた結果，当初は完食できてよかったと周囲も感じていたのだが，時間を経て思春期になると，完食しなければならない思いからパニックになりながら給食を完食するようになった事例もある。そうなった時点で「残してもいいよ」は通じず，苦しい給食の時間を過ごすことになる。後に問題が大きくなり顕在化することがあるので，注意が必要である。一方で，好きなものだけをずっと食べさせた結果，好きな物しか食べず栄養が偏ってしまう事例もあり，こうした場合も健康上の課題が生じる場合もある。

では，ASD 児の偏食に対する指導はどのように行えばいいのだろうか。無理やり食べさせるような強制的な方法を避ける介入方法のうち，研究で効果が示されている方法の 1 つとして，嫌いな食物と好きな食物を同時に提示する食物同時提示法がある。標的となる苦手な食物を，好みの食物や飲み物や調味料で同時に提示する方法である。たとえば，好みのひじき煮の中に苦手なブロッコリーを細かくして混ぜて用意する，食べられるキャベツに苦手なニンジンを細かくして入れ，好みのケチャップで味付けをする等である（趙・園山，2018）。給食のメニューは毎日変わるため，標的にする食物への継続的対応が困難な場合もあるだろうが，あらかじめその日のメニューの好きなもの・苦手なものを保護者から聞き，給食での対応を提案するなど，学校と家庭が連携しながら進めるとよいだろう。

第5章
ASD・ADHD児の特別支援教育における"医教"連携

← 第4章　　　　第6章 →

1. はじめに

　近年，発達障害児が多く気づかれるようになり，医療，保育・教育，保健，福祉などさまざまな領域で注目されている。教育では，特別支援教育が推進されていることもあり，多くの教師が発達障害児の支援に注力するようになっている。

　筆者は，作業療法士として医療従事者の立場で発達障害児に関わることがある。作業療法士とは，リハビリテーション職の1つで，対象者の生活を改善することを目的としたアプローチを行う。また，特別支援教育の巡回相談員として，あるいは，後述する長崎大学子どもの心の医療・教育センター職員として，学校に訪問し，教師のコンサルテーションや，子どもや保護者の支援を行っている。その中で，学校における医療知識の活用，医療との連携が必要と考えることがある。一方で，医療側が教育との連携を進める必要性を感じることも多い。本章では，医療従事者から見た発達障害児支援における医教連携について述べたい。

2. 多職種連携の必要性

(1) 発達障害児のライフステージにおけるさまざまな連携

　自閉スペクトラム症（Autism Spectrum Disorder：ASD），注意欠如・多動症（Attention-Deficit/Hyperactivity Disorder：ADHD）などの発達障害がある子どもには，特定の専門職のみで支援が完遂するわけではない。多くの発達障害児には，医療，保育・教育，保健，福祉などさまざまな領域の専門職が関わりながら，ライフステージを支えていくことになるであろう。本田（2020）は，発達障害の支援は，あらゆるライフステージを通じて一貫した方針のもとで行われる必要があると述べている。すなわち，子どものライフステージに関わる専門家，支援者が十分な連携をとりながら，支援を展開することが必要といえる。

　近年では，以前に比べさまざまな機関・職種が発達障害児の支援に関わるようになっている。たとえば，次のような流れで支援を受ける発達障害児が多いであろう。

①乳幼児健康診査で発達障害が疑われ，地域の保健センターで保健師による支援が開始される。（保健）

②医療機関を紹介され，そこで評価・診断がなされ，同機関でのリハビリテーションが開始される。（医療）

③子どもによっては，地域の児童発達支援事業所を紹介され，療育が開始される。（福祉）

④保育所・幼稚園に通う子どもには，子どもへの配慮・支援が行われる。（保育・教育・福祉）

⑤学齢期には，学校における特別支援教育が実施される。（教育）

⑥そして，放課後デイサービスを同時に利用する。（福祉）

　このように発達障害児には，保健，医療，福祉，保育・教育等多くの専門職が関わる。これらの多職種間の連携がうまくいくと，各ライフステージにおい

て，適切な支援がなされることになるであろう。ところが，これらの連携が不十分なこともある。学校の様子が医療機関に正確に伝わっていなかったために対応が遅れたり，学校と放課後デイサービスの情報交換が不十分で，学校でのストレスが放課後デイサービスでの問題行動を引き起こしていることがデイサービス事業者にはわからなかったりすることがある。発達障害児には多くの専門職が関わることから，職種間の連携が求められているといえる。

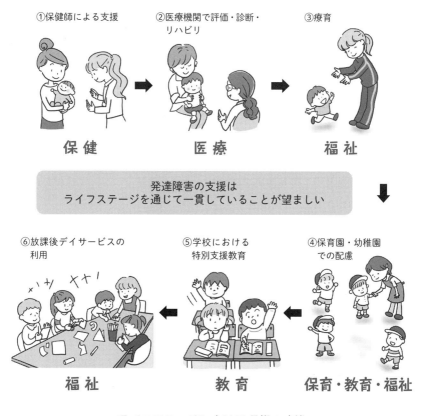

ライフステージにおける理想の連携

(2) 教育側から見た連携

　特別支援教育の推進の中で，教育側から多職種連携を進める必要性が高まっている。笹森（2018）は，特別支援教育において，校内の支援体制を構築するとともに，地域の関係機関とも連携を図り，専門的な観点から指導助言を受けて，指導や支援についての見直し，改善を積極的に図ることが望まれると述べている。

　2015年に中央教育審議会で「チームとしての学校の在り方と今後の改善方策について（答申）」が出された（文部科学省，2015）。「チーム学校」は，学校教育のレベルを維持向上させるために学校をチームとして組織化し，職員の連携を強化するという考え方である。チーム学校では，心理の専門家（スクールカウンセラー），福祉の専門家（スクールソーシャルワーカー），言語聴覚士，作業療法士，理学療法士などの特別支援教育専門家らが「専門スタッフ」として位置づけられる。また，チーム学校では「学校における校内連携」という側面と「学校・家庭・地域の組織的連携」という側面がある。ここでいう組織的連携として，教育と他機関・多職種の連携をより活発にする必要があるであろう。

　発達障害のある生徒がいるときには，まずは学校内での特別支援教育を充実させることが必要であるが，より専門的な支援が求められたり，薬物治療の導入が必要な子どもの支援に遭遇したりすることがあるため，子どもによっては医療による支援が必要となることがある。たとえば，ADHDやASDのある子どもが薬物治療を受けるなどの場合である。薬物治療によって，これらの子どもの行動が安定したり，注意集中が改善したりすることがあり，教育においても望ましい効果が得られている。未診断で医療機関につながっていない子どもの中にも薬物治療の効果が期待できる例があるため，医療へのつながりを促したいことも多い。子どもの発達障害特性を保護者に気づいてもらい，特別支援教育に対する保護者の理解を得るためにも，医療における診断と保護者への説明が望まれるケースもある。教育と医療の連携が円滑になることで，子どもが特別支援教育から受ける恩恵は大きくなるであろう。

（3）医療の側から見た連携

　発達障害児の支援は，乳幼児健康診査で言葉の遅れなどへの気づきから支援をスタートした例など医療との関わりが先行し，その後に保育，教育につながっていく場合もある。医療との関わりが先行していることは，一見，専門的な支援が十分なされているようにみえるが，発達障害は医療によって完治するわけではない。現在のところ，療育や保育・教育によって発達を促進していく必要があるため，医療のみで対応することには限界がある。そのため，医療の立場で発達障害児を支援していく場合にも，教育，福祉などとの多職種連携は重要である。

　金原（2017）は，発達障害の支援について，小児期の身体領域の疾患と比べると医療単独でできることは多くないため，保育や教育，福祉分野などの多職種と連携した支援が必要であると述べている。本田（2020）は，学童期・思春期の発達障害児支援における連携で最も重要な鍵を握るのは，教育と医療の連携であると述べている。そして，その際に教育が主役で医療は脇役であることも強調している。このように発達障害の診療に関わる医師は教育との連携を強く求めている。

　また，医療と教育の連携には「連携の深さ」のレベルがあるとされている（清水，2010）。「最も浅いレベル」の連携は，教師に対して理解を促すなどの一般的な医学情報を伝達することを目的とした支援，「次のレベル」は，個別の事例の教育方針に関するコンサルテーション，「最も深いレベル」の連携は，医療と教育が複数の事例を常に共有しているような場合，定期的なカンファレンスなどを行うというものである。これらのいずれの連携も重要といえる。

3．相互の知識・情報を修得する必要性

　近年，発達障害児に積極的に特別な支援を実施する学校は増えている。その中で，より高い支援の専門性が求められている。この専門性の中には，医療や心理，福祉における専門知識も含まれるであろう。学校での支援において，教師は，子どもが示す問題の背景を正しく理解し，対応方法を検討する必要があ

| 言われたことを忘れやすい ADHD 児を叱る | 発達性協調運動症児がバランスを崩したときに叱る | 感覚過敏の ASD 児にピストルの音を聞くよう指導する |

正しい理解がないと間違った対応をしてしまう可能性がある

る。子どもが示す問題を正しく理解できないと，効果的な教育ができないばかりか間違った対応をしてしまうことになるであろう。たとえば，ADHD 児が言われたことをすぐに忘れてしまうことに対し強く注意するだけの対応になってしまったり，発達性協調運動症児が授業中に姿勢が崩れたときに叱責してしまったり，感覚過敏があるために運動会のピストルの音が耐えられない ASD 児にがまんするよう指導してしまったりすると，子どもに二次的な問題が起こる可能性がある。このような問題を防ぐためにも教師が医学的知見も含め，発達障害児の行動の背景について知ることが求められている。

　発達障害児の中には，受診をすすめられたことがなかったり，医療機関をすすめられたものの保護者が行くことを拒否したりして医療機関につながっていないケースがある。このようにさまざまな理由で子どもが専門機関につながっていないことがあるために，学校の中で問題に対して心理学的，精神医学的に専門性が高い支援をせざるを得ないこともある。そのため，教師が医療機関，療育機関で行われるような支援方法を修得することが求められることもあるであろう。

　一方，医療従事者が発達障害児に関わる場合にも，保育・教育との連携が不可欠となる。たとえば，不登校状態の発達障害児には，学校との連携が不可欠となる。医療側が学校側の対応を理解できていなかったために齟齬が起こり，子どもの状態が悪化した例もあった。医療者等，学校外の専門家が特別支援教

育について理解を深めることや，学校内で行われている支援を熟知することが必要である。

4. 学校への巡回相談を通した関わり

　筆者は特別支援教育で行われている巡回相談が，医教連携のヒントになると考えている。そこで巡回相談について説明する。

(1) 巡回相談とは

　特別支援教育体制の中で，学校で校内支援体制を整備するとともに巡回相談員，盲・聾・養護学校の教員など専門知識を有する教員，スクールカウンセラーなど心理学の専門家等による支援体制を整備することが謳われている（文部科学省，2010）。このような指針に基づいて，特別支援教育の推進の中で，学校外の専門家による訪問支援である巡回相談を活用できる体制が各地域で作られている。

　巡回相談のシステムは地域によって若干異なるが，通常は学校長が教育委員会に巡回相談員の派遣を依頼し，教育委員会から巡回相談員に派遣依頼がなされる。巡回相談員は依頼があった学校に出向き，相談に応じる。文科省のガイドラインにおいてあげられている巡回相談員の役割は，次のような内容である。

- 対象となる児童生徒や学校のニーズ把握と指導内容・方法に関する助言
- 校内における支援体制づくりへの助言
- 個別の指導計画の作成への協力
- 専門家チームと学校をつなぐこと
- 校内での実態把握の実施への助言
- 授業場面の観察　など

　巡回相談員は特別支援学校のコーディネーター，教育センターの指導主事や

教育相談員など教育関係者が実施していることが多いが，地域によっては心理専門職，言語聴覚士（リハビリテーション職の１つで，言葉によるコミュニケーション，摂食・嚥下に問題がある人に専門的サービスを提供し，生活の改善を図る），作業療法士などもこの役割を担っている。

(2) 筆者が行ってきた巡回相談

　筆者は教育委員会からの委嘱を受け，巡回相談を実施してきた。筆者の在住地では５名の作業療法士が巡回相談員を委嘱されており，医療従事者が巡回相談に関わっていることが特徴的といえる。実際の巡回相談のニーズについて示すために，筆者が９か月間で行った巡回相談の内容と各件数についてまとめた（表 5-1）。
　表 5-1 のそれぞれの内容について説明する。

1）授業中の子どもの観察と教師への教育方法の提案

　子どもの普段の学習場面を観察して，問題点を把握し，担任にその説明を行った。そして，今後の対応についての提案をした。教師が心配している子どもが，発達障害の特性を有するか否かの判断を求められることもあった。

2）保護者の相談，保護者へのアドバイス

　子どものことで悩みを抱えている保護者の相談に応じたり，学校からの依頼で保護者と面談をしたりした。子どもに発達障害がある可能性や特別支援教育

表 5-1　学校から受けた依頼

依頼内容	件数
①授業中の観察と教師への教育方法の提案	102
②保護者の相談，保護者へのアドバイス	41
③個別検査	34
④本人への説明，アドバイス，カウンセリング	10
⑤保護者および教師への講話	8

を受ける必要性の保護者への伝達を学校から依頼されることが多かった。

3) 個別評価

知能検査などを行い，子どもの示す問題の背景を分析したり，その結果に基づき教師に特別支援の方法について提案したりした。また，結果を保護者に説明し，特別支援教育の必要性について理解を促した。

4) 本人へのアドバイス，カウンセリング

これは，中学校，高校からの依頼が多かった。発達障害児に対し自己理解支援を行ったり，進路に関連する相談を受けたりした。

5) 保護者や教師への講話

発達障害に関する基本的情報や支援方法，特別支援教育の重要性についての講話を行った。講話内容は，教師や保護者が，発達障害がある子どもをどのように支援すればよいかについての説明を依頼されることが多かった。また，特別支援教育に対する保護者の偏見をなくしたいという学校側の意向に基づいて講話をすることもあった。

(3) 医療従事者が巡回相談を行うこと

作業療法士である筆者は，巡回相談に医療従事者・リハビリテーション専門職のバックグラウンドをもちながら関わってきた。医療従事者であるため，学習における具体的な支援の提示がむずかしいという限界もあったが，利点もあったと考える。巡回相談で関わりがあった学校の教師からは，医療従事者が関わることにメリットがある，とうかがうことがあった。また，医療従事者は通常病院で診察に来る子どもの評価・治療を行うが，生活や教育の現場への訪問支援をすることの利点もあると考える。これまでに受けた教師からのフィードバックおよび自身の気づきから，医療従事者が巡回相談を行うことの利点をあげてみる。

1）普段の行動を見て特性をとらえることができる

　軽度の ADHD 児や知的に遅れがない高機能の ASD 児の中には，学校など
の刺激が多い環境や同級生との対人交流場面では大きな問題がみられるもの
の，診察場面など，大人と 1 対 1 の関係になると問題がみられない子どもがい
る。そのような子どもは医療機関でも，診断がむずかしいことがある。教師
が，学校で行動や対人関係の問題が起こっていることを保護者に伝え，医療機
関に行ってもらったものの，そこでは発達障害の行動特性が現れなかったため，
診察した医師からは発達障害の診断がつくか判断できないといわれることも時
にある。このようなとき，保護者は子どもにまったく発達障害特性はないと思
うことになるうえ，病院に行くことをすすめた教師に不信感をもってしまうこ
ともある。

　筆者の経験上，軽度の発達障害児は診察室の様子だけ見ても，その症状が明
らかにならないことが多い。筆者が巡回相談で観察した子どもが，毎時間授業
中に離席し，頻繁に他の子どもにちょっかいを出していたのに，病院の検査時
にはまったく行動の問題を示さなかった例もある。学校からの情報がなく，保
護者が子どもの行動等を心配していない場合，発達障害の診断を確定して保護
者に伝えることはむずかしくなる。時には，子どもの問題が診察室ではわかり
にくく診断基準を満たすかどうか迷うために発達障害が疑われるにもかかわら
ず，医師が診断を保留し，保護者に診断名を告げないことがある。このような
場合，発達障害特性があるにもかかわらず，保護者や教師が子どもに発達障害
がないと考えてしまうという問題がある。

　金原（2017）は，発達障害の診断は，生活の場での困難さの評価が重要な
ので，集団の場（保育園や学校）からの情報がなければ，どのような精度の高
い評価尺度を用いても，精度の高い診断は困難であると述べている。仮に医師
が学校の普段の生活の中で子どもを診ると，子どもの普段の姿が観察できるの
に加え，教師から普段の様子をうかがうこともできるため，診断がしやすくな
りその精度が上がると考えられる。医療従事者が学校訪問をすることで，子ど
もの行動の背景にある問題構造（子どもの特性と周囲の対応の中で，どのよう
に問題が生成されているかなど）を把握できることがあることも指摘されてい
る（西村・鈴木，2017）。

巡回相談では，学校内という集団の場での観察を行うため，普段の行動や対人交流の様子を把握することができ，軽度の問題がある子どもの特徴もつかみやすい。また，教師から普段の子どもの様子をうかがうこともできる。そのため，わずかに発達障害の傾向がある子どもにも気づきやすいという利点がある。

2）軽度または境界域レベルの子どもへの支援について伝えることができる

　学校を巡回すると，30名以上の規模のクラスの中に平均3〜4人は発達障害またはその傾向がある子どもがいることに気づく。この中には，診断がつくか否かの判断がむずかしいレベルの子どもも含まれる。それ以外にも，発達障害の特性があるものの診断基準を満たさない子どもも多数いる。

　教師が「子どもが学習に集中しないときに発達障害による困難なのか，努力不足なのか迷う」と述べることもある。じつは，このように教師が悩んでいる子どもは発達障害の特性を軽微ながら持ち合わせており，発達障害向けの対応を必要としていることがある。ところが，発達障害の疑いがある子どもをすべて医療機関に紹介して診察につなげることは，その数の多さからも現実的ではない。学校の中での対応で改善が見込める子どもは，医療機関などにはつながずに対応することになるであろう。しかし，それでは，医療機関からの意見をもらえないことになる。学校内には，このように発達障害特性が軽微ながらもあり，発達障害向けの支援を必要としているにもかかわらず，医療につなぐほどではない子どもが多い。そこで，医療従事者が巡回相談の中で，そのような子どもの教育についてコンサルテーションができれば，医療的な視点を支援に加えられるであろう。ここにも医療従事者が巡回相談することの利点がある。

3）環境要因を把握し，その改善につなげられる

　学校で子どもの行動の問題が起こっている場合，子どもの特性に対して教師の対応が適合していないこともある。また，同じクラスにいる他の子どもがちょっかいを出すことが当該児童の行動に影響を与えていることもある。このような場合，子どもの特性の前に，教師の対応や他の子どもからの関わりという環境要因が問題となる。小林（2020）は，診察では子どもの学校生活で何が問題になっていて，教師がどのように支援しているのかわからないため，結

果として，限られた情報をもとに薬物治療や環境調整などの治療方針を決めざるを得ない，と述べている。子どもに起こっている問題を的確に把握するためには，行動や情動に影響を与えている環境要因を把握することが重要になる。一見，発達障害症状に見えるものが，教師の対応が子どもの特性に合っていないために生じていることもあるが，医療機関の中では，このような環境要因の問題は把握できず，その改善もできない。巡回相談では，教師の関わりや他の子どもの関わりを観察できるため，環境要因を評価し，それが子どもの行動や情動にどのように影響しているかを検討することができる。また，学校現場で環境要因である教師に話をすることができるため，環境要因に直接働きかける

診察場面　　　　　　　　　　　対人交流場面

異なる場面の異なる行動を確認できたり，教師に改善案や支援案を提案したり，保護者を教育者でない立場から支援できる。

先生

先生

保護者

医療従事者による巡回相談の利点

ことができる。これらは訪問支援でこそ，実現できることであるといえる。

4）専門機関につながりにくい子どもの支援を提案できる

巡回相談をすると発達障害があるにもかかわらず，保護者の問題によって，医療機関につながっていない子どもが多いことに気づかされる。たとえば，保護者に発達障害や精神疾患（心の病気）があり，子どもを医療機関に連れていくことができないことがある。不適切な養育が疑われる家庭の場合，保護者が子どもを医療機関に連れていけないこともある。そのような子どもは発達障害と不適切な養育の双方の問題を抱えていることがあり，じつはよりきめ細かい支援が必要な場合がある。しかしながら，保護者に理解してもらい，学校外の専門機関に連れていってもらうことはむずかしいため，専門機関の支援は届かないことになる。このようなケースでは，巡回相談により，医療従事者が学校に出向き，専門的な支援を教師に提案することができるため，学校の中にいる外部支援機関につながらない潜在的な要支援児に，必要な支援を届ける役割を果たすことができる。

5）併存する精神疾患への対応の提案

学校には，うつなどの精神医学的問題がある子どもが多くいる（傳田，2012）。発達障害児は，思春期に近づくと別の精神疾患を併発することがある。気分障害（第 1 章，p.14 参照），不安症，統合失調症の早期兆候と思われる症状を示している子ども等が相談にあげられる。そして，その問題が，不登校，自傷，自殺未遂などの問題とつながっていることもある。そのため，精神疾患への対応に関する知識も必要とされる。近年，特別支援教育の推進に伴い，多くの教師が発達障害に関する知識をもつようになったが，それに比べると精神疾患の情報は浸透していないと思われる。巡回相談の中では，精神疾患への対応についても提案することが多かったため，これも医療従事者・心理専門家が関わることの利点と考えられる。

6) 多様な評価を適用できる

　子どもの特性把握のために，必要な検査を選択して実施し，その結果を解釈し指導につなげる。教育関係者（特別支援学校の教師，教育委員会職員等）が巡回相談を実施する場合に WISC–IV などの検査を実施し，担任教師などのコンサルテーションに役立てていることがある。ただし，発達障害児の多くは認知面だけでなく，行動面，対人関係面，感覚面，運動面などに問題がみられるため，さまざまな評価が必要とされる。筆者が巡回相談で用いることが多い検査を表 5–2 にあげる。このような子どもが示すさまざまな問題に対応した評

表 5-2　巡回相談でよく用いる検査

検査種	検査名	内容
スクリーニング検査	ADHD-RS- IV[*1]	ADHD 児をスクリーニングする。保護者や教師が質問項目に回答する。
	ASSQ-R	高機能 ASD 児をスクリーニングする。保護者や教師が質問項目に回答する。
	児童版 AQ[*2]	ASD 児をスクリーニングする。保護者が質問項目に回答する。
	LDI-R	学習障害児をスクリーニングする。教師が回答する。
行動質問紙	子どもの行動チェックリスト	8 つの領域ごとに子どもの心理学的問題の程度を見ることができる。親版（CBCL）と教師版（TRF），本人版（YSR）がある。
適応行動尺度	Vineland-II 適応行動尺度[*3]	子どもの社会性，コミュニケーション，日常生活スキルなどの適応行動をとらえる。
認知検査	WISC-IV[*4]	知能検査，全検査 IQ，言語理解，知覚推理，ワーキングメモリ，処理速度の 4 つの指標得点が算出される。
	K-ABC	心理・教育アセスメントバッテリー。認知処理尺度（同時処理尺度，継次処理尺度）と習得度尺度のスコアが算出される。
感覚・運動機能検査	感覚プロファイル[*5]	子どもの感覚刺激への反応特性をとらえる。
	感覚・動作アセスメント	子どもの感覚刺激への反応，協調運動スキルをとらえる。
その他	高次心の理論検査	心の理論の能力を評定する。

なお，上記いくつかの検査は他章で詳説されているので適宜参照してほしい。
*1：第 2 章（p.34 〜 35）　*2：第 2 章（p.25 〜 26）　*3：第 2 章（p.40）　*4：第 1 章（p.16）　*5：第 2 章（p.41）

価を適用することで，問題の実態や背景がより明確となることがある。普段，医療機関などで実施している多様な評価を相談時に実施し，支援を深めることができることは医療従事者による巡回相談の利点と考える。

7）リハビリテーションで用いている支援技術を提案できる

　巡回相談では，教師から，子どもへの特別支援の具体的アドバイスを求められることが多い。これまで多かった相談は，ADHD児の多動性－衝動性への対応やASD児の不適応への対応であった。このような相談があった場合，ADHDのペアレント・トレーニングに沿ったアドバイス，ASD児のためのソーシャルスキル・トレーニング（Social Skill Training：SST）などの技法に基づく支援を提案することが多かった。感覚の問題がある子どもには，感覚統合理論に基づく支援の提案が役立った。これらのように，発達障害児の治療に用いているリハビリテーション技術に基づいた支援方法を教師に提案することが

表5-3　巡回相談の中で参考となる支援方法

技法名	内容
ADHDのペアレント・トレーニング[*1]	ADHD児の親に対して実施される。親の子どもへの関わり方の変容を促す。同じ方法を教師が使うことでADHD児への対応が好転することがある。
構造化	ASD児が周囲から求められていることや環境からの情報を理解しやすくするための支援。スケジュール，物理的構造化など。ASD児の教室での支援に取り入れると，情動や行動が安定しやすくなることが多い。
ソーシャルスキル・トレーニング（SST）[*2]	対人交流スキルを獲得するためのトレーニング。他者との関わり方がわかりづらいASD児に有用である。
認知行動療法	不快な感情に適切に対処し，困難な状況に向き合うのに，より適応的な反応を身につけさせる技法。不安が強い子どもに有用である。
感覚統合療法	感覚処理機能や運動行為機能を改善するための治療法。感覚過敏や不器用が見られる発達障害児には有用である。

なお，上記いくつかの支援方法は他章で詳説されているので適宜参照してほしい。
＊1：第8章（p.184〜186）　＊2：第8章（p.186〜187）

多かった。表 5-3 に，巡回相談での助言において筆者が参考にしている支援方法を紹介する。このような技法を教育の中に応用できるように提案できたことは利点と考えている。

8）外部機関の対応方法（薬物治療，療育機関での対応）を提案できる

子どもの問題の特性によっては，学校以外での対応が必要と判断されることがあった。たとえば，面談した子どもが薬物治療の適用となる可能性があったため，保護者に説明し，医療機関等を紹介したことは多い。また，医療機関等で実施しているリハビリテーション技法が有効と考えられることがある。このような場合，医療機関での対応を詳細に説明することで保護者の理解が得られることがあるため，医療従事者が説明することの利点があると考えられる。

9）地域の社会資源を紹介できる

子どもの特性に応じて，医療だけでなく，福祉機関，親の会，NPO に紹介することがある。その際に，発達障害支援に関わる社会資源とのつながりが役立てられたことは利点といえる。

10）保護者に教育者とは異なる立場で関わることができる

学校支援の現場では，子どもが医療機関で診察を受けたほうがよいことや，特別支援教育を受けたほうがよいことを，保護者に告げる必要性に迫られることがある。中には，保護者が学校とのトラブルを抱えているケースや，保護者の側に問題があるケースなども含まれるために，保護者の特性に応じた対応が必要である。このようなときに，学校以外の専門家からの異なる視点の意見を，保護者に伝えることができたと考えている。

また，相談に来られた保護者が発達障害や精神疾患を有していることがある。その場合には，特性に応じた対応が必要となる。その際にも，精神医学的または心理学的な視点が求められるため，巡回相談に医療従事者等が関わる利点があると考えられる。

5. 外部専門家活用事業

　「外部専門家を活用した指導方法などの改善に関する実践研究事業」は，特別支援学校の教育内容向上のために外部専門家を活用する取り組みである。外部専門家とは，文部科学省（2009）特別支援学校学習指導要領解説自立活動編に示されている「専門の医師をはじめ，PT（理学療法士），OT（作業療法士），ST（言語療法士），心理学の専門家等の各分野の専門家」とされている。支援に関わる医師，PT，OT，ST は，教育委員会から依頼を受け，事業実施校での巡回支援を行う。この事業では，支援に関わる PT，OT，ST が，特別支援学校に出向き，巡回支援を行う。筆者が関わった学校は，教師が教育的課題を抱えている生徒をあげ，その生徒に対するアセスメントと指導方法の考案を筆者に依頼してきた。

　この事業の中では，教師に対して，問題が起こっている背景についての説明と指導方法の提案を行った。たとえば，教師から相談内容として，生徒の車いす操作が困難であることがあげられた際に，「眼球運動の問題」「原始反射と筋緊張の変化」「身体図式の発達の問題」「運動イメージの発達の問題」「体性感覚の問題」などがその理由となっている可能性があることを伝え，それらの機能障害を改善するための指導や，活動制限に対してアプローチする際にそれらの問題を想定して関わるべきことを提案した。

　本田（2020）は，教師の多くが，まずなんらかの対策を考えようとするのに対して，医師が行うのは，その問題が生じたメカニズムの分析であると述べている。このように，医療従事者が教育者とは異なる見方，分析方法を生かすことは，特別支援教育への 1 つの関与の仕方と考える。本事業で行ったように医療従事者が行動の問題の背景を神経生理学，運動学，発達学の側面から探り，子どもが困難を抱えている理由を説明し，それをもとに教師が教育の実践につなげることができれば，より効果的な支援を生むことができると考える。これも 1 つの医教連携の形であると考えられる。

6. 長崎大学子どもの心の医療・教育センターについて

　筆者が勤務する長崎大学では，2016（平成28）年10月に教育学部，医学部保健学科，長崎大学病院地域連携児童思春期精神医学診療部の連携による子どもの心の医療・教育センターを設置し，医教連携による発達障害児支援のための取り組みを行っている。ここでは，同センターについて紹介する。

(1) 設置の目的と職員について

　子どもの心の医療・教育センターの設置の目的は，大学（医・教育学部）が，発達障害や心の問題がある子どもの支援ができる人材を養成することおよび，医療，教育，療育，保健，福祉，就労等の連携を強化して，子どもの支援のためのネットワークを構築することである。

　職員は，医師，作業療法士，心理士（臨床心理士・公認心理師），事務職員である。

(2) 子どもの心の医療・教育センターの取り組み

1) 医教共同教育プログラムの開発および実施

　教育学部と医学部の学生が子どもの発達障害や心の問題について，共同で学ぶことができる科目を設置し，教育学部，医学部保健学科，長崎大学病院地域連携児童思春期精神医学診療部の兼務教員による講義を行っている。これにより，医療の知識をもつ教育者，特別支援教育の知識をもつ医療従事者をはじめとした医教連携を推進できる人材を育成している。

2) 職業実践力育成プログラム（履修証明プログラム）

　現役の教師，保育士，療育関係者が発達障害などの基礎や支援を学ぶための講義を配信している。遠隔地の支援者が学べるように，E-learningで自宅のパソコンで講義が受けられるシステムを運用している。80コマ120時間の

プログラムとなっており，長崎大学子どもの心の医療・教育センターの兼務教員に加え，全国の発達障害の専門家に講義を依頼し，E-learning 配信用の授業コンテンツを作成した。受講者は，それらのコンテンツをネット上で視聴する形で受講する。ちなみに受講者は，教師，保育士，心理士（臨床心理士・公認心理師），作業療法士，言語聴覚士，その他療育関係者，保護者などで，さまざまな職種の方である。

3）保育園，幼稚園，学校などへの訪問支援

発達障害や心の問題があり，精神科医療による対応が望まれる子どものいる学校などから依頼があった場合，県教育センターと連携し，訪問支援をする体制を整え，訪問支援を行っている。また，センター職員が幼稚園に赴き，幼稚園教諭のティーチャープログラムなどのトレーニングを行ってきた。

4）長崎県内の各地域における子どもの心の支援のネットワークの構築

長崎県の各地で子どもの心の支援のネットワークができることをめざし，各地域でさまざまな職種が集まる形で研修会を実施している。このような場で教育，保育，医療，福祉の専門家の関係づくりができることをめざしている。

（3）これまでの取り組みから

長崎大学子どもの心の医療・教育センターのこれまでの取り組みを振り返る。
職業実践力育成プログラムの受講者が年々増えており，子どもの心の支援の知識をもつ人材が増えていることは確かである。訪問支援も毎年 60 件ほどの依頼があり，深刻な問題を抱えている子どもへの支援も少しずつ増えている。また，長崎県内の各地域に出向き，そこで連携づくりのための研修会などを実施してきた。そのような地域の中には，関係機関相互の連携が円滑に進んでいるところもある。E-learning の受講者は初年度 40 名，2 年目 100 名，3 年目 200 名と増えており，多くの教育者・支援者が専門的知識を身につけていることが推察される。前述のように教育者，医療従事者がお互いの分野の専門知識を得ることは重要である。このプログラムはそのようなニーズに答えてい

ると考えられる。

　成果の判断はむずかしいが，当センターの取り組みは少しずつ，子どもを取り巻く人的環境に変化をもたらしていることを実感している。医教連携の形で講義，研修などを行っているため，学生や受講者がバランスのよい学びをしていることと推察する。当センターの取り組みが，医教連携による支援の推進に役立つことを願っている。

まとめ

　小林（2020）は，診察室で診るのが医療という壁，学級集団を教えるのが教育という壁，個人情報という壁，医療・教育共にそれを実現する人材育成の壁など，医教連携を阻む壁があることに言及し，教育と医療をつなぐ道の欠如を指摘している。そして，子どもの学校生活における課題を予防し解決するには，教育と医療の専門性がクロスオーバー（重なり合い融合）した専門性が必要であると述べている。今後，教師が子どもの診察時に医療機関に同伴し，医師からの情報を確認することや，医療従事者が学校訪問して，学校での様子を確認したり，教師と連携を図ったりすることが，より一般的となることが望まれる。

　本章で紹介した巡回相談のように，医療従事者が学校教育に学校現場で関わる機会が増えることは，医教連携の1つの道であると考える。ただし，これは診療報酬が伴うものではなく，通常の診療として実施することがむずかしいという課題がある。発達障害児の支援において，医療従事者による学校へのアウトリーチ支援ができるような制度が望まれる。なお，本章の後半で紹介した長崎大学子どもの心の医療・教育センターでの医教連携をめざした取り組みは，教育と医療のクロスオーバーした専門性がある人材の養成に貢献できると考えている。このような取り組みも続ける必要があると考えている。

　現在，特別支援教育の中で，他機関との連携が進められていることもあり，各教師の工夫で子どもに必要な連携を進めることもできるであろう。学校において，子どもの支援のプロセスで，個別の教育支援計画（第4章, p.76～参照）を作成することがある。個別教育支援計画は，教師や子どもの支援に関わる人が，必要な情報を共有し，連携して相談・支援を行うための支援ツールとされている。教育，医療，保健，福祉，労働などの各機関のすべての関係者が地域における支援ツールの存在を周知し，積極的に活用することが重要である（笹

森，2018）。もちろん，個別の教育支援計画のみでなく，子どもの支援のための連携を細かく濃密にしていくことは，教育，医療，福祉それぞれの立場の専門職が積極的に進める必要がある。

グループワーク

次の事例について，どのような対応が考えられるか検討してみよう。学校での関わりと，専門機関との連携をどのようにするかを考えてみてほしい。

◆事例「未診断だが ADHD が疑われる子どもの支援」 ------------------------------

小学校 2 年生の男児，会話は年齢相応のレベル，1 年生の頃から月に 5 ～ 6 日欠席していた。3 年生になって，休みが増え，出席日数の 3 分の 2 ほどを欠席している。学習は全般的に遅れているが，理科は大好きで，他の生徒よりも内容をよく理解できている。国語の時間，算数の時間は着席が 5 分もできず，席を離れてしまう。衝動的で集中力の低さが目立つ。これまで，医療機関などの専門機関にかかったという記録はない。

巡回相談における親御さんの
受け入れがむずかしかった一事例

　巡回相談での一例をあげる。3年生の男児A君。学校から「授業中，床に寝転がって漫画を読んだり，廊下に出ていったりする。連れ戻そうとすると叩いたり，蹴ったりする」「教師から医療機関をすすめた際に，母親が激怒し受けつけなかったため，つながっていない」などの問題があげられ，巡回相談につながった。

　学校側には，A君の授業時間中の観察，本人，保護者との面談をお願いしたいと伝えた。保護者には，問題行動に対してではなく，学習支援について話をしたいと伝えてもらうよう学校側にお願いした。母親は乗り気ではなかったが，学校外の者の面談ということで何とか応じてくれた。授業参観すると，本児は廊下に寝転がり漫画を読んでいた。個別面談では，漫画を読みながら興味がない話題になると「知らん」と答えていた。母親は面談時も，硬い表情で自発的に話すことはなかった。巡回相談員からは，A君は授業に参加していないために本来の力を発揮できていないこと，一斉教育ではなく独自の学習方法を考える必要があること，A君を理解するために発達検査を実施する必要があることを伝えた。すると母親は，検査実施には納得された。そこで，次の機会にA君にWISC-IVを実施した。その結果IQは平均的であったが，ワーキングメモリと処理速度が低めであった。教師が回答したADHD-RS-IVでは，多動性−衝動性，不注意ともに非常に高い数値となった。そこで，母親に検査結果を説明し，認知的偏りが強く，注意力が低いため，一斉教育よりも個別的な教育を静かな環境でする必要があることとあわせ，通級指導教室は良い学習環境であるため，試しにA君に体験してもらうのはどうか，と伝えた。この提案には，母親も納得した。通級指導を体験したA君が「また，行きたい」と言ったため，母親も納得し，通級指導教室を利用することになった。

　6か月後に再び巡回相談で本児を観察したところ，通級指導教室では安定しているものの，通常学級では，授業中教室から出る様子があった。そこで，再び母親に個別的対応の時間がもっと必要であることを伝え，特別支援学級（情緒クラス［おもに自閉症や心因性の問題がある子どもが対象］）に在籍し，毎日，個別的な学習支援を受ける方法もあるため，試してもらうとよいと伝えた。母親は，この提案も受け入れ，特別支援学級での教育をA君が体験した。その結果，A君は特別支援学級での教育に好意的であった。そこで，次の年度から特別支援学級に移ることを保護者が承諾した。現在，学校のルールを守らないなどの逸脱行為は減り，情緒も安定し，他者への暴力はなくなっている。

　このように教育者，医療者が良いと考える支援をすぐに受け入れることがむずかしい保護者もいるが，保護者の考え方を尊重しながら，子どもの支援を進める必要がある。保護者と話を進める際に子どもを責めるのではなく，子どもが困っていることを強調し，それを支援する姿勢を示すことが重要である。

第6章
成人期
ASD・ADHD者の
就労・職場適応支援

← 第5章 　　　 第3部 序説 →

1. はじめに

　発達障害とは幼少期より発達の遅れが生じるもので，精神科領域では自閉スペクトラム症（Autism Spectrum Disorder：ASD），注意欠如・多動症（Attention-Deficit/Hyperactivity Disorder：ADHD）が代表的なものである。これまで発達障害はおもに児童精神科領域で取り扱われていたが，成人後に初めて発達障害の診断を受ける人が急増している。知的障害を伴わない場合には，学生時代は特性があっても大きく問題視されないことから，成人になってから障害が発見されやすいためである。なお，成人になってから発達障害を発症するのではなく，障害特性（患者の行動に表れる特徴）は幼少期からすでに存在していることに留意する必要がある。そのため，発達障害の診断には幼少期からの情報収集が重要で，現在の状態のみを根拠として発達障害と判断するのは望ましくないとされている。成人後に受診に至るきっかけとしては，職場での不適応や就職ができないなど，就労に関わるものが多い。本章では，成人期におけるASDおよびADHDの特徴，就労上の問題点や支援方法，成人の発達障害に対するデイケア・ショートケアプログラムを用いた医療的な試みについても概説する。

2. 成人期の ASD・ADHD の特徴

(1) ASD

　ASD は，これまでの自閉症やアスペルガー症候群などを包括する疾患単位である。米国精神医学会（American Psychiatric Association：APA）による診断基準である「精神疾患の診断・統計マニュアル第 4 版（Diagnostic and statistical manual of mental disorders, 4th ed：DSM- Ⅳ ）」（APA，1994）までは広汎性発達障害の下位分類として自閉性障害，アスペルガー症候群，特定不能の広汎性発達障害などがあげられている。その中で最もよく知られている自閉性障害（一般的には自閉症といわれている）では，言葉の遅れや知的障害を伴っていることが多いが，知的障害が伴わない場合には高機能自閉症とよばれていた。また，アスペルガー症候群とは言語発達の遅れがないか軽微であり，かつ知的障害を伴わないものをさしている。障害特性は存在しているものの，自閉性障害の診断基準を満たすほど重篤でない場合には，特定不能の広汎性発達障害のカテゴリーに含められた。

　典型的な自閉症，知的障害を伴う場合には，学生の頃から問題が顕在化していることが通常である。そのため，成人期において初めて診断される症例の多くは，アスペルガー症候群もしくは特定不能の広汎性発達障害である。しかし，中核的な特性は共通していることから，近年ではこれらの下位分類に本質的な違いはないと考えられるようになった。自閉症を中心としてこれらの障害群が 1 つの連続体（スペクトラム）を形成しているとの考えから，「精神疾患の診断・統計マニュアル第 5 版（DSM-5）」（APA，2013）からはこれらの障害群は ASD と総称してよばれるようになった。広汎性発達障害，自閉症，アスペルガー症候群という用語は臨床現場において現状でも使用されているが，DSM 上ではこれらの用語はなくなっている。

　ASD では，社会的コミュニケーションおよび対人相互反応における障害，行動・興味または活動の限定された反復的な様式の 2 つが基本症状である。噛み砕いていうと，対人コミュニケーションの問題とこだわり行動と言い換えられる。

ASD は他者の意図を理解する力が弱いため，状況に応じて適切な対応をとることが困難となる。成人後に診断されるようなケースでは，言語発達の遅れはないのが一般的で，日常的な会話には大きな支障はないものの，微妙なズレが問題を引き起こしている。就労してからの対人交流は学生の頃よりも複雑となり，作業遂行のためにも高度のコミュニケーション能力が要求されるようになる。しかし，ASD では行動や感情表出が状況に適していないことから，周囲から誤解され，非難の対象となっていることもめずらしくない。

　また，抽象的な表現は理解しづらく，字義通りにしか他者の発言を理解できない傾向があるため，「言われたことしかしない」「意図が通じない」などと評されやすい。いわゆる報連相（報告・連絡・相談）が適切にできず，相談するタイミングがわからず，問題が大きくなるまで 1 人で抱えてしまうことになる。言葉の遅れはなくても，ASD 者の会話は自分の興味のあることが中心で，一方的となりがちである。表情変化はぎこちなく，面接者の笑顔や冗談に対する反応が乏しい。適切な対人距離感がつかめず，妙に近かったり遠かったりする。ジェスチャーが少なく，会話は論理的であっても情感に欠けている。会話のトーンは抑揚に乏しく，状況に不釣り合いな声の大きさや小むずかしい単語を使用することもある。

　また，ASD では興味の対象が狭く，特定の物への執着もみられる。電車の種類や時刻表，博物的な知識などの習得に没頭することもその例である。通常の趣味や収集とは異なり，それらを通して他者と交流しようという要求に乏しく，その興味の対象も独特なものであることが少なくない。また，こだわりが強く，ささいな変化も嫌がる傾向にあり，予定外の仕事が入るとパニックとなる。

　その他に ASD に特徴的なものとして，感覚過敏（音，光，匂いなど）があげられる。特に聴覚過敏が多く認められ，日常生活のささいな物音に対しても苦痛を覚える。ASD と診断されるには，コミュニケーションの問題だけでなく，これらの常同性，こだわりに類する特徴を有している必要がある。また，視覚優位，細部にとらわれる，複数の情報を同時に処理できないなどの情報処理能力の偏りもしばしば認められる。本人の社会的に不適切な行動や言動を誘因として，周囲からの非難など心理的な外傷体験を幼少期から積み重ねていること

が多い。そのため，うつ病や不安障害，失敗体験のフラッシュバックなど他の精神疾患を併存しやすい。これらの精神症状が，職場での不適応や上司からの叱責を機に出現することもめずらしくない。

(2) ADHD

ADHD では不注意，多動性－衝動性の2つが基本症状としてあげられる。成人期に受診に至る ADHD 者の主訴の大部分は不注意症状が中心である。多動性－衝動性症状が中心である場合には，発達の早期から問題視され受診に結びつきやすい。一方で，不注意症状は養育者や教師，他児童などに負担をかけることが比較的少ないため受診に結びつかず，小児期には単なる個人の特性として認識されがちであり，その後，進学や就労などの複雑な事象を扱う中で顕在化しやすい。また，成長に伴い多動性－衝動性症状は軽減してくることが多いが，不注意症状は成人後も残りやすいと考えられている。加えて，自覚症状を適切に訴えることのできる成人となって初めて不注意症状を他者に伝えることができるという側面がある。それらのことが，成人期になり初めて受診に至る ADHD 者の主訴の多くが不注意症状優勢である原因として考えられる。ADHD は男性に多いと考えられていたが，不注意症状が中心の場合には男女差はあまり目立たないことにも留意すべきである。

ADHD の診断を満たすためには不注意または多動性－衝動性の症状が2つ以上の状況において存在していなくてはならず，日常生活などにも ADHD 特性による影響が及んでいることが前提である。しかしながら，成人期になり診断される ADHD の場合には，障害特性による影響が特定の状況でのみ顕著に現れるようにみえることも稀ではない。他の場面においてまったく問題がなければ ADHD の診断とはならないが，たとえ問題が顕在化していなくても，特性に伴う自覚的な苦悩，もしくは障害特性に伴う失敗を回避するための工夫などが存在していれば診断されることもありうる。

ADHD 特性の確認には，症状に伴う問題点の具体的な程度や頻度を確認することが重要である。忘れ物や遅刻が多いとされている場合でも，自己評価のみならず，家族や職場の同僚など本人をよく知る他者からの評価を可能な限り

組み合わせて実際の重症度を検討する。自己評価が低下していると，自身による症状評価が過度に厳しいものになりやすいことに留意する。不注意症状がある場合には，行動面の問題として仕事上での単純なミス，忘れ物の多さなどが現れる。自覚的な問題としては気が散りやすい，集中できないなどの訴えで確認される。ADHD者は興味のあるものには集中することが可能であるが，興味のないものにはまったく集中できないといったバラツキがみられやすいことが特徴的である。この特徴は，ADHDが本人のやる気の問題として誤解されやすい原因となる。

多動性－衝動性に関しては，小児期のような立ち上がり動き回るなどの形では成人期にはみられない。なんとなく落ち着かない，体を細かく動かす，カッ

就労場面でのASD・ADHDの基本症状と併存しやすい精神疾患

となりやすいなどの形で残っていることが一般的である。この特徴は，就労上において作業遂行能力のみならず，対人関係にも悪影響を及ぼす。

　ADHDもASDと同様に失敗体験を重ねやすく，二次的にうつ病や不安障害などの他の精神障害を併存しやすい。ADHDにおいては，特に双極性障害との鑑別がしばしば困難となる。双極性障害は一般に躁うつ病ともいわれ，気分の波を繰り返す精神疾患の一種である。気分の高揚などの躁状態が存在している時期がある点で，通常のうつ病とは異なる。ADHDでも乱費や突然の行動など躁状態に類似する逸脱行為がみられやすいことから，両方の鑑別が必要となる。ADHDでは衝動性に伴う逸脱行為はみられるが，躁状態とは異なり気分の高揚は持続しないこと，気分が安定している状態であっても特性に伴う問題は存在していることなどの違いがある。また，ADHDによる動機づけの問題が抑うつ状態に伴う意欲低下と混同されやすいが，抑うつ気分の有無などにより鑑別可能である。しかし，ADHDに双極性障害が併存していることも多く，鑑別のみならず併存の可能性についても考えなくてはいけない。また，ADHDでは衝動性があるために，アルコールや違法薬物などの依存と結びつきやすいことにも留意すべきである。

　さらに，特に対人関係の問題が主訴の場合にはASDとの鑑別が必要となる。ADHDとASDでは，類似の問題行動がそれぞれの特性から引き起こされることがある。ASDでは社会性の障害が症状の中核としてあるが，ADHDでも衝動性により対人関係の問題を引き起こしやすい。受診者もASDやADHDという概念について正確には理解しておらず，「発達障害」として表現されることから，両者の鑑別はしばしばなおざりにされがちである。ADHDであっても上司や同僚との人間関係の悩みが訴えの中心となっていることもあり，問題を引き起こしている要因がどちらの障害特性に由来しているのかを確認する必要がある。

(3) ASDとADHDの併存

　ASDとADHDが併存することもしばしばある。ASD者にADHDの症状が存在することや，ADHD者にASDの症状が存在することは以前より知られて

いた。精神科の診断基準であるDSMの第4版（DSM-Ⅳ）まではASD（当時はPDD）とADHD症状の両方が存在する場合にはASD（PDD）と診断すると定義されていた。しかし近年，DSMが第5版に改定（DSM-5）され，ASDとADHDが併存するという診断形式が正式に認められた。併存率は高率であることが知られており，30～50％程度とする報告が比較的多い。これらの併存率を調査した研究の多くが子どもを対象としており，養育者による症状のチェックリストでの評価点を診断上用いているため，表面的な行動パターンのみで判断されやすい傾向がある。そのため，少なくとも成人においては実際に診断基準を満たすほどの併存率はこれほど高くない可能性があるが，診断閾値以下のもの（診断基準を満たさないがASD・ADHDの特性を有するケース）を含めると相当数が双方の特徴をあわせもつことは確かである。また，小児期にADHDと診断されていた人の，多動性－衝動性が成長とともに軽減するにつれて，影に隠れていたASD症状の存在が顕在化するケースもある。

3. 成人期ASD・ADHD者の就労・職場適応支援の実際

（1）概要

　発達障害の就労・職場適応支援の原則は，障害を「改善」するよう努力させるという方向ではなく，仕事上での困難を乗り切る「工夫」を身につけることや，職場環境や仕事内容を本人の特性に合ったものにしていくことである。ASDおよびADHDという発達障害を根本解決する方法は現在のところ存在しないが，適切な学習によりその適応能力を高めていくことは可能である。しかし，適切な学習を継続していくためには自己肯定感を高めていける環境にあることが前提である。また，特にASDでは学習を汎化できない障害特性があり，具体的に1つずつ覚えていかなくてはならず，学習には非常に多くの時間を要するのが現状である。そのため，学習効果を期待するだけでは限界があり，障害の特性について本人や周囲が理解し，それに基づいて職場環境や仕事内容を選択するなどの環境調整が必須となる。

周囲の人々が陥りがちな誤りとしては，本人の特異な行動が障害に由来しているものと認識できず，性格的なものであると判断してしまうことである。周囲の人々に障害の特性を理解してもらうことは，無用な軋轢（あつれき）を避けることにつながり，本人のみならず周囲の精神状態の安定にも重要になってくる。また，たとえ善意によるものであっても，厳しい指導が逆効果となることもある。「指導」はおおむね定型発達者を対象にして積み上げられた上司や同僚の経験に基づくものであり，障害の特性に基づくものではない。そのため，障害の理解に基づかない指導だけでは，本人は「怒られている」「強制されてもできない」としか感じることができず，自己評価の低下につながってしまう危険性もある。

　発達障害がどの職業に向いているかについての関心は高い。一般論としては，障害特性への理解に基づいて判断していく。たとえばASDにおいては，対人接触を主とするような仕事や急な対応が求められる仕事は向いておらず，マニュアル通りに繰り返すような仕事や，蓄積した知識を生かせる仕事が向いている。具体的な職種として接客業は不向きで，プログラマーなどが向いているなどといわれている。しかしながら，プログラマーや接客業などの職種においても仕事内容は勤務する職場によって大きく異なり，障害特性に関しても一人ひとりの個別性が大きく，周囲の障害に対する理解度によっても働きやすさは影響を受ける。大まかに向き不向きの職業はあるとしても，就労にあたってはより細やかに判断していくことが必要となる。また，特にASDにおいては想像力の障害があるため，実際に体験をしないと自身に合った仕事内容であるか当事者自身も採用する側も判断しきれない。発達障害においては新規状況になれるのに時間がかかる傾向があるため，可能であれば1週間以上の実習期間などを経て，適性について判断することが望ましい。

　周囲からの理解を得るためには，障害を開示することは重要な手段である。そのときに，精神障害者保健福祉手帳もしくは療育手帳を取得する場合がある。精神障害者保健福祉手帳とは，一定程度の精神障害の状態にあること，療育手帳は知的障害があることをそれぞれ認定するものであり，各種サービスを受けやすくすることを目的に交付される。これらの手帳を取得した場合には，障害枠での就労という選択肢が得られる。障害枠での就労は障害の開示および配慮が前提となるため，就労の継続が比較的容易である。しかし，一般就労におい

て障害を開示すべきかについては，職場の状況などを含め総合的に判断していかなくてはいけない。現実的な問題として，障害を開示した場合でも配慮には限界があり，診断がレッテル貼りとなってしまう危険性も有していることから，一般就労における障害開示については慎重に検討したうえで行うべきであるし，本人の不利益が予想される場合には開示しないという選択肢もありうる。

(2) ASD

　ASD の就労上の困難は，①対人コミュニケーションの問題，②作業遂行能力の問題，③感情コントロールの問題，④その他（感覚過敏，易疲労性［疲れやすい］，睡眠など）の問題，に大別される。対応方法のキーワードとして，「構造化」「視覚化」「具体性」を意識するとよい。

1）対人コミュニケーションの問題

　ASD に伴う就労上の困難として代表的なものである。「報告・連絡・相談」いわゆる「報連相」は ASD 特性から不得手としており，報告すべきタイミングや対象，相談すべき事柄等について適切に判断することができない。その原因は ASD の特性である社会性，対人コミュニケーション障害にある。そのため，「具体的」に相談する相手や日時のスケジュールを定期的に決めておき，報連相の「構造化」をすることで，社会的な状況把握力の乏しさを補完する。周囲も意識的に本人の仕事の進捗について積極的に確認していくことが望ましい。指示の出し方についても，「あれ，ちゃんとやって」などのあいまいな表現は通じにくく，より「具体的」な内容が適切である。また，ASD の多くは視覚的な情報のほうが，聴覚的なものよりも理解しやすい。口頭ではなく，メールや図表などを用いて情報の「視覚化」を行うことで，情報伝達の誤りが少なくなる。

　ASD 特性による問題だけではなく，心理的な要因でコミュニケーションがうまくとれない場合もある。ASD では，上司など目上の人に話しかけることに対する不安感が存在していることが多い。幼少期から他者との関わりの中で，批判されたり侮辱されたりする経験を多くもつため，怒られることを過度に恐

ASD の就労上の問題と対応策の例

れ，ミスなどを報告しない傾向にある。状況を確認する際には，そのような心性についても配慮することが望ましい。また，ASD では愛想に乏しく，感情よりも論理的な正しさを重視する傾向があるため，周囲にネガティブな感情を引き起こしやすい。ASD 児・者は論理には比較的従順であるため，感情で説得するよりも，論理的に説明し納得してもらうように心がける。

2）作業遂行能力の問題

ASD では常同性があるため，変化に対して脆弱である。自身が想定していた仕事内容と異なるものを突然依頼された場合には混乱しやすい。予定外の仕事は極力入れないことが望ましく，仕事内容を「構造化」し，固定化されたルーチンワークを中心にしていく。どうしても急な仕事を行う必要がある場合には，優先順位がつけられない特性に配慮し，スケジュールの再構築について本人と相談しながら決定していく。ASD では日常業務の中で状況を理解しながら，やるべき仕事を同定し，取り組むことが苦手である。どの仕事を行うべきかについて，上司や同僚が「具体的」に「視覚化」して指示していく必要がある。複数の仕事を並行してこなしていくことも不得手であるため，可能な限り 1 つずつ仕事を与える。しばしば，作業スピードの遅さが ASD では指摘される。完璧主義となりやすいことや，細部にまでこだわってしまうことが原因となる。スピードが極端に遅い場合には，作業している内容にムダがないか洗い出してみるとよい。

3）感情コントロールの問題

ASD ではしばしば認められる。特に予期せぬ出来事が起きたときや，失敗をしたときに混乱してパニックとなりやすい。周囲の人は穏やかに本人と接し，静かに過ごせる場所に移動させるなどして，クールダウンを心がけることが肝要である。落ち着くように強く促すことは，かえってパニックをあおる結果になりやすい。パニックを頻回に引き起こす場合には，その対処方法を本人とあらかじめ話し合い「構造化」した対処方法を構築することが望ましい。また，指導に対して叱責と受け止めやすく，過度に落ち込み，攻撃的となることもある。これは，他者の意図理解が不十分になりやすいことや，幼少時よりいじめ

や叱責された経験が積み重なり自己評価が低下していることも影響している。中には，過去の嫌な体験を急に思い出し，不快な感情を再体験するフラッシュバックを起こすこともある。指導の際には，叱責ではないことを言葉にして伝えることや，良い点も適切に評価していく視点が必要となる。

4）その他（感覚過敏，睡眠，易疲労性など）の問題

　ASD には感覚過敏がしばしば伴う。聴覚，視覚，触覚など多方面に及ぶが，特に聴覚の過敏性が目立つ。周囲が日常生活音として気にならない程度の雑音でも，本人にとっては非常な苦痛となりうる。聴覚の過敏性がある場合には，できるだけ雑音の少ない環境に配置することや，耳栓やノイズキャンセルのイヤホンなど音刺激の遮断を可能な限り心がける。ADHD と同様に，ASD でも睡眠障害をしばしば併存する。不眠もみられやすいが，夜間の睡眠が確保されている場合でも日中の眠気が出やすい。背景に睡眠時無呼吸症候群などの睡眠障害が隠れていることもあるが，特に原因のないこともある。ASD では一般に易疲労性がみられるが，過集中などで作業に没頭しても，自身の疲労が自覚できない傾向もある。睡眠や疲労の問題を踏まえ，休憩をこまめにとる，休憩時の睡眠を認めるなどの配慮が望ましい。

症例：ASD，26 歳，男性

　　幼少時には他児との交流は乏しく，電車や図鑑などの知識の習得に没頭する傾向があった。小学校に入学後も同様であったが，トラブルを起こすことはないため，「変わっている」といわれる程度で受診や診断には至らなかった。友人はいなかったが，本人は気にしていない様子であった。高学年からいじめにあっていたが，親や教師に相談することはなかった。私立の中高一貫校に入学し，成績は優秀であったが，読書感想文などはまったく書けなかった。この頃より人と話がかみ合わないと自覚するようにもなった。都内の有名私立大学に入学後は，クイズ研究会に所属し，友人もできたが，深い関係にはならなかった。大学卒業後はシステムエンジニアとして勤務するも，同僚や上司と意思疎通がうまくできなかった。失敗をしても叱責される恐れから報告できず，徐々に出社できない日が増えてきた。TVで放映された発達障害の特徴が本人に当てはまっていることが多いと感じ，家族のすすめにて精神科外来を受診し，ASD の診断

となった。

　本人は就労継続の可能性に悲観的で退社を決意していた。担当医から産業医等への相談をすすめられるも、行こうとはしなかった。相談したくない背景として、「すでに上司や同僚からの信頼を失っているため回復不能である」との思い込みと、「うまく説明できない」というコミュニケーションの問題があることが推察された。状態の説明の仕方を担当医および病院スタッフと相談し、文書も作成したところ、産業医とつながるようになった。産業医や上司との面接が行われ、理解を得られた感覚をもつことができて以降は出社できるようになった。困りごとを相談できない傾向は持続していたため、定期的に上司や産業医との面談を設定するように促した。一方で、他の同僚の仕事内容や就労態度への不満が募ることもあった。不満の背景には、自身の完璧主義を他者の仕事にも当てはめて評価していることも影響していた。デスクに仕切りをつけ、周囲の作業がなるべく目に入らないように調整したところ、自身の仕事に集中できるようになり、他者への不満も軽減している。

(3) ADHD

　ADHDでみられる就労上の困難として、作業能力の問題がある。不注意が多くのADHDで認められ、単純なミスを引き起こし、時間を守れない、整理整頓ができないなどで職場の不適応につながる。不注意がある場合には、どのような注意の要素がおもに仕事に支障をきたしているのかを判断していく必要がある。注意の要素の分類は諸説あるが、代表的なものに「容量」「持続性」「選択性」の3つがあげられる。まずその3つについて説明し、そのあと、就労の困難につながる「多動性－衝動性」「実行機能障害、睡眠覚醒リズムの障害」についても説明する。

1) 注意の容量

　注意の容量によって一度に扱える情報量が決定される。注意の容量が小さい場合には、少ない情報量であれば問題は表面化しないが、容量を超える情報量に対しては処理効率が悪くなる。一度に与えられる情報量が大きい仕事ではミスが増加してしまうため、情報を小分けして与えることで、仕事のミスを減ら

すことをめざす。たとえば脳機能の１つに，ワーキングメモリというものがある。これは，作業や動作に必要な情報を一時的に記憶・処理する能力であり，脳の受け皿のようなものである。その記憶は一時的なもので，その後は忘れてしまう。ワーキングメモリは同時作業などに大きく関わっており，作業遂行のみならず日常生活能力にも密接な関係がある。ワーキングメモリが低く，記憶の受け皿が少ない場合には，外部のメモ帳やスマートフォンなどの装置を利用して，記憶を外付けするように試みる。

2) 注意の持続性

　注意の持続性とは，特定の対象に振り向けた注意を一定時間持続する機能である。注意の持続性が障害されていると，短時間であれば集中して物事に取り組めたとしても，長時間にわたると，たとえ刺激の少ない静かな環境であっても気が散りやすくなる。仕事の効率も一定に保てず，作業に時間がかかってしまうなどの問題につながるため，仕事をいくつかの段階に分け，細かく休憩をとるなどの対処が望ましい。

3) 注意の選択性

　注意の選択性とは，多くの刺激の中から特定の対象に注意を向ける機能である。注意の選択性が障害されていると，目的をもった注意の方向づけができなくなり，無関係の刺激に対して注意を奪われやすい。作業をしていても，物音や話し声などの刺激があると注意がそれてしまい，ミスが目立つようになる。そのため，作業と無関係な情報を減らすことで対応していく。たとえば，カクテルパーティー効果というものがある。パーティー会場など多くの人の話し声があっても，自分の話し相手や壇上の演者の声は比較的明瞭に聞こえる事象である。注意の選択性が障害されていると，無関係な情報にフィルターをかけられず，すべての話し声が均一に聞こえてしまい，目的の話が聞き取れないだけでなく，雑音が苦痛に感じることもある。ADHD でも ASD と同様に聴覚の過敏性をしばしば訴えられるが，選択的注意の障害に由来していることが多い。また，本や書類などにある多くの情報の中から必要な情報を探し出すことや，乱雑に散らかった部屋の中から必要なものを見つけることができない。聴覚情

問　題	対応策の例
①注意の容量	●メモ帳などで記憶を外付けするようにする
②注意の持続性	●仕事を段階的に分け，細かく休憩をとる
③注意の選択性	●物を減らして情報量を整理する
④多動性－衝動性	●アンガーマネジメント技法を身につける
⑤実行機能障害，睡眠覚醒リズムの障害	●本人および周囲の人が障害特性と認識すること

ADHD の就労上の問題と対応策の例

報だけでなく，物の量を減らしたりするなど，視覚的な情報量についても整理が必要である。

4) 多動性−衝動性

　多動性−衝動性があると，作業遂行のみならず，人間関係にも影響を与える。怒りの感情がコントロールできずに，よけいなことや失礼なことを言ってしまう。ASD と異なり，本質的には発言すべきでない内容であることを理解しているが，衝動性のためについ口に出して後悔する。深呼吸をする，水を飲む，数をゆっくり数えるなどの，個々に合ったアンガーマネージメント技法（怒りを上手にコントロールする方法）を意識的に身につけることで，不要な対人トラブルを防ぐことをめざす。

5) 実行機能障害，睡眠覚醒リズムの障害

　不注意や多動性−衝動性といった ADHD の中核となる症状以外にも，実行機能障害の存在について確認していく必要がある。実行機能は遂行機能とも称され，目標を立てて計画し，工夫をしながら実行していく能力のことである。実行機能は，記憶や知覚といった個別の認知機能よりも上位に位置づけられる脳の認知マネージメント機能ともいえる。実行機能障害がある場合には，計画がうまく立てられない，優先順位がつけられない，同時作業ができないなど，日常生活や社会生活に影響が出る。また，実行機能は目標設定能力とも関連している。目標を設定するためには，現在の状況を把握し，やろうと決意（動機づけ）しなければならないが，ADHD では先延ばしとなりやすい。

　対処としては，まずは本人および周囲が，これらが障害特性と結びついていることを理解することから始まる。実行機能障害は，単純にやる気がないとみなされてしまいやすい。障害特性と認識することで，苦手な目標設定や動機づけの方法について他者の援助を求めることや，話し合いの対象とすることが可能となる。また，ADHD では過眠など睡眠覚醒リズムの障害を伴いやすい。過眠症の診断にまでは至らなくても，日中の眠気を感じることが多く，仕事中にもウトウトしてしまうこともある。眠気は特にやる気の問題として重大視されやすいが，これも障害特性と関連しているという認識をもつことが重要であ

る。実行機能や睡眠の問題は ADHD のみならず ASD においても存在しやすく，両障害に共通してみられる周囲から誤解されやすい特性であることに留意する必要がある。

小学校の頃から忘れ物や落し物が多く，提出物を期日までに出すことが苦手であった。落ち着きには欠けていたが，友達関係に大きな問題はみられなかった。小学校の高学年になり，気の散りやすさを自覚するようになった。好きな物には集中できるが，嫌々させられるものにはまったく集中できなかった。学校では忘れ物や整理整頓のことで常に叱られていた。小学校の通知表でも，整理整頓ができない，忘れ物やミスが多い，マイペースすぎるなどと指摘されていた。両親としては注意力が散漫で，大事なことも先延ばしにすることから，真剣味がないと感じ，本人を叱責することが多かった。公立中学を経て私立の高校に進学した。その頃より，日中の眠気が強くなり，授業中も寝ていることが多くなった。勉強にも取り組まなくなり，成績も低下していった。大学に進学したが，課題やレポートの提出が滞りがちで，卒業までに 6 年を要した。大学卒業後，事務職として勤務するも，仕事でのケアレスミスが目立ち，上司から叱責されることが多く退職となった。自ら発達障害を疑い受診となり，ADHD の診断となった。

仕事への自信を失っており，単独では就職活動には取り組めなかった。そのため，精神障害者保健福祉手帳を取得して，障害枠での就労を目指し，就労移行支援事業所にて就労訓練を行うことになった。訓練の中で自身の特性を把握し，ADHD に対する薬物療法も開始した。支援者と相談しながら就職活動を行い，障害枠にて事務職として勤務することになった。当初は問題なく勤務できていたが，仕事を無計画に安請け合いしてしまう傾向があり，負荷が増すと細かいミスが目立つようになった。叱責されると過敏に反応してしまい，対人トラブルに至ることもあった。支援者とともに，アンガーマネージメントについて話し合い，上司との間をとりもつことで，仕事量の管理も行えるようになった。日中の眠気があり，長時間座っていると眠ってしまうことがあった。上司には眠気は障害特性と関連があることを伝え，立ち仕事を間に挟む，こまめに休憩をとるなどで対処している。

(4) 発達障害の就労に関する公的支援

　2005年4月に施行された発達障害者支援法により，発達障害の早期発見・支援をはじめ，医療，保健，福祉，教育および労働の各分野が協力して支援していく方向となり，その中核的な機関として発達障害支援センターが各地域に設置されるようになった。そこでは，発達障害に関する相談の入り口としての役割が期待されている。就労に関しては，ハローワークにて職業相談や職業紹介，地域障害者職業センターにて職業評価，ジョブコーチ支援，職場適応支援などが行われている。近年では発達障害に対応した就労移行支援事業所が各地で活動をしており，事業所によって支援の内容は異なるが，職業訓練，求職支援，就職後の相談などを行っている。

　発達障害の就労においては，精神障害者保健福祉手帳を取得し，発達障害であることをオープンにして「障害枠」で就労する選択肢がある。自身の特性についての配慮を受けやすく，職場定着支援員やジョブコーチなど社会資源の利用ができるため，就労継続の可能性が高まるメリットがある。一方で，障害枠では選べる職種が限られていること，給与面で一般枠での就労よりも低くなりやすいことなどのデメリットがある。これらを総合的に判断し，障害枠での就労とするか検討していく。また，手帳取得にあたっては，障害者とのレッテルを貼られることへの不安にも配慮する必要がある。

4. 成人期 ASD・ADHD 者に対する
　　　　　デイケア・ショートケアプログラム

　発達障害の中でも，特に ASD に関しては中核的な症状に対する有効な薬剤は未だ開発されておらず，心理社会的な治療は重要な選択肢である。成人期の ASD に対するデイケア・ショートケアプログラムは数少ない治療手段であり，2019 年度より診療報酬にも反映されている。治療手段といっても，プログラムの目的は障害特性を消失させることではない。自身の特性についての認識を適切にもち，社会適応に向けて苦手な面を補うスキルを身につけることがプロ

グラムの中心的な役割である。

　ASD 者は自身の特徴を客観的に認識することが不得手であり，自己理解を深めていくためには他者からのフィードバックが必須である。しかし，ASD者は他者からの助言を批判として被害的に受け止めやすい。ASD 者のみで構成されるグループは，初めて他者と悩みや関心を共有することで自他を受け入れる場となり，助言を受け入れやすくする素地を作ることにも役立つ。また，社会的に孤立しがちな ASD 者にとって，安心できる居場所としての機能ももつ。これらのことから，下記の 5 つの目的を念頭に ASD プログラムを実施しており，プログラム前に参加者にも提示することになっている。

　①お互いの思いや悩みを共有する。
　②新しいスキルを習得する。
　③自己理解を深める。
　④より自分自身に合った「処世術（対処スキル）」を身につける。
　⑤同質な集団で新たな体験をする。

　プログラム参加の要件として，プログラムの理解のためには一定の言語能力を必要とすることから，知的水準に遅れがない（WAIS の言語性知能 90 以上）ことが示されている。また，対人コミュニケーションスキルの修得といった技術的な側面だけでなく，同様な悩みをもつ者同士が体験を共有することもプログラムの重要な役割と考えていることから，集団療法への一定の適応度をもっていることも必要な要件である。

　ASD 者は長時間の対人接触に不慣れであるため，ショートケアの枠組みで 1 日 3 時間のプログラムとなっている。参加者の人数については明確な取り決めはないが，1 グループあたり 10 〜 12 名程度までとするのがグループ運営にとっては妥当であろう。プログラム施行にあたり，スタッフ配置は 1 グループにつき 2 名以上で実施する。プログラム中はホワイトボードを正面に置き，テーブルは置かず車座の配置としている。心理士を中心とした集団療法の経験者が，グループのリーダーになることが必要である。それぞれの専門的視点からグループに広がりをもたせるために，可能であれば精神保健福祉士，作業療

表 6-1　ASD 専門プログラム内容

回数	内容	回数	内容
1	自己紹介・オリエンテーション	11	上手に頼む／断る
2	コミュニケーションについて	12	社会資源
3	あいさつ／会話を始める	13	相手への気遣い
4	障害理解／発達障害とは	14	アサーション
5	会話を続ける	15	ストレスについて
6	会話を終える	16	ピア・サポート②
7	ピア・サポート①	17	自分のことを伝える①
8	表情訓練／相手の気持ちを読む	18	自分のことを伝える②
9	感情のコントロール①（不安）	19	感謝する／ほめる
10	感情のコンロトール②（怒り）	20	卒業式／振り返り

法士など他職種のスタッフがペアを組むことが望ましい。リーダーは参加者が発言しやすい雰囲気作りを心がけ，グループの力動を把握しながらプログラムを進行していく。副リーダーは情報を視覚化するためプログラムのポイントや参加者の意見の板書を行い，リーダーが対応できない参加者へのフォローも重要な役割となる。

　プログラム内容は，コミュニケーションスキル，ディスカッション，心理教育の 3 領域からなり，表 6-1 に示したような全 20 回のプログラムの構成が現在標準的に行われているものである。

　第 1 回目のオリエンテーションではプログラム参加への動機を高め，安心できる場であることを感じてもらい，第 2 回目ではコミュニケーションには言語的なものだけではなく，非言語的なものがあることへの理解を促している。プログラム全体を通して，CES（Communication Enhancement Session）の技法をしばしば用いている。CES とは東京都精神保健福祉センターにて開発された ASD の視覚優位性を利用した技法である（中村ら，2008）。参加者の個人的な体験を用いると過去の不快体験の想起につながる危険性があることから，日常生活で遭遇しやすい場面をセッションごとにあらかじめ設定し，それぞれ参加者が意見を述べて皆で検討するという形態をとっている。ホワイトボードに表示したイラストのキャラクターの会話場面という設定のもと，用意

してあるキャラクターのセリフを，吹き出しによりいくつか視覚的に提示し，セリフの内容の適切性に関して，評価ボードの Good（100 点）から Bad（－100 点）の軸上のどの位置に当てはまるかを参加者間で話し合いながら動かしていく。

　プログラムでは，同様の経験をしている人たちが集う保護的な環境下において，細かな自他の違いを受け入れつつ仲間意識をもつ体験を重要視している。そのため，第 7 回と第 16 回にピア・サポートを導入している。そこでは，自分のアイデアや意見が人の役に立つということも体験できる。

　プログラムの中心である対人コミュニケーションの問題以外に，参加者および家族からの要望が高いのが感情のコントロールの問題であり，第 9 回と第 10 回において「不安」と「怒り」の感情を取り上げ実施している。そこでは個人の反応を「認知」「感情」「行動」「身体反応」に分類できるという認知行動療法のモデルを理解し，設定された状況における感情の度合いを視覚化，数値化して話し合う。自身の感情に加え，状況により抱く感情には個々人で差があることを認識し，さまざまな対処方法についても共有することができる。

　1 回のプログラム（合計 3 時間）の流れとしては，決められたテーマに関するプログラムを行う前に「始まりの会」「ウォーミングアップ」「宿題の確認」を合計 30 分程度かけて行っている。「始まりの会」は 1 週間であった出来事を 1 人ずつ 1 分間でスピーチをする。他者の理解に配慮しながら効率よく要約する練習になることに加え，自己開示性を徐々に高めていくことでグループでの仲間意識をもつことにつながる。また，2 回目以降の「始まりの会」においては，司会と書記を参加者に担ってもらうように設定している。参加者の多くは社会的な役割をもてておらず，「始まりの会」で役割を担うことにより，責任感や達成感を培うことができる。「ウォーミングアップ」は「始まりの会」の終了後に行い，参加者の緊張を緩和させ，プログラムへスムーズに移行できるようさまざまなゲームを取り入れている。その後，前回のプログラムのおさらいとして「宿題の確認」を行い，10 〜 15 分程度の休憩を経て決められたテーマのプログラム（休憩を含め 2 時間程度）を行っていく。最後には「帰りの会」を 20 分程度行い，「始まりの会」と同様に司会と書記を参加者が務め，次回へのモチベーションを高めていく。

近年 ADHD に対する薬剤が成人にも適応となったこともあり，ADHD 者の受診が増加している。そのため，ADHD に対するプログラムについても取り組みが始まっている（横井ら，2013）。プログラムの構造は ASD に対するものと類似しており，スタッフは 2 名配置し，ショートケアの枠組みとして 1 回 3 時間で行っている。プログラムは現在のところ全 12 回で構成され，ADHD の症状である不注意，多動性－衝動性をターゲットとし，自己理解の促進や対処スキルの習得などを目的とした認知行動療法モデルを基礎としたディスカッションが中心である。

　ASD および ADHD に対するプログラムの参加者は 20 ～ 30 歳台が中心であることから就労への関心が高く，2013（平成 25）年の成人発達障害支援のニーズ調査でも，「対人関係の維持・構築（66.3％）」「コミュニケーション技術の習得（64.7％）」に次いで「就労・就学支援（56.3％）」が希望されていた（昭和大学発達医療研究所，2014）。ASD では悪意のない言動が他の職員を不快にさせてしまうことがあり，適切な時期に報告や相談をすることも不得手である。プログラムで学習した内容を当事者が生かしていくための継続した支援に加え，受け入れる側の企業にも ASD の特徴を認識してもらえるよう働きかけていくことが重要である。また，汎化が不得手な ASD の特性から，新たな環境や状況に遭遇したときに，得られた知識をどのように活用すればよいのか悩むことも多いであろう。プログラムは全 20 回で構成されているが，プログラムで得られた効果を持続させていくためには，終了後のフォローアップについての検討も必要である。

　ASD・ADHD は生来的な脳機能障害としての神経発達障害であり，その中核的な症状は根強く存在しており，簡単に軽減できるものではない。しかし，プログラム参加により少なくともその表面化の程度は軽減しており，社会適応能力の向上のみならず情動の安定にも有用である。今後は多くの支援機関にプログラムが実施され，より洗練された技法の確立が期待される。

まとめ

　発達障害の就労支援は，障害特性の理解に基づいてなされる必要がある。ASD および ADHD のそれぞれの中核的な症状のみならず，両障害の併存および他の精神障害が併存している可能性にも留意することが必要である。就労支援の手段に関しては，発達障害の診断が単なるレッテル貼りにならないよう，当事者に対して診断を受けるメリットを提示できる環境整備が求められる。また，就労支援に特化したものではないものの，成人期発達障害の支援としてショートケアプログラムは有望な選択肢である。

グループワーク

　会社内で上司を含め，まわりは発達障害を疑っているが，本人は否定する。どのように支援していくのがよいだろうか。検討してみよう。

成人期発達診療の現状と課題

　成人を対象とする発達障害の診療は，この10数年前から本格的に始まったばかりである。近年では発達障害という言葉が世間的に認知されるようになってきたが，未だその理解は表面的なものにとどまり，誤解も多々あるように思われる。以前は過少診断が問題とされていたが，近年では過剰診断の問題も指摘されている。過小診断とは，実際には発達障害であるのにそうではないと診断することであり，過剰診断とは，発達障害でないのにそうであると診断することである。発達障害の中では，特にASDが過剰診断に至りやすい傾向がある。これは，ASDの主要な症状とされる対人コミュニケーションの障害は，対人関係の悩みといった一般的にみられる葛藤と言葉のうえでは混同されやすいことも影響しているだろう。

　発達障害の診断をするうえで難渋する点としては，定型発達者との症状の連続性があるために，障害と定型発達との境界が明瞭となりにくいことがある。発達障害の傾向はあるものの，診断を満たすかは微妙なレベルであることを「グレーゾーン」などと表現されることも多い。グレーゾーンレベルという「診断」が単なる重症度を示しているのであれば，当事者の支援方針の決定に際しては大きな問題とはならない。しかしながら，現実には性格的な要因や他の精神疾患であるうつ病や不安障害などによる対人コミュニケーションの問題がグレーゾーンレベルと「診断」されていることも少なくない。このことは，発達障害の当事者の実像を世間に誤解させる要因の1つになっているように思われる。

　発達障害の診断は，あくまで当事者にメリットがある場合になされるべきである。診断が単なるレッテル貼りになることは避けなくではならない。発達障害についての理解は，広まっているとはいえ不十分であり，中には「自分勝手」「わがまま」な人を発達障害として認識されている場合も少なくない。社内の同僚や上司からの指摘により，一般就労として働いている人が発達障害の存在が疑われた場合には，周囲の人たちがもっている発達障害についての認識を確認し，誤解があれば修正する必要がある。また，診断がついた場合の支援体制などのメリットを提示して，当事者の了解を得たうえで，実際の受診を検討する必要がある。

　発達障害は得意，不得意のバラツキが大きく，就労上で不適応に至りやすい。一方で，適切な支援があれば，能力を発揮できる。近年の企業経営においては，多様性（ダイバーシティー）を認め，それぞれの能力を最大限に引き出して付加価値を生み出す取り組みがなされている。発達障害に関しては，福祉的な意味合いだけでなく，戦力として企業の発展に寄与しうる。発達障害の当事者が，適切な支援を得る中で個々の能力を最大限に発揮して企業の発展に大いに貢献することができれば，福祉的な側面にとどまらない障害者就労の新たな可能性を示すことにつながる。

第3部
ASD・ADHD 研究の拡がり

　ASD・ADHD の原因解明に向けた研究は，現在も精力的に続けられており，その成果として，ASD・ADHDの脳の特徴について多くの新知見が明らかにされてきた。また，これらの研究成果を応用し，新たな治療薬や支援技術の開発が進められている。第3部では，ASD・ADHD の脳研究，薬物治療研究，そして支援技術開発研究の最新知見を紹介することで，ASD・ADHD 研究の拡がりを概観する。なお，少し発展的な内容となるため，脳科学についての基礎的な知識をはじめに概説してから，各章につなげることとする。

序　説

脳科学の基礎

← 第6章　　　　　第7章 →

1. はじめに

　ASD・ADHD の行動の特徴を理解するためには，ASD・ADHD 者における脳の働きの非定型性を明らかにすることが欠かせない。ここ 30 年ほどの間に，体を傷つけることなく脳の働きを計測できる手法が普及するなど，脳科学の分野では，飛躍的な技術的発展がみられた。その成果として，ASD・ADHD をはじめとした発達障害の原因が，生物学的な視点から解明されてきた。

　研究で明らかになった知見は，ASD・ADHD の薬物治療開発に応用されている。さらに，情報技術と脳科学を組み合わせ，ASD・ADHD の新たな支援法を開発する試みも行われている。ASD・ADHD 研究・臨床の最新動向を把握するため，いまや脳科学の基礎知識は，支援者にとっても不可欠なものとなりつつあるといえよう。脳科学の最新成果は，毎日のようにメディアを賑わせている。しかし，一般の人々が，脳科学の基礎について正確な知識を得る機会は，意外なほど少ない。そこでまずは，以降の章の理解を助けるために，脳科学の基礎を概説する。

2. 神経系の構造

　脳を含む神経系は，「中枢神経系」と「末梢神経系」に大別される。脳と脊髄は中枢神経系に含まれる。脳で作られた運動命令が，脊髄・末梢神経を経て，筋肉に伝えられることで，身体の動きが生み出される。逆に，皮膚や眼がとらえた感覚情報は，脊髄・末梢神経を経て脳に伝えられていく。このように，脊髄と末梢神経は，脳と体の各部を結ぶ情報の通り道として機能している。

　肉眼レベルで見ると，脳・脊髄・末梢神経は，お互いにまったく異なる見た目をしているが，顕微鏡レベルで見ると，神経系の各部は，似たような構造をしている。具体的には，「神経細胞」とよばれる細胞がお互いにつながり合うことで，神経細胞のネットワークを形成しているのである（図序 1-左）。やや正確さを欠くが，神経細胞が整然と配列され紐状になったのが末梢神経，そして神経細胞のネットワークが密に丸められ，ボール状になったのが脳だとイメージすればよいだろう。

　神経細胞は，金平糖のような形状をした「細胞体」とよばれる部分と，細胞体から延びた尻尾のような「軸索」とよばれる部分からなる。軸索の先端が，他の神経細胞と繋がることで，神経細胞のネットワークが形成される。神経細

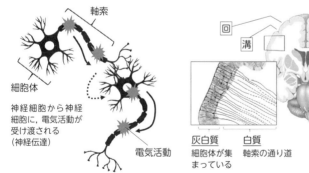

（資料：https://www.publicdomainpictures.net/en/view-image.php?image=272450&picture=nerve-cell-silhouette より）

（資料：https://commons.wikimedia.org/wiki/File:Gray_matter_axonal_connectivity.jpg より）

図序 -1　神経細胞のネットワーク（左）と灰白質・白質（右）

右図は，脳を前後に輪切りにした断面を表している。

胞同士の接合部は「シナプス」とよばれる。

　脳には，細胞体が密に集まった部分と，軸索の通り道がある。細胞体が密に集まった部分を「灰白質(かいはくしつ)」，軸索の通り道を「白質(はくしつ)」と呼ぶ（図序 1 - 右）。脳の表層の，いわゆる脳のシワがある部分は，灰白質であり「大脳皮質」ともよばれる。シート状の大脳皮質がくしゃくしゃに折りたたまれて，くぼんだところがシワに見えているのである。なお，大脳皮質のうち，くぼんだ場所を「溝(こう)」，溝と溝にはさまれて出っ張った場所を「回(かい)」と呼ぶ。一方，脳の深いところにある灰白質は「神経核」とよばれる。今後の章で，さまざまな脳領域の名称が出てくるが，その大半は，灰白質（大脳皮質か神経核）の名称である。

3．神経系の機能

　「脳が活動する」という表現がよく用いられるが，脳の活動とは一体どのような現象を指すのだろうか？　結論から言うと，ある脳領域の活動とは，その脳領域の神経細胞が電気活動を発生させている状態をさす。神経細胞が電気活動を発生させると，その電気活動はネットワークの隣り合う神経細胞に伝えられていく。このように，神経細胞同士の間を，電気活動がバケツリレーのようにして伝えられていくことが脳活動の本質である。ある神経核が活動すると，その電気活動が白質を通って，別の神経核や大脳皮質に伝わっていく。このように白質を通り道として，灰白質の間を電気活動が伝わっていくことで，複雑な脳機能が実現されているのである。

4．脳の機能局在

　脳の重要な性質の 1 つが「機能局在」である。これは，脳の各部位が，異なる機能を担っていることをさす用語である。頭の後ろの出っ張りの周辺には視覚野とよばれる脳領域がある。この領域には，その名のとおり，眼から届いた視覚情報を分析する働きがある。一方，眼窩(がんか)（眼球がはまっている深いくぼ

み）のすぐ上にある眼窩前頭皮質とよばれる脳領域には，行動の計画や判断を
行う働きがある。

　現在のヒト脳研究では，脳の各領域が，どのような機能を担っているのかを
明らかにすることが大きな課題となっている。そのため，たとえば，顔からの
性別判断や，文字情報の記憶など，さまざまな課題を行っているときに，脳の
どの部分が強く活動するのかを計測する研究が数多く行われている。これらの
研究は，さまざまな脳機能がどの脳領域に局在しているかをまとめた，脳機能
の地図を作成することを１つのゴールとしているため，「脳機能マッピング」
研究とよばれることがある。

5. 脳の解剖学的構造

　町内のどこに，どんな店があるのかをまとめた地図を作成するとしよう。正
確な地図を作りたければ，店の情報だけでなく，その店がある場所を正確に表
現することが必要である。店の場所を表現するには，住所や緯度・経度を利用
するのがいいだろう。脳機能マッピングでも同様に，なんらかの情報を用いて，
各脳領域の場所をできるだけ正確に表現しなくてはならない。

　脳領域の場所を表現する方法にはさまざまなものがあるが，最も広く使われ
ているのが，脳の解剖学的名称を用いた方法である。大脳皮質が，大きく，前
頭葉・側頭葉・頭頂葉・後頭葉の４つの領域に分けられることを知っている
人も多いだろう（図序 -2）。さらに，脳の灰白質・白質には，扁桃体・島皮質
など，個別に名前がついている領域も多い。これらの名称を使えば，脳の場所
をある程度は表現できそうである。

　しかし，実際には，これだけでは十分ではない。たとえば，島皮質は，場所
により働きが異なることが明らかにされている。このため，脳領域をさらに細
かく表現する必要がある。このとき登場するのが，「上－中－下」「右－両側
－左」「前－後」「吻側－尾側」「内側－外側」「腹側－背側」といった接頭辞で
ある。各脳領域の名称に接頭辞を付けることで，脳領域の中でも，特にどの部
分をさしているのかを指定することができる。たとえば，右背外側前頭前野と

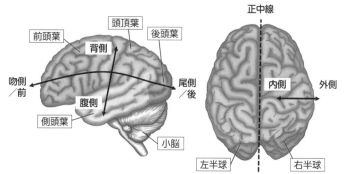

（資料：http://sites.sinauer.com/animalcommunication2e/chapter08.07.html より）

図序 -2　大脳皮質の領域名と接頭辞の意味

左図は，脳を左側面から，右図は脳を上から眺めた図。

いえば，右半球の前頭前野とよばれる脳領域の中でも，特に，背側かつ外側寄りの部分をさしていることがわかる。

　接頭辞を用いた表現法は，直感的でわかりやすくはあるが，厳密性に欠けるきらいがある。実際に，2 本の異なる論文で同じ名称でよばれている領域が，オーバーラップすらしていない違う場所のことだったということもままある。このような混乱を避けるため，脳領域の位置を，座標で数値的に表現する方法も広く用いられている。

6.　薬剤の作用

　脳の働きには，「神経伝達物質」とよばれる物質をはじめとした，さまざまな化学物質が関与している。精神疾患の薬物療法では，これら化学物質の作用を薬剤により調整することで，症状を軽減させる。脳に薬剤が作用するメカニズムにはさまざまなものがある。ここでは，その代表として，「再取り込み」とよばれるプロセスを調節する薬剤の機能を説明する。

　再取り込みについて説明する前に，まず，「神経伝達」について説明しておく必要がある。脳が活動し，神経細胞同士の間で電気活動が手渡されるプロセ

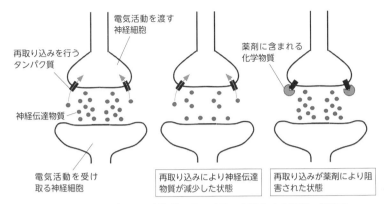

神経伝達物質

再取り込みを行う
タンパク質

電気活動を渡す
神経細胞

薬剤に含まれる
化学物質

電気活動を受け
取る神経細胞

再取り込みにより神経伝達物質が減少した状態

再取り込みが薬剤により阻害された状態

図序 -3　薬剤が神経伝達物質の再取り込みを阻害する過程の概略図

スを，神経伝達と呼ぶ。神経細胞同士はぴったりくっついているわけではなく，間にわずかな隙間がある。神経伝達の際には，この隙間に，神経伝達物質とよばれる化学物質が放出される。いったん放出された神経伝達物質は，神経細胞に回収されて，再利用される。この神経伝達物質を回収するプロセスが再取り込みである。

　ADHD では，数多くの神経伝達物質のうち，特にドパミンとよばれる神経伝達物質が脳内で不足している。ただでさえドパミンが不足している状態で，ドパミンの再取り込みが行われると，神経伝達に利用できるドパミンが枯渇し，脳が正常に機能しなくなってしまう。いくつかの ADHD 治療薬に含まれるメチルフェニデートとよばれる化学物質は，ドパミンの再取り込みを邪魔する（阻害する）働きがある（図序 -3）。このため，メチルフェニデートを含んだ薬剤を服用することで，脳が神経伝達に利用できるドパミンの量が回復し，ADHD 症状が軽減される。この例のように，発達障害の治療に利用される薬剤は，神経伝達の過程に働きかけて，脳の機能を調整するものが多い。

　先述したように，脳科学で得られた知見を踏まえて，ASD・ADHD の病態・病因解明が飛躍的に進展したほか，新たな治療薬や治療に役立つ情報技術の開発も進んでいる。ここで説明したことを踏まえ，続く章では，関連する内容についてより詳しく見ていこう。

第7章

ASD・ADHDの
脳科学：脳の特徴

← 第3部 序説　　　　　第8章 →

1. はじめに

　自閉スペクトラム症（Autism Spectrum Disorder：ASD）では，①社会的コミュニケーションの障害，②常同的・反復的な行動様式などの症状が，精神機能の非定型発達として2〜3歳から出現する。注意欠如・多動症（Attention-Deficit/Hyperactivity Disorder：ADHD）では，注意力や，多動性－衝動性の問題が12歳以前に現れ，その状態が持続する。注意力の問題と，多動性－衝動性の問題の両方が現れる場合もあれば，その一方のみが現れる場合もある。これらの精神機能において，定型発達とは異なる非定型発達の背景には，脳の非定型発達があると考えられている（Redcay & Courchesne, 2005）。

　1990年代以降に数ミリ単位で脳の解剖学的構造・活動部位を画像化できる核磁気共鳴画像法（Magnetic Resonance Imaging：MRI）が普及した。さらに，コンピュータ技術の飛躍的な進歩とともにMRIで撮影（撮像）した脳画像から，脳の各部位の体積を測定できる Voxel Based Morphometry（VBM）などの画像解析が発展したことで，近年は脳の非定型発達やその遺伝的背景について，国内外で研究報告が蓄積されてきた（Yamsue et al., 2005 ; Kosaka et al., 2010）。さまざまな精神活動を行っているときの脳血流変化

を計測する機能的 MRI（fMRI）も数多く行われ，認知的処理・対人情報処理の際や，感情を抱いているときなど，さまざまな条件下での脳活動について数多くの報告がなされている。本章では，ASD・ADHD における脳機能・構造の非定型性について，最近の科学的知見を中心に概観する。

2. ASD の脳の特徴

(1) メタ解析の結果

　メタ解析とは，それまでに発表された個々の研究結果を網羅的に統合して解析する分析手法である。わかりやすく言えば，世界中の多くの施設で得られた研究結果に共通する，信頼性が高い結果を抽出する解析手法である。メタ解析時点までに報告された研究論文を解析するため，最新のメタ解析の結果が，最も多くの研究成果に基づく信頼性が高い結果を報告していることになる。そこでまず，最近のメタ解析の結果をもとに，ASD の脳の特徴を概観する。

1）脳形態の特徴

　ASD 者と年齢・知能などをマッチング（一致）させた定型発達者との脳体積の比較を行う研究が多数行われている。ASD で体積の非定型性が認められたおもな領域とその機能を表 7-1，図 7-1 にまとめた。表情認知などに関連する扁桃体，顔の認知・視線処理などに関連する紡錘状回（ぼうすいじょうかい），ヒトミラー（ニューロン）システムの構成要素として模倣・共感に関連すると考えられている下前頭回・上側頭溝，他者の意図や感情の理解に関与する内側前頭前野など，対人的情報処理の基盤を成す脳部位についての報告が多い。また，行動や運動の調整を行い，認知機能への関与も指摘されている小脳の体積についても報告が多い。

　しかしながら，ASD において，各脳領域の体積が，定型発達よりも大きいか小さいかに関しては，研究間で結果に不一致が認められる。そこで，ASD における VBM 研究のメタ解析論文のうち，本稿執筆時点（2020 年）で最新のメタ解析（Lukito et al., 2020）の結果について紹介する。

ルキト（Lukito, S.）らは，すでに公表されている ASD 者を対象とした VBM 研究を網羅的に調査し，48 編の論文をもとにしたメタ解析を行った。メタ解析では，2〜59 歳を対象にして，ASD 者 1,445 名の脳体積データと，定型発達者 1,477 名の脳体積データの比較を行った。

表 7-1　ASD・ADHD についての脳画像研究で報告の多い脳部位

脳部位	おもな機能
ASD についての脳画像研究で報告の多い部位	
扁桃体	感情表出や表情認知などに関連
下前頭回（を含むミラーシステム）	発話や対人模倣や共感に関連
内側前頭前野，前部帯状回，帯状皮質	他者の意図や感情の理解に関連
紡錘状回（ぼうすいじょうかい）	顔の認知や視線処理などに関連
島皮質	内臓感覚の知覚や共感などに関連
楔前部（けつ）	他者の意図や他者との関係性の理解などに関連
小脳	行動や運動の調整を行い認知機能にも関連
上側頭回／溝	他者の視線や意図の理解などに関連
ADHD についての脳画像研究で報告の多い部位	
背外側前頭前野	情報の保持と操作や計画性などに関連
中心前回・補足運動野	運動の制御などに関連
大脳基底核（尾状核，被殻，線条体）	計画的な行動や行動の抑制などに関連
中〜後部帯状回，帯状皮質	注意機能などに関連
小脳	行動や運動の調整を行い認知機能にも関連

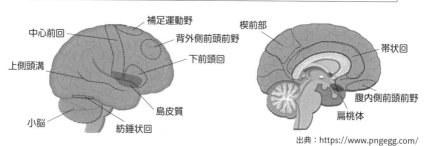

出典：https://www.pngegg.com/en/png-malgl

図 7-1　おもな脳部位

解析の結果，定型発達者に比べ，ASD 者で脳灰白質の体積が小さい脳領域には，両側（左右）前部帯状回から内側前頭前野にかけての領域，左小脳，右海馬から紡錘状回にかけての領域，視床の背内側部が含まれていた。反対に，ASD 者のほうが定型発達者に比べて，脳灰白質体積が大きい脳領域として，左前部側頭皮質から後部島皮質にかけての領域，後部帯状回から楔前部にかけての領域，右上前頭回から中前頭回にかけての領域（背外側前頭前野を含む）を報告している。

2）脳機能の特徴

　ASD に関連する脳機能の特徴を，fMRI を用いて検討した研究も数多く報告されており，10 編以上の論文において，メタ解析がすでに発表されている。基本的な社会的情報処理の課題（感情認知，顔・声・表情・他者の身体運動の処理）を遂行中の，脳活動を検討した 33 編の論文の結果を統合したメタ解析では，上側頭回／溝・下前頭回・紡錘状回などの脳機能の非定型性が，ASD の症状に関係している可能性が示唆された。また，他者の信頼性・友好性について判断を求める課題や，他者との社会的やりとりを含むゲーム課題（信頼ゲームなど）といった，より複雑な社会的情報処理課題を遂行中の脳機能を検討した 15 編の論文についてのメタ解析では，上側頭回・下前頭回・頭頂葉下部などの領域における機能の非定型性が示された（Philip et al., 2012）。

　安静時における，複数の脳領域間での脳活動の連動性を反映する脳機能結合性についてのメタ解析も報告されている。あるメタ解析研究では，10 編の論文で報告された ADHD 者 264 名と，定型発達者 237 名における脳機能結合性を，ASD 者の脳機能結合性と比較した。その結果，ASD 者では，ADHD 者と定型発達者に比べて，後部帯状回と内側前頭前野の機能結合性の低下が認められることが示された。この結果は，機能結合性低下が，ASD の脳機能の非定型性に関与していることを示唆している（Lau et al., 2020）。

（2）ASD における脳形態の非定型性の発達過程

　前述したように，ASD の脳形態に関する研究では，研究結果が十分には一

致していない。このような，研究結果の一貫性の乏しさについては，時間軸を加えて考慮することにより解決する可能性が指摘されている。すなわち，発達するにつれて，定型発達者と ASD 者との間に観察される脳形態の差異も変化するという理解が広い支持を得てきている。

　定型発達において，脳体積は時間とともに曲線を描いて増減する（Lenroot et al., 2007）。定型発達における脳発達曲線を基準として，ASD での脳体積の相対的な変化（発達パターン）を時系列で描いたのが図 7-2 である（Redcay et al., 2005）。この図によれば，ASD 児では生後 1 〜 2 年の間に，定型発達児に比べ，脳体積が急激に増大する。しかし，その後，緩やかに定型発達児のレベルに近づいていき，成人すると定型発達者と差がなくなっていく。こうした年齢による脳形態特徴の差の増減が，ASD と定型発達との比較を困難にしていると考えられている。

　近年，アメリカからは多施設共同研究により ASD の脳形態特徴発達の時間経過が明らかにされつつある。以下に紹介する研究では，兄または姉が ASD と診断されている新生児 106 名（うち 15 名が 2 歳時に ASD と診断された）と，

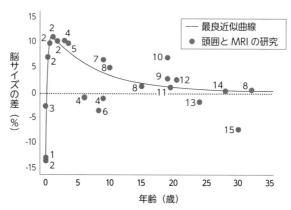

図 7-2　ASD の非定型神経発達（Redcay & Courchesne, 2005 より一部改変して転載）

横軸に年齢，縦軸に脳の大きさが表されている。定型発達の脳の大きさの平均を 0（破線）としたときの，すでに発表された 15 編の報告における自閉スペクトラム症の脳の相対的な大きさ（点）とその変化（線）を示している。

ASDである兄妹や両親がいない新生児42名を対象として，6か月・12か月・24か月の時点で収集した臨床的評価データとMRIデータを解析している。

　その結果，24か月時点でASDと診断された子どもでは，そうでない子どもに比べ，診断確定が可能になる時期より前の，6〜12か月の間における脳表面積拡大と，12〜24か月の間における脳体積増大がより顕著だった。さらに，12〜24か月の脳体積増大が顕著な子どもほどASDが出現しやすく，ASD症状も重篤であった。また，6〜12か月の間の脳表面積増大の情報を用いた深層学習により，高精度で24か月時点のASD出現を予測することができている（Hazlett et al., 2017）。

(3) ASDにおける脳形態の非定型性の成因

　上述したような，定型発達との比較から示されたASDにおける脳形態特徴の成因（特徴が生じる原因）は明らかでない。定型発達成人においては，脳灰白質体積の個人差の8割以上が遺伝的に規定されていると報告されている。このため，ASDの脳形態特徴も，少なくともその一部はASDの遺伝要因により規定されている可能性がある。その一方で，胎生期から幼年期の間に曝露した環境要因を反映している部分も少なからず存在しているはずである。

1）遺伝要因の影響

　ある特徴における遺伝の影響を評価するためには，一卵性双生児などを対象とした双生児研究が有用である。一卵性双生児は，ほぼ100%遺伝的背景を共有している。このため，一卵性双生児で異なる特徴があれば，それは環境要因の影響を反映している可能性が高く，同じ特徴は遺伝要因を反映している可能性が高い。

　筆者らは，定型発達者82名と，ASDと診断された一卵性双生児一致例の脳形態を，VBMにより定量的に比較した（Yamasue et al., 2005）。双生児は，ASDの診断が一致していた（双生児が二人ともASDの診断を受けていた）。その一方で，うつ病の併発は，分娩の際，産科的な問題がより重度であった一方の双生児でのみ認められ，双生児間では不一致だった（双生児のうち，一方

のみがうつ病を併発していた）。

　VBM の結果，定型発達者と比べて，ASD と診断された双生児 2 名では，左上側頭溝・左紡錘状回・右前頭前野および右扁桃体の灰白質体積が減少していた（図 7-3）。さらに，それぞれの双生児を別個に定型発達者と比較すると，左上側頭溝・左紡錘状回・右前頭前野の灰白質体積減少が双生児 2 名で一致して認められた。その一方で，右扁桃体の灰白質体積減少は，うつ病を併発した双生児でのみ認められた。図 7-3 の左上に示した灰白質体積の散布図からは，左上側頭溝・左紡錘状回・右前頭前野の体積が，ASD（双生児）2 名と定型発達者との間で異なる一方，双生児同士では類似していることがわかる。これに対し，右扁桃体の体積には，双生児間で相違が認められる。

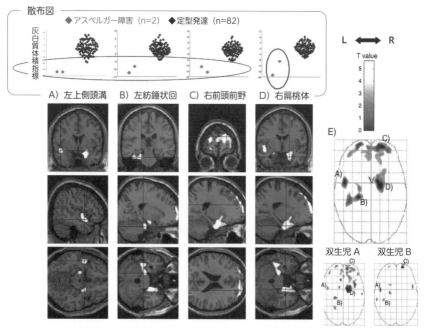

図 7-3　アスペルガー障害と遺伝的な脳形態異常（Yamasue et al., 2005 より一部改変して転載）
定型発達 82 名と比較して，一卵性双生児の ASD（アスペルガー障害）一致例 2 名に共通して，上側頭溝・紡錘状回・前頭前野の体積減少が認められ，これらの領域の体積減少が遺伝的原因により生じていることが示唆された。一方で，扁桃体体積減少はうつ病を合併した双生児のみ認められた。

前頭前野・上側頭溝・紡錘状回などの脳部位は，心の理論や対人関係能力の脳基盤として，再三 ASD の症状との関連性が指摘されているのに加え，ASD において，脳形態の非定型性が繰り返し報告されている部位である。以上から，双生児の VBM 解析の結果は，これらの先行研究の結果を再現しているのみならず，先行研究で得られた知見に遺伝要因が関与していることを示唆していると考えられる。この見解は，アメリカの別のグループから報告されている，ASD の大脳皮質体積減少には遺伝要因の関与が強いという研究結果とも一致している（Rojas et al., 2004）。

本研究の結果から，右扁桃体の灰白質体積減少は，ASD よりもうつ病との関連が強いことが示唆された。この知見は，うつ病患者における扁桃体体積減少の報告と一致している。さらに，動物実験の結果から，ASD で認められる扁桃体病変が，ASD に高率に合併する気分障害や不安障害に関連していると結論づけた海外の研究グループの結果とも一致している。なお，上述のようにうつ病を併発した双生児では，分娩の際の産科的な問題が重篤であった。このため，早期の環境要因の違いが，脳形態に関与している可能性がある。

2）非遺伝的環境要因の影響

筆者らは，ASD のリスクを高める非遺伝的環境要因とされる両親の高齢化と，ASD に特徴的な脳形態特徴の関係を検討した。知的な遅れがない高機能 ASD 男性 39 名と，年齢・知的レベル・両親の社会経済状況をマッチングした定型発達男性 39 名を対象に，MR スキャナーを用いて撮像した 3 次元高解像度の脳形態画像を用い，VBM に加えて，大脳皮質の表面積を解析する surface-based morphometry（SBM），白質の神経線維（神経細胞の軸索）の微細構造を解析する Tract-Based Spatial Statistics（TBSS）による脳形態解析を行った。

まず，VBM において，ASD 者では両側後部帯状皮質と楔前部において，定型発達者に比較して，灰白質体積減少が明らかになった。さらに，この体積減少が，何によって生じているのかを検討するために SBM を行うと，ASD 者では，右半球の腹側後部帯状皮質が薄いこと，両側楔前部の表面積が小さいことが示された。そして ASD 者では，右腹側後部帯状皮質が薄いほど，出生時

の父親年齢が高いという相関関係を認めた。右腹側後部帯状皮質の厚さは出生時の母親の年齢とは相関せず，統計解析で母親の年齢の影響を取り除いても，右腹側後部帯状皮質の厚さと出生時の父親年齢の相関関係は変わらなかった（Kojima et al., 2018）。

　一方で，神経線維の走行を画像化した拡散テンソル画像をもとに，TBSS を用いて，脳の微細な形態の特徴を解析すると，脳の前後をつなぐ神経線維や，脳の左右をつなぐ神経線維を含む広範な領域において，ASD 者では，定型発達者に比べ，神経線維の密度を反映する指標（平均拡散係数，放射拡散係数）が有意に上昇していた。

　ASD 者と定型発達者で差を認めた脳部位における平均拡散係数の上昇は，出生時の父親年齢・母親年齢，および，両親の年齢の合計が高いほど顕著になるという相関関係がみられた。同様に放射拡散係数も，出生時の父親年齢，および，両親の年齢の合計と相関を示したが，母親年齢と放射拡散係数の間には相関は認められなかった。さらに，出生時の母親年齢の効果を除去しても，平均拡散係数・放射拡散係数の双方が，出生時の父親年齢と関連していた。

　したがって，白質の微細な形態の特徴が，出生時の父親年齢と関連すること

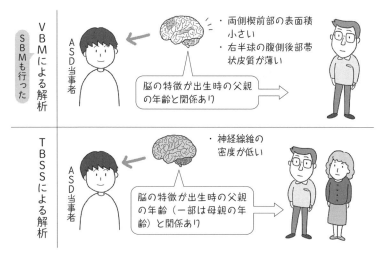

ASD のリスクを高める非遺伝的環境要因と脳形態特徴

が示された（Yassin et al., 2019）。これらの結果は，ASD の脳形態特徴の形成には，父親の高齢化などの非遺伝的環境要因が関与している可能性を示したものである。

(4) ASD における対人相互反応の障害とオキシトシン

1) ASD における対人相互反応障害の脳神経基盤

大規模な双生児研究の結果から，ASD の臨床的 2 主徴（社会的コミュニケーション問題・こだわり）は，共通の遺伝要因により生じているのではなく，それぞれの症状が別々の遺伝要因により規定されている可能性が高いと指摘されている（Happe et al., 2006）。したがって，脳画像研究でも，2 主徴それぞれが，別個の脳画像所見と関連している可能性を検証する方法に病態解明の期待がもてることになる。

ASD の 2 主徴の中では，社会性や対人相互反応障害の背景をなす脳神経基盤についての研究が最も多い。定型発達者を対象とした VBM 研究では，対人相互反応の個人差が，脳形態レベルで規定されることが示唆されている（Yamasue et al., 2008）。すなわち，定型発達者内でも，対人模倣・共感性の成立に重要とされるヒトミラーシステム（下前頭回後部など）の灰白質体積が大きい人ほど，協調性が高いという結果が示された。さらに，脳全体の灰白質体積が大きい人ほど協調性が高いという，弱いが統計的に有意な相関が見いだされた。これらの相関は，女性のみで認められた。さらに，女性は男性よりも協調性が高く，総灰白質体積やミラーシステムの体積も，男性に比べ，女性のほうが大きいことが示された。

これらの結果は，ASD における脳の過度な男性化が社会的相互作用の障害をもたらすという，いわゆる「自閉症脳超男性化仮説（Extreme Male Brain Theory of Autism）」を支持している（Baron-Cohen, 2002）。たとえばオキシトシンや女性ホルモンのような，女性でより強く作用する要因が，これらの脳部位を女性でより大きく発達させ，女性の高い協調性を形成していると考えられる。

筆者らは，定型発達者内での協調性の性差と関連するヒトミラーシステムの形態と，ASD の社会性障害との関連性を検討した（Yamasaki et al., 2010）。定型発達の成人男性 11 名と ASD と診断された成人男性 14 名の下前頭回後部・前部の体積を測定した結果，ASD 群では両側の下前頭回前部・後部の体積が有意に小さいことを見いだした。両群に頭蓋内容積・全脳体積の差は認められなかった。さらに，右半球の下前頭回後部の体積が小さいほど，臨床的に評価された社会的コミュニケーションの障害が重篤であることを示した。

　これらの結果から，下前頭回後部の体積が，定型発達者の中でも，女性に比べ男性で小さく（定型発達：女性＞男性），ASD 男性では定型発達の男性よりも小さい（定型発達の男性＞ ASD）ことが明らかになった。さらにこの部位

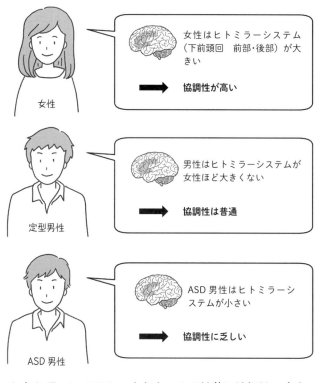

女性

女性はヒトミラーシステム（下前頭回　前部・後部）が大きい

協調性が高い

定型男性

男性はヒトミラーシステムが女性ほど大きくない

協調性は普通

ASD 男性

ASD 男性はヒトミラーシステムが小さい

協調性に乏しい

ヒトミラーシステムの大きさでみる性差と協調性の度合い

の体積減少が，協調性の低さや社会的コミュニケーション障害の重症度と関連していることが示唆された。したがって，女性でより強く作用する要因の作用により，下前頭回後部をはじめとした脳部位が，女性で男性より大きく発達することが，女性の高い協調性を生み出すだけでなく，男性に比べ女性でASDが少ない原因にもなっている可能性があると考えられた。

2）オキシトシン関連遺伝子の個人差と脳形態

前述の研究結果に基づき，筆者らは，性差・社会性・ASDのいずれにも関わる要因の1つとしてオキシトシンに着目し，オキシトシン受容体遺伝子の個人差に注目して研究を進めることを考えた（Yamasue et al., 2009）。

そこで，ASDとの関連が報告されていたオキシトシン受容体遺伝子の個人差と，MRIで測定した扁桃体・海馬の体積との関係を日本人の定型発達成人208名において検討した（Inoue et al., 2010）。その結果，ASD者に多く認められるタイプのオキシトシン受容体遺伝子を多くもつ人ほど，扁桃体の体積が大きいことを見いだした。

ASD者の扁桃体体積が定型発達に比べて大きいことは，以前から報告されていた。また，実験動物における検討結果から，オキシトシン受容体が最も多く分布する脳部位の1つが扁桃体であることが知られていた。さらに，オキシトシンは他者の感情理解の促進や，他者との信頼関係形成において重要な役割をもち，この際に扁桃体の働きが関与することが示されていた。さらに，最近ではオキシトシン投与がASDの対人コミュニケーション障害にも改善効果を示す可能性が示されている。これらを踏まえると，この研究結果は，遺伝子・オキシトシンが，扁桃体をはじめとした脳部位の発達に影響を与えることで，対人行動やその障害に関与する可能性を示唆していると考えられた。

さらに，自己記入式質問紙を用いて，定型発達の範囲のASD傾向の強さを評価することで，定型発達者内のASD的な社会行動パターンの特徴が強い男性ほど，右島皮質の灰白質体積が小さいことを示した。さらに，ASD者に多く認められるタイプのオキシトシン受容体遺伝子を有する定型発達男性は同部位の灰白質体積が小さいことを示した（Saito et al., 2013）。この遺伝子はASDとの関連が繰り返し報告され，定型発達者内で扁桃体体積や内側前頭前

野体積とも関連していることが見いだされていた。

　これらの研究成果から，社会性の障害やその脳基盤が，オキシトシン関連分子の遺伝子により規定されると考えられる。したがって，オキシトシンの投与により ASD の社会性障害やその背後にある脳基盤に変化が期待されると考えられた（Yamasue et al., 2009；Yamasue et al., 2012）。

（5）脳画像解析の ASD 臨床への応用

1）ASD 児の将来の発達を予測するマーカーとしての脳画像解析の応用

　2015 年にロンバード（Lombardo, M, V.）らは，ASD と診断された幼児60 名，言語などの発達が遅れているが ASD でない幼児 19 名，一般的な発達をしている幼児 24 名を対象に，脳機能画像解析による発達の予測の研究を行った（Lombardo et al., 2015）。研究開始時の 1 〜 4 歳の時点で，本人の診察や保護者からの情報に基づいて，言語や精神発達の程度を複数の指標によって評価したうえで fMRI 画像を撮影し，音や声に対する脳活動を解析した。さらに，その半年後と 1 年後に，同じ子どもたちの言語・精神の発達を縦断的に評価した。ASD と診断された幼児 60 名を，後の言語発達が乏しかった24 名と，比較的言語発達が良好だった 36 名のグループに分け，研究開始時に収集した脳機能データによる言語発達の予測を試みた。

　その結果，後の言語発達が乏しかった ASD 児では，他の 3 つのグループ（言語発達が良好な ASD 児，言語発達が遅れているが ASD ではない幼児，定型発達児）と比べて，研究開始時において，声に対する上側頭皮質などの領域の脳活動が弱いことが示された。また，この脳活動の弱さが，診察・観察などの臨床評価で認められた言語・コミュニケーション能力の発達度合いと関連していた。さらに，ASD 児内における，言語発達の良好／不良に関する感度（障害がある群で検査も陽性になる率）と特異度（障害がない群で検査も陰性になる率）を計算することで，研究開始時に収集したデータに基づき，その後の発達を予測する性能を検討すると，研究開始時の診察・観察で臨床的に評価した情報（感度 79%，特異度 61%）や脳活動（感度 71%，特異度 67%）の情報

単独で，ASD 児の幼児期の言語発達を予見できることが示された。さらに，この予測能は，診察・観察から得られた情報と，脳活動の情報を組み合わせた場合に，最も高くなることを報告している（感度 88%，特異度 75%）。

　この研究の評価すべき点は，合計 100 名を超える幼児を対象に，fMRI 画像を含めたデータを縦断的に検討している点，精緻で先進的な統計解析法を用いている点，それによってベースライン（研究開始時）の脳機能解析結果と，臨床的な診断・観察から得られる情報の組み合わせが，ASD の発達予測に有用だと示した点などがあげられる。

　しかし，研究成果の実用性という点では解釈に注意が必要である。診察・観察から得られた情報による予後の予測能と，脳活動による予測能はほぼ同等で，両者を組み合わせることによって予測能が飛躍的に向上したわけでもない。一方で，幼児に fMRI 画像を撮影し解析することは相当の労力やスキルを要する。そのため，実用に向けて多くの課題が残されており，現時点では臨床的な診察・観察方法の改善により，予後の予測能を高めるほうが現実的であると考えられる。

2) 脳画像解析の治療薬開発への応用

　ASD 症状に対する有効な治療方法は確立されていない。近年，ハタネズミなどの実験動物において，オキシトシンが，愛着・友好関係の形成に重要な役割を示すことが明らかにされてきた。また，ヒトでも，オキシトシン投与により，表情・顔認知の改善，仲間集団内での信頼関係促進がみられることが，メタ解析レベルで示された（van Ijzendoorn & Bakermans-Kranenburg, 2012）。さらに，ASD においても，オキシトシン投与により，朗読する際の感情理解や目もとから感情を推し量る能力の改善，協調行動の促進が認められるという報告が続いた（Yamasue et al., 2012）。こうした知見から，ASD 症状に対する初の治療薬として，オキシトシン経鼻剤の可能性に関心が集まってきている。

　筆者らは，オキシトシン投与による ASD 症状改善効果を検証するため，臨床試験を行った。臨床試験を開始するにあたり，まず，オキシトシンが，実験動物や言語獲得前の乳幼児期の子どもと母親の関係形成にも重要な役割を果た

し，表情認知や仲間集団内の信頼性を促進することを報告した先行文献を参考にした。その結果に基づき，オキシトシンが，非言語的コミュニケーション情報（表情・声色など）を活用する能力や，他者の友好性を判断する能力を促進すると予測した。そこで，他者の友好性を判断する際に，非言語情報（表情・声色など）と，言語情報（相手の発した言葉の内容）のどちらをより重視するかを検討する心理課題を作成した。定型発達者がこの課題を行うと，言語－非言語情報が不一致のとき，たとえば，言語情報は友好的（好意的）だが，非言語情報は非友好的な態度を示している場合には，非言語情報を重視して相手の友好性を判断しやすく，その際に内側前頭前野を中心とした，他者の感情の理解に関与する脳領域が活性化された。一方で，この課題をASD者が行うと，定型発達者に比べて非言語情報を重視して友好性を判断することが有意に少なく，その際の内側前頭前野等の領域における活動が，定型発達者に比べ，減弱していた。そして，内側前頭前野の活動が減弱しているほど，臨床的に評価したコミュニケーション障害の重症度が重いという相関が認められた（Watanabe et al., 2013）。

　そこでさらに，成人のASD者40名を対象に，上述した社会的コミュニケーション障害を反映する指標が，オキシトシン単回投与によって改善するかについて，二重盲検法という方法で検討した。二重盲検法は，検査担当者も被験者も服薬内容がオキシトシンか偽薬かをわからない状態で臨床試験を行う，薬剤投与の効果検証のための最も客観的で科学的な方法である（第8章，p.168も参照）。

　その結果，オキシトシン投与によって，表情や声色を活用して相手の友好性を判断する行動がASD者においても増加し，内側前頭前野の活動が回復し，これら行動と脳活動の改善度が相関していた（Watanabe et al., 2014）。また，MRIで内側前頭前野の生化学的情報を計測すると，この脳領域における脳活動の増大が顕著なASD者ほど，脳組織の量や，脳の活動状況を反映する代謝物質が上昇しているという有意な相関が見いだされた（Aoki, Watanabe et al., 2015）。また，ASDで低下している他者の感情の類推能力とその背景をなす右島皮質の活動も，オキシトシン投与によって有意に改善することが示された（Aoki, Yamasue et al., 2015）。

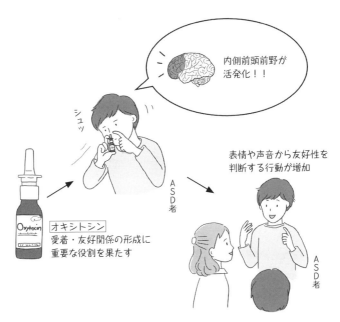

内側前頭前野が
活発化！！

シュッ

ASD者

表情や声音から友好性を
判断する行動が増加

オキシトシン
愛着・友好関係の形成に
重要な役割を果たす

Oxytocin

ASD者

脳画像解析が治療薬開発に応用されている

3. ADHDの脳の特徴

(1) ADHDの脳形態の特徴

ADHDについても多くのVBMの研究が実施され（Sasayama et al., 2010），すでに2011年の段階でADHDにおけるVBM研究のメタ解析の研究が報告されている（Nakao et al., 2011）。ASDの節で紹介したルキトら（Lukito et al., 2020）による最新のメタ解析では，ADHDについても系統的レビューを行っている。この研究では，38編の論文をメタ解析の対象とし，ADHD者1,533名のデータと定型発達者1,295名のデータを比較した。これらの対象の年齢幅は，6～65歳で，男性／男児が68%程度を占めている。

解析の結果，ADHD者のほうが，脳灰白質体積が小さい部位として，両側

前部帯状回から内側前頭前野・尾状核にかけての領域，右被殻・後部島皮質から上側頭回にかけての領域，左中心前回・右外側前頭前野・左外側前頭前野および上側頭回から側頭極にかけての領域が見いだされた。一方で，定型発達者に比べ，ADHD 者で，より脳灰白質体積が大きい領域はなかったとしている。ADHD 者における VBM 研究についてのメタ解析の中でも最も一貫している知見が，ADHD 者における，尾状核や被殻といった線条体体積の減少で（Lukito et al., 2020；Nakao et al., 2011），これについては加齢や治療薬投与により，体積減少所見が認められなくなっていくこともメタ解析で示されている（Nakao et al., 2011）（表 7-1 参照）。

（2）ADHD の脳機能の特徴

　ADHD の脳障害についての脳機能画像研究もさかんになってきている。一部，PET（陽電子放射断層撮影）研究も行われているが（Yokokura et al., 2020），特に fMRI 研究が数多く実施されており，課題ごとの脳活動のメタ解析，あるいはさまざまな課題を用いて得られた結果を統合した課題横断的なメタ解析が複数報告されている。

　衝動性が高く，行動の抑制が困難な ADHD は，お手つき反応の抑制を苦手としている（お手つきをしやすい）。お手つきなどの問題を検討できるタイミング課題遂行中の脳活動を計測した 11 研究を統合し，ADHD 者 150 名と定型発達者 145 名のデータを対象としたメタ解析では，先行研究から，タイミング調節機能への関与がよく知られていた左下前頭野から島皮質にかけての領域と小脳の活性が，ADHD で低下していることが報告されている（Hart et al., 2012）。

　一方で抑制困難には，21 編の論文の ADHD 者 287 名と定型発達者 320 名を対象に，右下前頭皮質・補足運動野・前部帯状皮質および線条体から視床にかけての領域の活性低下が関与することが示されている。さらに，このうち補足運動野と線条体の活性低下は，子どもでのみ認められることが示されている。一方で下前頭皮質や視床の活性低下は，成人でのみ認められるとしている。

　また，右背外側前頭前野・後部基底核・視床・頭頂葉領域などの活性低下が，

不注意症状に関与していることが示されている。このうち基底核の活性低下は神経を刺激する薬剤による長期的治療で改善する傾向があることも示されている（Hart et al., 2013）。

ADHDの衝動性と関連した，報酬を予測して期待している際の脳活動に関しては，8編の論文の定型発達者193名とADHD者147名のデータにおいて，線条体領域の活性低下が認められると報告されている（Plichta et al., 2014）。

こうした精神機能領域ごとのメタ解析に加えて，複数領域を網羅的に検討したメタ解析も報告されている。この中で最新のものは，脳形態の特徴（p.161～162）の項で引用したルキトら（Lukito et al., 2020）の論文である。この論文は，ADHDにおいて，背外側前頭前野を含む外側前頭前皮質や線条体・中心前回の機能低下がみられることを報告している。

まとめ

ASDにおける内側前頭前野，ADHDにおける線条体・背外側前頭前野などの脳領域は，脳機能画像でも形態画像でも比較的一貫して病態への関与が報告されている。一方で，個々の研究では結果のバラツキが大きい。この原因として，被験者の年齢層や治療状況などのバラツキが指摘されている。また，発達障害の診断は，症状の組み合わせとその時間経過から定義されている。このため，そもそも発達障害は，さまざまな原因により生じる複数の疾患の集合であることが，バラツキの原因となっている可能性が考えられる。

ADHDでは，加齢や市販の治療薬による不注意，多動性－衝動性といった症状の改善と関連して，脳機能／形態的所見も軽減していくことがメタ解析レベルでも着実に示されている。これに対してASDでは，未承認の薬剤によるASD症状とその脳基盤の改善についての研究段階での報告以外は，そうした知見が乏しい。

脳画像研究の確実な貢献としては，発達障害における精神機能の特徴の背景に，脳機能・形態発達の非定型性が存在することを実証し，科学的な基盤で病態研究を行うことを可能にした点があげられる。一方で，診断や治療といった直接的な医療の向上への貢献は乏しく，今後の課題としてその意義が再検討されるべきであると考えられる。

練習問題

◆ 問題1　以下の文章の①〜④に当てはまる語句を，囲み内の語群から選びなさい。

　1990年代以降の技術的発展により，脳形態・機能の計測に，さまざまな画像化技術を用いることができるようになった。脳形態の分析においては，MRI画像をもとに，脳局所の灰白質体積を分析する（　　①　　），大脳皮質の厚みを分析できる（　　②　　）等の分析手法が広く用いられている。また，（　　③　　）をもとにして，白質の微細構造を分析することができる。これらに対し，MRIを用いて，ある課題を遂行中の脳の活動を画像化する手法を（　　④　　）とよぶ。

> SBM, fMRI, PET, VBM, 拡散テンソル画像

◆ 問題2　以下の文章の①〜③に当てはまる語句を，囲み内の語群から選びなさい。

　ASD当事者の脳形態の特徴は，遺伝要因と，非遺伝的環境要因の双方の影響下で生じると考えられている。ASDの脳形態異常の成因となる非遺伝的要因の1つとしては，（　　①　　）があげられる。一方，遺伝要因としては，（　　②　　）受容体遺伝子の関与が研究により明らかにされている。ヒトや実験動物を対象とした研究の結果を総合すると，（　　②　　）は，ASDの病態の中でも，とりわけ（　　③　　）との関わりが深いと予想されるため，（　　②　　）の投与による（　　③　　）の改善効果検証を目的とした臨床試験が実施されている。

> 除草剤, ドパミン, オキシトシン, 母親の年齢,
> 父親の年齢, 社会的相互反応障害, 常同行動

発達障害の人を理解しよう その②

26歳男性のASDの人にインタビューをした。これまでの経緯については，児童期にASD（＋ADHD傾向）の診断を受けた後，小学校と療育に通うことで，基本的な社会的コミュニケーション能力を身につけることができたが，やはり，他人との付き合いは苦手であった。学校の成績は良好で，特に理系が得意であったので，大学では薬学部に進学した後，化学の研究室に所属した。幼い頃から手先が不器用なため，実験が苦手であったが，修士課程を無事修了した。現在は，心療内科で発達障害の治療を受けながら就労支援に通っており，将来は専門性が発揮できる外資系の障害者雇用枠の採用をめざす。

▼ご自身にはどのような発達障害の特徴があると思いますか？

私には，優先順位をつけるのが苦手な特徴があります。学生時代，学校に行く際，なかなかTVゲームを止められなかったり，重要でないことに気を取られたりして遅刻してしまうことがありました。

▼どのような子どもでしたか？　またどのような大人になりましたか？

【幼少期】小学生の頃は，授業中に椅子に座っていられないことが多く，床で寝ていたり廊下を出歩いたりすることがありました。また，座っていても折り紙をして遊んでいて，授業をほとんど聞いていませんでした。

【児童期～青年期（12～22歳）】中学生から高校生の頃はとにかく対人関係のトラブルが多く，同級生とけんかすることもありました。友達の数も少なく，1人で遊ぶことが多かったです。大学に入ってからも基本的には1人で過ごすことが多かったと思います。

【成人期～現在】大人になってからは，チームで作業するうえで必要最低限の会話はできるようになりました。しかし，雑談などで自分の言いたいことを表現するのは今でも苦手です。たとえば，研究室で実験の予定を相談することはできましたが，趣味の話で盛り上がることはありませんでした。

▼子どものときにどのような支援があったらよかったと思いますか？

私の場合，特に理屈のわからないものに興味をもてない傾向が強かったので，学校もしくは施設などでそれぞれの科目について，なぜそれが必要なのか詳しく教えてくれるような支援があれば，座って授業を受けるようなことが可能だったかもしれません。対人関係に関しても，実践的な訓練で教えてくれるような支援があれば，もう少しトラブルを減らすことができたかもしれません。

▼どのような成人対象の支援があるとよいと思いますか？

　支援施設の中だけだとどうしても偏ってしまいがちなので，発達障害をもっている人だけでなく，さまざまな人と交流をして，その中でコミュニケーション能力を訓練できるような場があれば嬉しいです。

　保護者に，本人の子育ての様子や支援などについてインタビューをした。

▼小さい頃，ご本人（ご子息）は他のお子様と比較してどのような点が異なってい

　ましたか？　またどのようなお子様でしたか？

　生後すぐからなかなか寝付かず，10時間以上も眠らないことがありました。いったん泣き出すと何をしても泣き止まず，吐くまで泣いてしまうようなことが毎日で，そのたびに全部洗濯していました。また，言葉が出る時期がとても早く，10か月の頃には「おとうさん」と言いました。

▼初めて診断を受けたきっかけは何でしょうか？　診断を受けた場所，その後の治

　療について教えてください。

　小学校入学後，出席日数の半分くらいは学校に通えず，トラブルも多かったので，担任の先生のすすめで児童相談所に行きました。その後，発達協会王子クリニックに通い，学校でトラブルを起こさないようリタリン® の処方を受けました。

▼子育てにおいて，楽しかったことは何でしょうか？

　とてもユニークな気づきや発言が多い子どもだったので，親も楽しませてもらいました。親に対しては優しく，大きくなってからはいろいろ助けてくれています。

▼子育てにおいて，大変だったことは何でしょうか？

　いろいろなことにこだわりが強く，特に学校で他のお子さんとトラブルが絶えないことが多かったので，大変でした。幼稚園から小学校までは，本当に毎日誰かに謝っている感じでした。中学生になって，本人がトラブルの状況を説明できるようになり，ようやく解決しました。

▼今後どのような支援があるとよいと思いますか？

　発達障害に理解のある職場で働くための就職支援があるとよいです。また本人の能力が発揮できるようになるので，得意な分野を伸ばせる職業に就ける支援があるとよいですね。

第8章

ASD・ADHDの
薬物治療の現状

← 第7章　　　　　第9章 →

1. はじめに

　ASDやADHDの当事者には，薬を服用している人と，服用していない人がいる。また，服用している人の中でも，その人によって服用している薬の種類が異なる。自閉スペクトラム症という名のとおり，ASDの症状や傾向は連続的に分布するスペクトラムであり多様である。また，ADHDにも，不注意，多動性－衝動性などの多様な症状がある。そのため，患者の症状や健康状態によって服用の有無や，服用する薬が異なる。その一方で，ASDの治療薬は未だ開発途上であり，現状では，直接的にASDを治療する治療薬は存在しない。

　日本では，おもに3種類の成分を含む薬がADHD治療薬としてすでに認可されており，2020年現在広く服用されている。最近では，さらにもう1種類の成分を含むものもADHD治療薬として使用され始めている。ASD者には，ADHDを併存している人もおり，ADHD治療薬を服用している人も少なくない。また，精神医学的な症状（うつ，不安，強迫神経症）や，てんかん等，さまざまな症状が併存することも明らかになっており（Baron-Cohen, 2008），精神病に対する薬である抗精神病薬などを服用しているASD者もいる。

　近年では，ASDやADHDを含む発達障害への認知と理解が少しずつ進み，ADHD薬の名前を耳にしたことがある人も増えてきているかもしれない。し

かし，ASD や ADHD の薬物治療に関して，正しく認知されているかどうかは疑問である。ADHD とその治療薬の認知度については，大学生を対象にアンケート調査を行った興味深い研究がある。約 200 名の大学生（おもに心理系の学部の学生）に対して，「ADHD」という言葉を聞いたことはあるか，聞いたことがある場合どこでこの言葉を知ったか，知っている ADHD 治療薬があるか等の質問に対して回答を求めた。その結果，全体の 58％が「ADHD」という言葉を聞いたことがあると回答したが，治療薬について知っている大学生は少なく，約 8 割の学生が知らなかった（後藤ら，2011）。「ASD」や「ADHD」という言葉を，インターネットや書籍等で知る機会は増えているものの，その症状や，治療薬の詳細については，患者やその家族以外は理解が十分ではなく，正しい知識を得る機会が限られているのかもしれない。

　このような現状を踏まえ，本章では，まず ADHD の薬物治療について取り上げる。その後，ASD 治療薬の臨床研究の現状をみていくとともに，薬物治療を補完する療法を紹介する。

2.　治療薬が承認されるまで

　治療薬の安全性が検証され，承認されるまでにはいくつかの過程がある。治療薬は人での安全性を確かめる前に，実験動物を用いた試験において安全性が検証される。その後，第 1 相試験において実際に人に投与し，安全性検証が行われる。通常，第 1 相試験では，健康な成人男性がボランティアとして治験に参加する。

　続いて，第 2 相試験では，患者を対象として，安全性と有効性が，用法や用量の効果を含めて検証される。患者は通常，効果検証の対象である薬を少量から服用開始するグループと，偽薬（プラセボ）を服用するグループに分けられ，2 つのグループ間で薬の効果を比較する。効果検証対象の薬を服用する患者を，用量により複数のグループに分けて治験を実施することで，用量の効果を検証することもある。第 2 相試験では，一般的に二重盲検法（ダブル・ブラインド・テスト：double blind test：DBT）が用いられる。二重盲検法では，

まず
実験動物による検証

クスリ

次に 第1相試験
健康なボランティア成人男性
による治験

次に 第2相試験
患者を対象として，安全性・
有効性・用法・用量の効果を
二重盲検法（DBT）にて治験

本物の薬を服用
するグループ

偽薬（プラセボ）を
服用するグループ

本物の薬　　ニセモノ
の薬

治験に関わる医療
関係者にも偽薬
かどうかはわから
ない

次に 第3相試験
大人数の患者を対象
治療薬の有効性と安全性を
詳細に検証

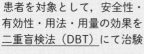

治療薬として承認・販売へ
（その後も検証は継続される）

治療薬承認への道

個々の患者が，効果検証対象である薬と，偽薬のどちらを服用しているのかが，患者自身にも治験に関わる医療関係者にもわからない状態で治験を実施する。患者自身が，自分が服用している薬が偽薬かどうかをあらかじめ知っている場合，そのことが心理的な作用をもたらし，治験結果が変化してしまう可能性がある。また，医療関係者が，患者が服用している薬が何かを知っている場合，患者への接し方や症状評価が，その知識により，影響を受ける可能性がある。このような影響を排除し，薬の効果と安全性を，先入観なく，客観的かつ公平に評価するため，二重盲検法が広く用いられている。

　最後の第3相試験では，大人数の患者を対象に，治療薬の有効性を詳細に検証する。この段階で有効性が確認されると，治療薬として承認される。また，治療薬の販売後も，継続して有効性と安全性が検証（モニタリング）される。治療薬が一般的に使用できるまでに，長期にわたりさまざまな関係者の協力のもと試験が実施される。

3．ADHD の薬物治療

　ADHD の治療では，ADHD 薬が広く使用され，その安全性と効果の検証が行われている。ADHD の診断・治療ガイドラインにおいて，薬物治療は「薬物治療ありきの治療を推奨せず，心理的または社会的治療から患者の治療と支援を行い，これらの治療の効果が不十分であることを確認したうえで，あわせて実施するべきである」と，位置づけられている（齊藤，2016）。薬物治療は効果的な治療法の1つであるといえるが，薬物治療のみで ADHD の治療・支援のすべてをカバーできるわけではない。患者の心理的な治療や社会環境の整備などの支援を行いながら，薬物治療を検討すべきであろう（太田ら，2013；太田，2017）。以上のことを踏まえ，以下では，それぞれの ADHD 薬の効果と副作用について説明する。

　現在（2020年），日本では，コンサータ®（メチルフェニデート塩酸塩），アトモキセチン／ストラテラ®（アトモキセチン塩酸塩），インチュニブ®（グアンファシン塩酸塩），の3種類が ADHD 薬として使用され，2019年にビバ

ンセ®（リスデキサンフェタミンメシル酸塩）が承認されている。

(1) リタリン®，コンサータ®〔メチルフェニデート徐放剤〕（一般名　メチルフェニデート塩酸塩：Methylphenidate）

　メチルフェニデート塩酸塩を成分とするリタリン® は，うつ病・抑うつ症状の改善に有効であることが知られていた。さらに，日中に強い眠気を引き起こす睡眠障害であるナルコレプシーに有効とされたことから承認された。その後，ADHD の多動性を一時的に改善できることから，ADHD 治療薬として使用されるようになった（片瀬ら，2015）。しかし，リタリン® の依存性と乱用の危険性が指摘され，ADHD 治療薬として使用できなくなった。現在では，リタリン® と同じくメチルフェニデート塩酸塩を成分とする徐放剤であるコンサータ® が，ADHD 治療薬として使用されている。徐放剤とは，服用してすぐに効果が現れるが，その後も徐々にメチルフェニデート塩酸塩が体内に放出され，効果が一定期間持続する製剤のことである。そのため，即効性はあるが効果が持続しないリタリン® と比べ，依存性は低いと考えられている。コンサータ® は，2007 年に承認されて以降，アトモキセチン／ストラテラ® と並んで ADHD 薬として広く使用されている。

1）対象者

　コンサータ® の使用対象者は，全年齢の患者であるが，6 歳未満の子どもや高齢者の使用については，安全性や有効性は確立されていない。また，妊娠している女性，その可能性がある女性は服用を推奨されておらず，授乳中の女性は，メチルフェニデート塩酸塩が乳汁に移るという報告があることから，服用中は授乳をしないようにとの注意喚起が行われている（Spigset et al., 2007）。

2）効果，心理・行動の変化

　コンサータ® は，不注意，多動性－衝動性などの ADHD の諸症状の改善に有効である。スタインら（2003）の研究では，ADHD と診断された児童を対

象に，プラセボ，コンサータ®をそれぞれ18mg，36mg，54mg服用したときの効果を検証し，特に不注意症状のある児童において，低容量でADHDの評定スコアが低下することが示された（図8-1）。また，国内での効果検証においても，服用前と服用後4か月経過した時点で比較すると，保護者および学校の担任教師がDSM-IV評価尺度（DSM-IV診断基準の不注意と多動性−衝動性の項目からなる尺度）を用いて評価した児童のADHD症状に改善がみられた（石田ら，2011；図8-2，図8-3）。

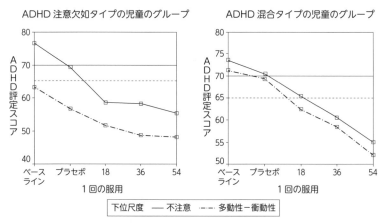

図8-1　プラセボ，コンサータ® 18mg，36mg，54mg服用したときのADHD評定スコア
(Stein, 2003)

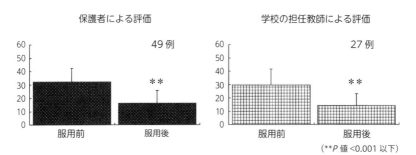

保護者による評価　　　　　　　学校の担任教師による評価

(**P 値 <0.001 以下)

図 8-2　保護者，学校の担任教師によるコンサータ® 服用前後の ADHD 児童の DSM-IV 評価尺度スコア（石田ら，2011）

ADHD 児童の DSM-IV 評価尺度総スコアの平均値の変化。

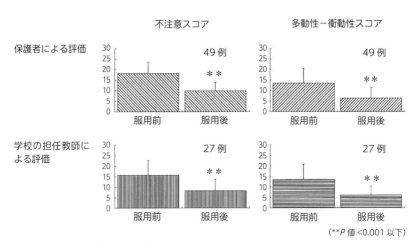

　　　　　　　　　　　不注意スコア　　　　　　　多動性－衝動性スコア

保護者による評価

学校の担任教師による評価

(**P 値 <0.001 以下)

図 8-3　不注意，および多動性－衝動性の項目ごとのスコア（石田ら，2011）

ADHD 児童の DSM-IV 評価尺度下位項目の平均スコアの変化。

3）副作用

　コンサータ® の副作用として，不眠，食欲低下，イライラや悲しいなどの気分症状があり，特に多用量の服用と，低年齢かつ低体重の児童では，不眠や食欲低下などの副作用が生じやすいことが指摘されている（Stein et al., 2003）。また，リタリン® と同様，メチルフェニデート塩酸塩の成分を有しているため，依存のリスクも考慮に入れるべきであろう。

(2) アトモキセチン，ストラテラ®（一般名　アトモキセチン塩酸塩：Atomoxetin）

　アトモキセチン／ストラテラ® は 2009 年に承認され，コンサータ® と同様，現在まで広く使用されている。

1）対象者

　アトモキセチン／ストラテラ® の対象者は，全年齢の患者であるが，6 歳未満の子どもと高齢者に対しては安全性や有効性は確立されていない。妊娠している女性，またはその可能性がある女性は，服用の危険性より有益性のほうが高い場合に限り服用できるが，授乳期間の女性は服用を推奨されていない。

2）効果，心理・行動の変化

　アトモキセチン／ストラテラ® は，ADHD の症状である不注意，多動性－衝動性の改善に有効である。ADHD の評価スケールである ADHD-Rating Scale（ADHD-RS：第 2 章，p.34 も参照）を用いた，医師による小児患者の症状評価の結果では，アトモキセチン／ストラテラ® 服用開始の 3 か月後・6 か月後・12 か月後の時点において，総スコア・不注意スコア・多動性－衝動性スコアの低下と，精神機能・身体機能についての評価スコアの改善が認められ，アトモキセチン／ストラテラ® の長期的な有効性が示された（後藤ら，2014）。また，アトモキセチン／ストラテラ® の服用は，ADHD に併存する不安症状やチック症状を悪化させることがないともいわれている（太田，2017）ほか，ADHD 者の生活の質（Quality of Life：QOL）を向上させるこ

とも示唆されている（後藤ら，2014；Barton, 2005）。

3）副作用

　アトモキセチン／ストラテラ® の副作用として，不眠，口渇，吐き気，食欲低下，腹痛などが報告されている（Michelson et al., 2001；Caballero & Nahata, 2003）。マイケルソンら（Michelson et al., 2001）は，8 〜 18 歳の ADHD 者を対象に，プラセボグループ，アトモキセチン／ストラテラ® を 1 日に 0.5mg 服用したグループ，1.2mg 服用したグループ，1.8mg 服用したグループ間でその効果を検討した。彼らの研究結果では，アトモキセチン／ストラテラ® は安全であると結論づけているが，少なくとも 5% の患者には副作用がみられたことも報告している（表 8-1）。

(3) インチュニブ®（一般名　グアンファシン塩酸塩：Guanfacine）

　インチュニブ® は，グアンファシン塩酸塩を成分とした徐放剤であり，2017 年より使用が開始された比較的新しい治療薬である。

1）対象者

　インチュニブ® の服用は，全年齢の患者が対象となっている。6 歳未満の子どもについては，服用に際して安全性や有効性は確立されていない。妊娠している人，および，その可能性がある人についても，服用が禁止されており，授乳中の人も服用期間中の授乳を避けるように注意喚起されている。

2）効果，心理・行動の変化

　インチュニブの有効性と安全性は，国内外で検証されている。インチュニブ® を一定期間服用した ADHD 児では，ADHD の評定スコアに低下がみられた（Boon-yasidhi et al., 2005）。国内においても，51 週にわたり長期間服用したときの有効性と安全性が確認されている（医薬・生活衛生局医薬品審査管理課，2017, 2019a）。また，ADHD 児の症例報告においても，衝動的な行動

表 8-1 アトモキセチン／ストラテラ® の副作用 (Michelson et al., 2001)

| 副作用 | プラセボ (*n*=83) *n* (%) | アトモキセチン （mg/kg/ 日） | | |
		0.5 (*n*=44) *n* （%）	1.2 (*n*=84) *n* （%）	1.8 (*n*=83) *n* （%）
頭痛	19 (22.9)	11 (25.0)	20 (23.8)	20 (24.1)
鼻炎	18 (21.7)	7 (15.9)	10 (11.9)	12 (14.5)
腹痛	9 (10.8)	5 (11.4)	12 (14.3)	12 (14.5)
咽頭炎	12 (14.5)	4 (9.1)	9 (10.7)	9 (10.8)
食欲不振	4 (4.8)	3 (6.8)	10 (11.9)	10 (12.0) †
嘔吐	5 (6.0)	3 (6.8)	6 (7.1)	9 (10.8)
咳の増加	4 (4.8)	6 (13.6)	6 (7.1)	7 (8.4)
傾眠	3 (3.6)	2 (4.5)	6 (7.1)	9 (10.8) †
不眠	5 (6.0)	4 (9.1)	5 (6.0)	4 (4.8)
発疹	3 (3.6)	3 (6.8)	5 (6.0)	7 (8.4)
吐き気	5 (6.0)	2 (4.5)	6 (7.1)	4 (4.8)
不安・緊張	4 (4.8)	3 (6.8)	5 (6.0)	5 (6.0)
発熱	5 (6.0)	1 (2.3)	7 (8.3)	3 (3.6)
痛み	5 (6.0)	4 (9.1)	2 (2.4)	5 (6.0)
怪我	7 (8.4)	1 (2.3)	3 (3.6)	3 (3.6)
無力症	4 (4.8)	3 (6.8)	2 (2.4)	4 (4.8)
感染症	1 (1.2)	0	5 (6.0)	6 (7.2) ‡
めまい	1 (1.2)	4 (9.1) *	2 (2.4)	4 (4.8)
下痢	5 (6.0)	0	4 (4.8)	0 †
気分の落ち込み	5 (6.0)	1 (2.3)	0 (0.0) *	2 (2.4) †
そう痒	0	0	1 (1.2)	5 (6.0) †

*P 値 0.05 以下（プラセボと比較して）
† P 値 0.1 以下（用量による反応）
‡ P 値 0.05 以下（用量による反応）

プラセボ，アトモキセチン／ストラテラ® 0.5mg，1.2mg，1.8mg 服用時におけるそれぞれの副作用症状の割合を示す。

や感情のコントロールが改善された，けん玉の練習を 10 分以上も続けられるようになった，宿題を終わらせることができた等，日常生活における行動の変化が報告されている（佐々木，2018；堀内，2018）。

3）副作用

　医薬・生活衛生局医薬品審議結果報告書（医薬・生活衛生局医薬品審査管理課，2017）によると，ADHD 者 222 例のうち，副作用が確認された 156 例（70.3%）の内訳は，傾眠が 120 例（54.1%），頭痛 21 例（9.5%），血圧低下 18 例（8.1%），倦怠感 13 例（5.9%）であった。また，それ以外にも腹痛，めまいやイライラ感といった症状が報告されている（Boon-yasidhi et al., 2005；Scahill et al., 2006）。

(4) ビバンセ®（一般名　リスデキサンフェタミンメシル酸塩： Lisdexamfetamine Mesilate）

　ビバンセ® は，2019 年に承認された ADHD 薬である。新薬であるため，日本ではまだその名前が知られていないかもしれない。

1）対象者

　ビバンセ® の使用対象者は小児（6 歳以上 18 歳未満）となっている。6 歳未満の子ども，および 18 歳以上の患者における安全性と有効性は確立されていない。妊娠している女性，および，その可能性がある女性は，服用の危険性より有益性のほうが高い場合に限り使用できるとされているが，安全性は確立されていない。また，授乳中の女性の場合は，ビバンセ® 服用中の授乳は推奨されていない。

2）効果，心理・行動の変化

　ビバンセ® の有効性と安全性に関するアメリカの研究では，ADHD 児では，ビバンセ® の効果が最大 13 時間持続し，18 歳以上の患者の場合は 14 時間持続することが明らかになっている（Wigal et al., 2009, 2010）。また，ビ

バンセ® を服用した患者では，ADHD 評定スコアの低下と，ADHD 症状の改善がみられた（Biederman et al., 2007；Wigal et al., 2009, 2010）。国内の臨床試験においても，プラセボと比較して患者の ADHD 評定スコアに改善がみられ，長期間の服用においても安全性に問題はなく，有効性が持続することが報告されている（医薬・生活衛生局医薬品審査管理課，2019b）。

3）副作用

　ビバンセ® の副作用には，食欲不振，不眠，腹痛，頭痛，イライラ感，体重の減少，嘔吐，吐き気などがある。また，ビバンセ® は，覚せい剤の原料

名称	リタリン®	コンサータ®（徐放剤）	アトモキセチン／ストラテラ®	インチュニブ®	ビバンセ®
	依存性があり乱用されて使用できなくなりました	ちょっとずつ溶け出して効果が続きます	2009 年から承認されています	国内外で検証されました。ちょっとずつ溶けます。2017 年からの承認です	2019 年に承認された新入りです!!
成分	メチルフェニデート塩酸塩	メチルフェニデート塩酸塩	アトモキセチン塩酸塩	グアンファシン塩酸塩	リスデキサンフェタミンメシル酸塩
対象者	－	全年齢[※1]	全年齢[※2]	全年齢[※1]	小児（6 歳以上 18 歳未満）
効果（効能）	－	不注意，多動性，衝動性	不注意，多動性，衝動性	衝動的な行動と感情のコントロール	不注意，多動性，衝動性
副作用	－	不眠，食欲低下，イライラや悲しいなどの気分症状	不眠，口渇，吐き気，食欲低下，腹痛	傾眠，頭痛，血圧低下，倦怠感，腹痛，めまい，イライラ	食欲不振，不眠，腹痛，頭痛，イライラ感，体重の減少，嘔吐，吐き気

※1（6 歳未満，高齢者，または妊娠中・授乳中の女性は避けたほうがよい）
※2（6 歳未満，高齢者，または授乳中の女性は避けたほうがよい）

ADHD のおもな治療薬

として指定されているd-アンフェタミンを含んでいる。依存性と乱用のリスクは極めて低いとされているが（医薬・生活衛生局医薬品審査管理課，2019b；三嶋，2020），服用に際しては注意を要する。

4. ASD の薬物治療の現状と展望

ASD の特性として，おもに，特定のものに興味を示す興味の偏り（易刺激性の症状を含む）と常動的・反復的行動（Restricted and repetitive behavior：RRB），および，他者との社会的関係やコミュニケーションにおける困難があり（桑原，2013），これらの各症状の治療薬開発が行われている。しかし，ASD に有効な治療薬は未だ開発途上である。

(1) 社会的行動・認知とオキシトシンの効果検証

近年，ASD とオキシトシンの関連が注目されている（第7章，p.155〜も参照）。オキシトシンは，脳の視床下部とよばれる領域で作られるホルモンであり，脳内に放出され，他者への信頼感や絆などの社会的行動と関係形成に影響を及ぼすと考えられている（東田・棟居，2013；東田，2013）。成人男性を対象にオキシトシンを鼻の粘膜に投与する経鼻投与を行ったところ，他者への信頼感が増すことが明らかになった（Kosfeld et al., 2005）。また，オキシトシンが他者への信頼や絆，愛情に基づく社会的なライフサイクルに関わっていることが示唆されている（Lee et al., 2009；東田・棟居，2013；東田，2013；図 8-4）。

ASD の症状には，表情の読み取り，社会的関係の理解やコミュニケーションにおける非定型性がある。オキシトシンは社会的行動に関わっていることから，それらの症状を改善する効果が期待されている。これまでの研究から，CD38 というタンパク質がオキシトシン分泌に関連していることが示唆されている。CD38 は脳内のオキシトシンの分泌を制御することから，CD38 遺伝子の異常が一要因となり，ASD の症状が発生するという仮説が提示されて

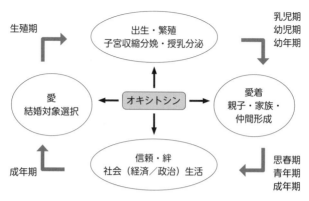

図 8-4　ライフサイクルを通したオキシトシンの影響 (Lee, 2009; 東田 , 2013; 東田・棟居 , 2013)

いる（Munesue et al., 2010；東田・棟居，2013；東田，2013）。

　そのような中，オキシトシンを ASD 者に経鼻投与することで，症状改善がみられるかどうかについての検証が進められている（第 7 章，p.159 ～ 161 も参照）。ある研究では，ASD 者を含め 4 名でボールをパスする PC ゲーム課題を用い，オキシトシン投与が，ASD 者と他者との協力行動を増加させるかどうかが検証された。この研究では，PC スクリーン上に 3 名のパートナー(A，B，C) が表示され，ASD 者は，お互いの間でボールをパスするゲームに参加した。A は約 70% の確率で ASD 者にボールをパスする人，B は約 50% でボールをパスする人，C は約 10%，すなわちほとんどパスをくれない人として設定されており，ASD 者がどのパートナーに何回ボールをパスするかが計測された。結果，オキシトシン投与時に，自分に多くボールをパスしてくれる確率が高い A との間でボールをパスし合う協力行動の増加がみられた。また，ASD 者は，オキシトシン投与時に，パートナー A に対して信頼感や好感をもちやすくなった（Andari et al., 2010）。

　また，顔写真を自由に観察している際に，ASD 者が顔のどこを見ているのかを計測すると，オキシトシン経鼻投与時に，プラセボ投与時と比較して，ASD 者が目の領域を注視する時間が長くなった（Andari et al., 2010）。顔画像ではなく，他者と画面上で対面する課題でも，同様に，オキシトシン投与

時に，目の領域への注視が増加したと報告されている（Auyeung et al.，2015）。また，オキシトシン投与時には，気持ちや意図などの社会的なメッセージを伝えない写真と比較して，顔写真に対して，ASD 者が注意を向けやすくなることが報告されている（Kanat et al.，2017）。

　定型発達者に比べ，ASD 者は非言語的情報（表情，声色など）から他者が友好的か敵対的かを判断することが少なく，非言語的情報からの他者の感情理解を担う内側前頭前野の活動レベルにも低下がみられる（Watanabe, Yahata et al.，2014）。しかし，オキシトシンを投与すると，ASD 者が他者の友好性を判断する手がかりとして，非言語的情報を利用する傾向が増大し，脳の内側前頭前野の活動も改善した（Watanabe, Abe et al.，2014：第 7 章，p.160 も参照）。

　成人男性の ASD 者を対象に，6 週間にわたり継続的にオキシトシン経鼻剤を投与し，その間の ASD 症状を，ADOS（Autism Diagnostic Observation Schedule：第 2 章，p.31 参照）により評価したところ，社会性に改善がみられた（Watanabe et al.，2015）。また，社会性の改善度合いと，内側前頭前野の活動の改善度合いにも相関関係があることが示された。

　しかし，継続的なオキシトシン投与の効果を調べた臨床研究の中には，有効性が認められた研究と認められなかった研究があり，さらなる有効性と安全性の検証，適切な手法による社会的認知特性の評価が求められる（Yamasue & Domes, 2018；山末，2018a, 2018b）。

(2) 易刺激性への薬物治療の試み

　ASD の易刺激性の症状に対する治療薬として，抗精神病薬であるリスパダール ® やエビリファイ ® などの薬剤が使用されることがある。易刺激性とは，ささいなことで周囲に対して，すぐに不機嫌な態度で反応してしまう状態のことである。発達障害では，攻撃性，自傷行為，かんしゃくなどの易刺激性（行動障害）が多くみられる。一方，RRB 症状に関しては，抗精神病薬が症状の改善に一定の効果があると報告する研究もあるものの，現状では有効性は確立されていない。

1) リスパダール®（一般名　リスペリドン：risperidone）

　リスパダール® は，統合失調症の非定型抗精神病薬であり，中枢神経系の神経伝達物質（セロトニンやドーパミン）の機能を調整することで，不安や緊張状態を和らげ，意欲低下を改善する。ASD 児を対象に，一定期間のリスパダール® 服用の効果を検証した研究では，ASD の社会的・適応的行動のスコアに改善がみられたことが報告されている（Scahill et al., 2012）。別の研究では，リスパダール® の服用により，ASD 児の RRB 特性にも改善がみられたと報告されている（McDougle et al., 2005）。同様に，ASD 児の易刺激性の改善や（Pandina et al., 2007；Kent et al., 2013），リスパダール® 内用液の服用により，ASD の対人応答性尺度（Social responsiveness scale：SRS）の項目のうち，対人認知（他人の声や表情の変化に気づき，適切に対応する）と社会的動機づけ（積極的に集団生活や社交的なイベントに参加しない）が改善したとの報告がある（油井，2012）。

　その一方で，リスパダール® 服用による副作用（錐体外路症状［筋肉が硬くなったり，自発的な動作が減少する症状や，手足の震えや姿勢が保てなくなる症状など］，体重増加，食欲増加，食欲不振，唾液増加，嘔吐など）も報告されている（Pandina et al., 2007；Kent et al., 2013）。

名称	リスパダール®	エビリファイ®
	気持ちを穏やかにします	基本的に小児用です 注射もあります
成分	リスペリドン	アリピプラゾール
対象者	5 歳以上 18 歳未満	6 歳以上 18 歳未満
副作用	錐体外路症状，体重増加，食欲増加，食欲不振，唾液増加，嘔吐	錐体外路症状，体重増加，食欲増加，嘔吐

ASD の易刺激性症状に対する抗精神病薬

2）エビリファイ®（一般名　アリピプラゾール：aripiprazole）

　エビリファイ® もリスパダール® 同様，統合失調症の非定型抗精神病薬として開発され，ASD 者にも使用されている。エビリファイ® を一定期間使用した ASD 児は，服用開始時に比べ，終了時において，易刺激性に改善がみられた（Marcus et al., 2009；Owen et al., 2009）。また，成人の ASD 者の臨床例においても，エビリファイ® 服用により気分障害，妄想，攻撃性，自発性などが改善したことが示された（Jordan et al., 2012）。

　しかし，エビリファイ® にも錐体外路症状，体重増加，食欲増加，嘔吐などのさまざまな副作用が存在する（Marcus et al., 2009；Owen et al., 2009）。とりわけ，体重と BMI の増加は，リスパダール®，またはエビリファイ® を一定期間服用した ASD 児に共通して現れている（Pandina et al., 2007；Owen et al., 2009；Wink et al., 2014）。抗精神病薬を使用する前に身体的検査（身長・体重・血圧など）を行い，使用中も身体の変化と治療薬の効果をモニタリングすることが求められる（Vitiello, 2012；宇佐美，2017）。

5.　薬物治療の問題点，その他の療法

　薬物治療が，特に ADHD 治療において有効であることは事実である。ADHD 薬，とりわけコンサータ®，アトモキセチン／ストラテラ®，インチュニブ® の有効性は国内外で臨床研究が進み，これらの治療薬を使用することで，不注意，多動性－衝動性といった ADHD 症状に改善がみられることがたびたび報告されている。また現在，ASD 治療薬も研究開発が行われている。しかし，現状の薬物治療はいくつかの問題点も抱えている。

（1）薬物治療の問題点

　先に述べた ADHD の診断・治療ガイドライン（齊藤，2016）では，薬物治療はあくまでも治療法の 1 つの選択肢とされる。まずは患者を心理的，社

会的側面から支援し，それと並行して薬物治療を行うか検討していくべきであろう。

　薬物治療の問題点の１つは，治療薬の副作用である。ADHD薬の副作用としては，不眠，食欲低下，口渇，吐き気，腹痛などがあげられる。また，患者の年齢や基礎疾患により，安全性が確立されておらず，治療薬を使用できない場合もある。治療薬の使用に際しては，その有効性だけではなく，使用条件や危険性を十分理解し，医師と相談のうえ，患者の家族や関係者が，患者本人の状態や変化をよく把握しておくことが必要である。

　太田（2017）は，薬物治療に関する子どもへの心理的影響にも言及している。近年，ASDやADHDの子どもに対してさまざまな学習支援，生活指導，行動療法が展開され，治療薬を服用しながらそれらの支援を受ける子どもたちも多い。そして，薬物治療の即効性や依存性から，薬を服用する患者が，薬に頼りがちになることも多い。薬物治療は症状の改善に有効であるが，患者や支援者が，さまざまな場面で努力を積み重ねながら，薬物治療と上手に付き合っていくことが求められる（太田，2017）。

(2) 薬物療法を補完する療法

　薬物療法は効果的であるとはいえ，副作用をはじめとしたいくつかの問題点を抱えている。このため，先述したとおり，薬物療法はあくまでも治療法の選択肢の１つととらえ，他の治療的介入を併用した総合的なアプローチによる支援を行うことが望ましい。薬物治療を補完する治療・支援法としては，親の行動変容を促すペアレント・トレーニングや，児童の社会的スキルを増進させるソーシャルスキル・トレーニングがある。

1) ペアレント・トレーニング

　薬物治療を補完する心理的・社会的治療の１つが，ASDやADHDの子どもをもつ親を対象としたペアレント・トレーニングである。ASDやADHDの子どもをもつ親は，叱っても子どもの行動が改善されず，ストレスや悩みを抱えることが多い。子どもも，叱られることが多くなると，自分はダメな人間だと

自己肯定感が低下し，結果，親と子ども双方の精神状態や親子関係の悪化につながる。ペアレント・トレーニングは親子関係をより良いものにしていくために，親が適切な対処方法を身につけるためのトレーニングである（田中，2010）。

　たとえば，カリフォルニア大学のウィッタム（Whitham, 1991 ／ 2002）が実施するペアレント・トレーニングをもとにした「まめの木式ペアレント・トレーニング」（上林ら，2009；北，2016）では，ADHD 児をもつ数名の親がトレーニングプログラムに参加する。そこでは，子どもの行動を 3 種類（好ましい行動，好ましくない行動，危険な行動・許しがたい行動）に分け，親は子どもの好ましい行動を褒め，好ましくない行動はいったん無視し，しばらく待ってから，好ましい行動が出たら褒める練習をするよう訓練を受ける。また，子どもに選択肢を与え，子どもの協力を引き出すような指示を行う訓練も含まれ，親はこれらの対応方法を自宅で実践する（北，2016）。

　ペアレント・トレーニングの開始前後で，母親の心的状態を評価すると，不

ペアレント・トレーニング　　　ソーシャルスキル・トレーニング

親が子どもとの関わり方について学ぶ　　子ども自身がゲームや運動，ロールプレイ活動などで適切なコミュニケーションのとり方を学ぶ

薬物を補完する療法例

安やストレスの低下がみられたとの報告がある（佐藤ら，2010；中田，2010；小暮ら，2007）。また，子どもの行動にも，望ましい行動の頻度が増え，望ましくない行動が減少する変化が認められた（小暮ら，2007）。ペアレント・トレーニングは，ADHD，およびASDの子どもをもつ親の心的状態を改善し，子どもへの対処方法を身につけ，より良い関係を築くための有効な方法であるといえる。

2) ソーシャルスキル・トレーニング（SST）

　ASDやADHDの子どもは，状況の把握や，相手の感情・行動の読み取り等がむずかしいため，集団にうまく適応できず，友達との関係形成に困難を抱えやすいことが知られている（小貫ら，2004）。そのような子どもたちへの支援の1つとして，ソーシャルスキル・トレーニング（Social Skill Training：以下，SST）が用いられている。SSTで指導される領域のおもな例として，集団参加行動，言語的コミュニケーション，非言語的コミュニケーション，情緒的行動，自己・他者認知領域があり，SSTは，それぞれの領域のスキルを身につけられるよう構成される（小貫ら，2004）。ただし，子どもたちの特性や，実施者により指導内容は変わってくる。

　SSTの内容は，実施される施設やグループによってさまざまであり，子どもたちの状態や，子どもたちが抱えている課題が何であるかを踏まえてSSTプログラムの指導目標が決定される（小貫ら，2004）。SSTの指導方法の具体例として，ゲームや運動，ロールプレイを取り入れた活動があげられる。また，次回のセッションまでにチャレンジする課題を設定し，セッションにおいて好ましい行動ができた子どもにはシールを与える（岩坂，2016；鈴田・菊池，2007），といったものもある。また，SST指導者らの手作り紙芝居や絵のカードなどを教材として使用したり，子どもたちが協力してホットケーキを調理する活動を取り入れたりと，さまざまな工夫が凝らされている（武藏ら，2010）。SSTの実施により，参加児童のコミュニケーション行動が増え，より頻繁に他者へ注意を向けるようになるなど，社会行動に改善がみられたことが報告されている（佐久間ら，2012）。SSTは，楽しみながら指導者や他の子どもたちとコミュニケーションをとる中で，社会的ルールや周囲の状況を理

解し，互いに協力して目標を達成する能力を身につけていくトレーニングであるといえる。

まとめ

　ASD や ADHD の薬物治療と治療薬開発には，多くの医療関係者や研究者が携わっている。ADHD の場合は，コンサータ®，アトモキセチン／ストラテラ®，インチュニブ®，ビバンセ® の 4 種類の ADHD 薬が使用され，有効性と安全性が示されている。一方で，さまざまな副作用があることも報告されている。ASD 治療薬は，現段階では開発されていないが，オキシトシンに着目した臨床研究をはじめとして，現在も研究が進められている。また，ADHD を併発した ASD 者に対しては，ADHD 薬や，抗精神病薬が使用され，患者の症状により一定の効果がみられる症例も存在する。

　薬物治療は，とりわけ ADHD にとって効果的な治療法の 1 つである。しかし，薬物治療で，すべての症状や，当事者とその家族が抱えるさまざまな問題を解決できるわけではない。ASD や ADHD の当事者，かれらの家族にとって一番良い治療法は何かを考え，薬物治療以外にも可能な支援法を模索することが必要とされている。

　薬物治療を補完する多くの心理的・社会的支援も行われている。本章で取り上げたペアレント・トレーニングでは，親が ASD や ADHD の子どもへの対応の仕方，子どもとの関係の築き方を身につける。ソーシャルスキル・トレーニング（SST）では，ASD や ADHD の子どもたちが，グループの中で他者との関わり方と社会性を身につけていく。いずれの方法も，ASD と ADHD の当事者とその家族が，お互いや他者と関わりをもつ能力を育むうえで，非常に有効な方法であるといえる。当事者は日常生活において，多くの困難にぶつかりながらも努力している。かれらの努力や，日々の変化に気づくことで，ASD・ADHD 者への理解につながるのではないかと考えられる。また ASD・ADHD 者の QOL を向上させるうえで，より安全，かつ有効な治療薬の開発が進むことは不可欠である。それと同時に，心理・社会的な支援により薬物治療を補完することで，患者支援におけるいっそうの効果が期待される。

練習問題

◆適切な用語を下の欄から選びなさい。

　治療薬が承認されるまでには，いくつかの過程を経て，その安全性と有効性が検証される。この方法として，患者や医療関係者が効果検証対象の薬と偽薬のどちらを服用しているのかわからない状態で治験を実施する（　　①　　）が一般的に用いられる。現在，ADHD の薬物治療として，（　　②　　），（　　③　　），（　　④　　），（　　⑤　　）の４種類が使用されている。ASD の治療薬は開発途上であるが，ASD と（　　⑥　　）の関連が研究されている。また，ASD の易刺激性の症状に対して，リスパダール® やエビリファイ® などの（　　⑦　　）が使用されることもある。

　薬物治療は効果的な方法の１つであるが，不眠，食欲低下，腹痛などの各治療薬の（　　⑧　　）が問題点であるといえる。そのため，薬物治療を補完する（　　⑨　　）（　　⑩　　）などの心理的・社会的治療と合わせて薬物治療を検討する必要がある。

> アトモキセチン／ストラテラ®，オキシトシン，
> 副作用，ソーシャルスキル・トレーニング，二重盲検法，
> コンサータ®，抗精神病薬，ペアレント・トレーニング，
> インチュニブ®，ビバンセ®

発達障害の人を理解しよう
その③

　50歳男性のADHDの人にインタビューをした。これまでの経緯については，就学後は落ち着きのなさや不注意もあったが，本人の人柄や能力，家庭環境により，それほど問題にならなかった。中学受験をして，都内の有名私立中高校に進学したが，高校ではちょっとした悪いグループに所属していた。しかし理系が得意であり，友達もたくさんいた。大学では工学部に入学し，アルバイトなどさまざまなことに挑戦し，充実した生活を送った。卒業後は会社を起業し，社長として成功した。現在は大学病院で発達障害の治療を受けながら，起業家として活動している。

▼どのような学生時代を送りましたか？

　母親からは，常にあなたは勉強がよくできる子だと言われて育てられました。学校においても，勉強には基本的に苦労しませんでした。性格はとにかく明るい子であり，型にはめられず自由に育てられました。

　幼稚園時代からドライバーが大好きであらゆるものを分解しました。購入したステレオセットをバラバラに分解されて，父はたいそう悲しかったようです。そのため，その後購入されたカラーテレビは，私の手の届かない棚の上に置かれていました。

　とにかく工作が大好きで，学校の帰り道に「何かに使えそうだから」とガラクタを拾ってきました。玄関がゴミとしか言えないガラクタで埋まるものだから，物置の中にガラクタ入れの大きな箱が置かれていて，何かこれを使って作れないかなと妄想にふける子どもでした。

　父親の職業柄転勤が多く，小学校は3校に通いました。今振り返れば，最初の転校で性格（社会に対する適応の戦略）が変わっていった気がします。ひとりぼっちでどうまわりに溶け込むかの処世術を会得していたようで，その組織の親分（小学校のクラスの親分は担任の先生だ）に取り入ってポジションを得て，居場所を作っていました。

　その後は，いわゆるガキ大将になっていきますが，腕力が強いわけではないので，頭がよいとかおもしろいことができるとか，何かに長けているとかというやり方で仲間を増やしました。しかし少々歪んでいて，居場所を守るために従わない奴は徹底的に排除しました。

　就学後，漢字などの記憶科目が苦手でしたが，小学校3年のときに電気工作に出会い，夢中になりました。今でもその趣味は続いています。その頃には分解したものを，ちゃんと元通りに組み立てられるようになっていました。中学高校と電気工作のクラブに在籍し電子工学に傾倒しました。そのクラブでは，大学の研究者が手掛けるような本格的なものを作成していたのでとにかく楽しかったです。そして大学は，電子工学部に進学

しました。

　大学に入ると同時にアルバイト三昧でした。やりたいことをいろいろやるので，どんどん仕事が増える状況でした。百貨店店員，塾講師，雑誌編集，プログラマー，家庭教師。月 400 時間近く年中無休で働いていました。仕事が遊びと等価であるので，常におもしろかったです。また，接客や先生のように人に関わるのが好きでした。逆に締め切りがある仕事は，合わないから止めようと思いました。

　私は自由を束縛する体制も人間も嫌いです。その反面，まわりに迎合するのも大得意なので，後ろ向いて舌を出しながら，組織にしっかり馴染むことも，いつもにこやかにやっていました。本心に嘘をついて，嘘を本当のように振る舞うことも得意なのだと思います。

▼ご自身にはどのような発達障害の特徴があると思いますか？

　小学校低学年では「落ち着きがない」と言われ，よく壁の一点に向かって座って動かないという練習をさせられていました。貧乏ゆすりは定番でした。足がもぞもぞします。また考え事をするときに部屋の中を（会社の中を）歩き回ります。

　新しい場所，知らない人と話すこと，やりたいわけではないことも，スイッチが入ればいくらでも対応できます。物怖じしません。また，興味をもったこと，思いついたことに寝食忘れて集中します。寝なくても大丈夫ですね。プログラミングなどはうまくやれますが，興味がもてる状況まで自分を高めてから始めないと気が散る方向に振れてうまくいきません。

　時間がギリギリ，下手すると遅刻することがあります。時間の余裕がある場合は別のことを始めてしまい，結局余裕がなくなります。対策としては，最初から遅れても大丈夫な場所や状況を作り，待ち合わせをします。

　また，気が散りやすいです。あることを行っている途中で，別のことを始めてしまいます。物事の優先順位のつけ方が苦手です。

　単調な作業はおもしろくない，でもやらなきゃならないことは徹底的にルーチンワークにする。たとえば，家事作業などは，順番と時間を固定化し機械のように動きます。

　お金を好きなだけ自由に使ってしまいます。欲望に従い，がまんしません。稼げるようになってからは，お金から解放されました。

▼ご自身の特性を生かしてどのように社会に貢献をしていますか？

　学生時代に IT 企業を創業し，社長という立場につきました。私は，会社の看板として立ち振る舞うことが得意であり，どのようなスピーチでも自ら買って出ます。司会者，ファシリテーターのような役も好んでやります。人を乗せて鼓舞させるのは快感です。

　またどんなところでも突っ込んでいき，相手の顔色を見て，即座に話を変えることも問題ありません。そして，相手の心理的距離の内側に無遠慮に入って，明るく友達になっ

てもらいます。

　仕事では，多くの案件の判断が続々くる，即断する，その流れが楽しいです。忙しければ忙しいほどおもしろいですね。まさに精神的多動状態だと思います。

　普段，いろいろ気になって，あちらこちら手をつけてしまいます。自分としてはこれを意識下のマルチタスクと呼んでいました。わからなくなったり，他のことが気になったら，そちらをやり，元の作業に戻ってきたとき（中途半端で放り出すときは何が途中かだけはメモする）には，先ほど解けなかった問題の解答が思いついていますね。どんどんいろいろなことをやってゆくのが，なかなか小気味よくて快感ですね。一方，弱点は，途中経過を問われると，すべて中途半端なことです。

　できないこと，うまくいかないことを，悪いとかまずいなどは考えずに，「それからどうする？」のみを考えます。現状肯定で常に動いています。事業としては，これはなかなかうまくいきます。社長は叱らない，「で，次どうする？」だけで十分です。前向きで成功するまでやります。そのため，内省とか落ち込むこととかは嫌いですね。

　自分ができないことを，どんどん人に任せるようにしています。自分よりできる人を探します。結果的には，社員が高い自主性を持った専門家集団を形成でき，現在も順調に発展しています。

　社長は ADHD に最適な職業です。ミスをしても，後回しにしても，好きなことから手をつけても文句を言う人はいません。もっとも，自分が下手なことはすでに誰かに任せてあるし，相手も社長がそういうとこダメだって理解していて頼んでこないか，先回りして用意してくれます。

▼今まで振り返って，自分が発達したと思う点は何でしょうか？

　すべての物事は自分の作り出した結果だと心底理解した瞬間があって，あらゆるものが自己責任であり，裏を返せばすべて自分の自由になるのだと思います。その結果，小さい頃からあった自分の身を守る手段を手放すことができました。小さな子どもがもっているような，歪まない視線が戻ってきた気がします。澄んだままの純粋なまっすぐな気持ちがあること，これが私が思う最大の ADHD の利点じゃないのかなと思います。

　また人の気持ちを洞察すること，寄り添うことも学びました。もともと懐に入るのは意識することなくできたので，傾聴すること，力づけることが，意識的に意図的にできるようになりました。これは人並み以上にできます。

　そして，できないことの頼み方もうまくなりました。スケジュールは秘書に任せるので，自分では逆に考えるのを（覚えるのを）やめます。繰り返し，事前に言ってもらうことが大事です。

　しかし，片づけをしません。やるときは凝りすぎて時間がかかります。でもやらないので山積みとなり，会社では自然に片づけ役が現れます。そのとき，たくさん感謝の言

葉を述べることが大切です。普段から，嬉しい，ありがとう，助かる，大好きだ。遠慮なく，思う気持ちをストレートに伝えるようにしています。みんなのおかげで，みんなの笑顔が増えます。本当にありがたいですし，幸せな人生だと思えます。

▼現在，ご自身の特性を生かした趣味や活動があれば教えてください。

　趣味は，知らないことを知ること，新しい出会いを得ることです。知恵にも物にも人にも好奇心いっぱいであることです。

　現在，小さな事務所を開設し，自分のやりたいこと，やれることだけ楽しんでやれる場所を作りました。今まで出会ってきたたくさんの友人にお知らせしました。

　私のまわりには，仲間が集まり，日々賑やかに過ごせます。やりたいことをやりたいといえる環境です。そのため自分自身でいられます。リアルにもオンラインにも，毎日誰かが遊びに来てくれます。楽しんで，笑って，時には真面目な仕事の話をして，年代関係なく一緒にいます。誰かが得意なことを教えて，それを受け取る人がいます。毎日驚いていて，新しい発見が持ち込まれます。

　不思議なことですが，私は，人を集わせて動かして，人はそれを受け入れて喜んで楽しんでくれます。どうやら思い込みではなく，本当にそのようですね。この特異なキャラクターを封じ込めず，存分に使ってもらうこと，これが ADHD な私の使命なのではないかなと思います。

第9章

ICT による
ASD・ADHD 支援

← 第8章

1. はじめに

　インターネットの登場，スマートフォンの普及など，ここ25年ほどの間で我々を取り巻く情報環境は様変わりした。その結果，多種多様なセンサーや，人工知能をはじめとした情報処理技術が，より身近なものになってきた。医学研究・臨床にも，これら ICT（Information and Communication Technology：情報通信技術）は積極的に取り入れられつつある。精神医学もその例外ではない。

　自閉スペクトラム症（Autism Spectrum Disorder：ASD）と注意欠如・多動症（Attention-Deficit/Hyperactivity Disorder：ADHD）は，しばしば，学校・職場をはじめとした社会的環境への適応を困難にする。その結果，当事者が精神的な苦痛を感じるのみならず，保護者をはじめとした周囲の人々が対応に戸惑うことも少なくない。

　ICT によりこのような現状を改善し，ASD・ADHD 者の生活の質（Quality of Life：QOL）向上に結びつける試みがすでに始まっている。そこで，本章では，ICT による ASD・ADHD の支援技術開発に関する最新の動向を概説する。それをもとに，ICT を用いた ASD・ADHD 支援技術開発に残された課題について議論する。

　ASD・ADHD の人々は，大多数の人々とは異なる行動様式や認知スタイル

をもっている。これらの特徴の中には，環境に恵まれれば，本人の強みになるものも含まれるため，これらを一括りに「障害」とよぶのは適切ではない。そこで，本章では，ASD・ADHD の人々にみられる，大多数の人々とは異なる脳・行動等の特徴を，「非定型性（Atypicality）」とよぶ。また，ASD・ADHD の人々と区別して，発達障害でない人々を「定型発達者」とよぶ。

2．ASD・ADHD リスク評価・予測のためのツール

　ASD・ADHD の診断は，「精神疾患の診断・統計マニュアル 第5版（Diagnostic and Statistical Manual of Mental Disorders, 5th ed：DSM-5）」（American Psychiatric Association, 2013）等に詳しく記された診断基準，生育歴，および，各種のアセスメントの結果を総合して下される。これらの評価手法は有用ではあるが，DSM の各診断基準を満たしているかどうかには曖昧性が残るほか，行動・インタビューの評価には，たとえ熟練した専門家であっても，主観が混じることが避けられない。また，診断に必要な面接・検査は，いずれも，実施に長い時間を要する。このため，ASD・ADHD リスク（ASD・ADHD に罹患している可能性）がある人々の発見を目的として，大人数を対象とした健診などを行うことはむずかしい。ASD・ADHD の診断にまつわるこれらの問題を解決するうえでは，客観的かつ簡便に測定可能な，ASD・ADHD のリスク評価・予測のためのツール開発が不可欠である。

（1）バイオマーカー

1）リスク評価のためのバイオマーカー開発の重要性と期待

　血液や唾液などの，人の体から採取できる生体試料を分析することで，遺伝情報やタンパク質の量をはじめとした多種多様な生体情報を得ることができる。生体情報のいくつかは，疾患に罹患しているリスクを反映して変動する。このように，疾患のリスクを反映した生体情報を，バイオマーカーとよぶ。健

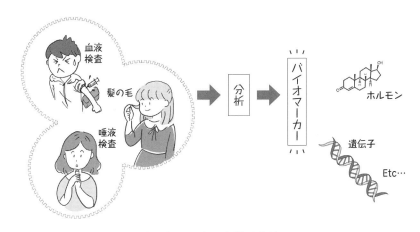

バイオマーカーを得る方法

康診断で行う血液検査の測定値も，バイオマーカーの一種である。

　もし，健康診断の血液検査のように，血液や唾液から測定できるバイオマーカーの検査値をみることで，ASD・ADHD かどうかを判定する「ASD・ADHD のリスク評価」を行えるとすればどうだろうか？　クリアしなければならない倫理的問題は多いにせよ，診断の客観性を確保するうえでの有効性は疑いえないであろう。

　ASD・ADHD の生物学的原因が明らかになれば，客観的なバイオマーカー開発への道が拓かれる。このような観点から，ASD・ADHD の生物学的原因解明を目的とした生命科学研究に，長年大きな期待が寄せられてきた。その成果として，ASD・ADHD のリスクファクターとなる数多の遺伝要因が明らかにされてきた。しかし，公表された研究知見の中には，他の研究グループにより再現されなかったものや，相互に矛盾するものも散見する。

2）従来型のバイオマーカー解析における ICT の活用

　脳の機能や構造，生体試料から得られる遺伝情報等に基づく ASD・ADHDリスク評価の試みは以前から行われてきた。これらの研究の成果は，ASD・ADHD の生物学的原因解明において，重要な役割を果たしている。近年では，

脳機能・形態データ，生体試料データを，人工知能で分析することで，ASD・
ADHD のリスク評価を自動化する試みも行われている。

　安静時脳活動データに基づく ASD の自動識別　ASD 研究において，ICT が最も頻
繁に活用されているのは，核磁気共鳴画像法（Magnetic Resonance
Imaging：MRI）を用いた脳研究であろう。MRI で計測した脳データの解析は，
ICT を駆使したデータ解析ノウハウの塊である。各国の研究者・研究機関が
開発した MRI データ解析用のソフトウェアが，オンラインで無償配布されて
おり，研究者はこれらのツールを自身の研究に活用している。

　近年では，何も考えていない安静状態における脳活動についての研究報告が
増大している。特に何も考えていないときでも，脳は活動していないわけでは
ない。むしろ，何もしていない安静時にこそ活動する神経ネットワークが存在
することが明らかになってきた。このような神経ネットワークをデフォルト・
モード・ネットワーク（Default Mode Network：DMN）とよぶ（Raichle &
Snyder, 2007）。

　安静時の脳活動計測では，計測される側は特に何かの課題を行う必要はない。
このため，同じ状態における脳活動データを，複数の施設で計測することがで
きる。複数の施設がデータを共有すれば，安静状態における脳活動データを大
量に収集することができる。

　このメリットを生かし，ASD 者の DMN 活動データを人工知能で分析する
ことで，ASD 自動診断技術を確立しようとする試みが行われている。たとえ
ばヤハタら（Yahata et al., 2016）は，成人の ASD 者と成人の定型発達者
の DMN 活動を計測し，そのデータを人工知能で分析することで，約 85% の
高精度で成人の ASD 者と定型発達者を識別することに成功している。

　脳波データに基づく ADHD 自動識別　ADHD の脳機能研究では，早くから，脳
波を ADHD のバイオマーカーとして活用しようとする試みが行われてきた。
脳を構成する神経細胞（ニューロン）は，お互いにネットワークを構成してい
る。脳が活動しているときには，ニューロンのネットワーク内を，電気信号が
流れていく。神経細胞が発生させる電気信号を，頭皮上で記録したデータが脳
波である。

　脳波研究では，通常，どのような脳活動を反映しているかが明らかになって

いる脳波成分（脳波の特徴）に着目して，データ分析を行う。たとえば，NoGo P3 とよばれる脳波成分は，ADHD の人々が苦手とする，衝動的行動を抑制する機能を反映していることが明らかになっている。従来の脳波研究では，NoGo P3 をはじめとした，すでにその性質が明らかになっている脳波成分の大きさや，脳波成分が出現する速さを，ADHD 者と定型発達者との間で比較する。これにより，ADHD 者の脳波の特徴を明らかにし，脳波を指標としたバイオマーカー開発に結びつけようとする試みが行われてきた。

　長年にわたり研究で活用されてきたこのアプローチの有効性は疑いようがなく，ADHD 者の脳機能の特徴に関して多くの知見を明らかにしてきた。しかし，特定の脳波成分にのみ着目して分析するこのアプローチでは，脳波データがもつ膨大な情報の一部しかデータ分析に活用できないというデメリットがある。

　従来の脳波データ分析がもつこの問題を解決するため，近年では，深層学習（Deep Learning）とよばれる人工知能技術を脳波分析に応用した研究が報告されつつある（Vahid et al., 2019；Dubreuil-Vall et al., 2020）。深層学習を応用した脳波データ分析により，ADHD 者と定型発達者を識別するうえで役立つ脳波成分を，自動的に抽出することができる。このため，従来の脳波分析とは異なり，ADHD のバイオマーカーとなりうる，理論では予想がつかないような脳波成分を発見できる可能性がある。深層学習がもつこの性質を活用することで，識別精度を向上させるだけでなく，ASD・ADHD の脳機能の非定型性に関して，既存の理論からは導くことができない新たな知見を見いだせる可能性がある。

(2) デジタル・フェノタイピング

　ASD・ADHD リスクのバイオマーカーを確立するためのもう 1 つのアプローチは，外に現れた行動の特徴を客観的に評価することで，リスク評価を行う手法である。近年では，動画像からさまざまな情報を分析するコンピュータビジョン技術をはじめとした ICT を，精神疾患患者の行動の特徴評価に，積極的に活用しようとする動きが見られる。

　我々が普段使用しているスマートフォンには，高精度カメラが標準装備され

ている。また，スマホの動きを感知する加速度計などのセンサーが埋め込まれている製品も多い。さらに，腕時計型心拍計・血圧計など，ウェアラブルな生体計測機器（Wearable Sensor：ウェアラブル・センサー）が，安価で市場に出回るようになった。これらのセンサーで得られる画像・生体情報を活用すれば，ASD・ADHD者の行動の特徴を客観かつ簡易に数値化するリスク評価技術を確立できる可能性がある。このように，ICTを用い行動の特徴を評価することを，デジタル・フェノタイピング（Digital Phenotyping）とよぶ（Dawson et al., 2018）。

デジタル・フェノタイピングのメリットの1つは，昨今社会的注目を集めている人工知能研究との相性がよいことである。人工知能の中核をなす機械学習とよばれる技術では，コンピュータシステムが，大量のデータを学習し，データの中にパターンを発見する。さらに，発見したパターンをもとに，各種の予測・推論を下せるようになる。

スマートフォンやウェアラブル・センサーが高性能化し，将来的に，多くの行動・生体情報を簡易に取得できるようになれば，これらのデータを大量に収集し，機械学習の学習用データとして活用することができるようになると期待される（図9-1）。これが実現すれば，デジタル・フェノタイピングにより得られたデータから，人工知能が，発達障害リスクを自動推定できるようになることも決して不可能ではないだろう。

行動の特徴の評価は，従来，実験心理学的手法を用いて行われることが多かった。実験心理学的手法を用いることで，ラップトップPCやタブレット端末で実施可能な簡易な課題を用いて，注意機能・記憶能力・実行機能（自己の行動を能動的にコントロールする能力）などの行動・認知機能を客観的に評価でき

図9-1　デジタル・フェノタイピングによる発達障害リスク評価・予測のイメージ

る。近年は，これらの従来手法に加え，ICT を活用することで，より簡易に多面的なデータの取得を可能にするデジタル・フェノタイピング技術の開発が進んでいる。

1) ASD のデジタル・フェノタイピング

　動画像から表情や姿勢を分析する表情・身体運動認識は，コンピュータビジョン研究の主要テーマの 1 つである。このため，表情・身体運動情報を自動解析するための技術が，すでに数多く開発されている。ASD のデジタル・フェノタイピングにおいては，これらの技術と人工知能を組み合わせることで，身体運動・社会行動の特徴を客観的に数値化し，ASD 者と定型発達者を自動識別する試みが行われている。

身体運動　ASD 者が運動機能の非定型性を呈することは，広く知られている。具体的には，手指運動の不器用さや筋緊張低下等が小児期から観察される（Paquet et al., 2016 ; Teitelbaum et al., 1998）。従来の身体運動評価は，経験を積んだ作業療法士によるアセスメントや，行動観察に依拠してきた。これに対し，近年では，カメラ等のセンサーを用いた，身体運動のデジタル・フェノタイピングが行われている。

　ドーソンら（Dawson et al., 2018）は，ASD 児を含む幼児を対象に，子ども向け動画を鑑賞中の顔の動きを，幼児の前に設置したタブレット端末で撮影した。撮影した顔画像を，コンピュータビジョン技術で分析することで，頭部の回転情報を抽出した。これにより，ASD 児は動画鑑賞時に，定型発達児の 2 倍近い頻度で頭部を動かすことを見いだしている。

　また，没入型ゲーム体験を実現するため，さまざまな種類のゲーム・コントローラーが開発されている。市販のゲーム・コントローラーは，身体運動のセンサーとしても活用することができる。任天堂 Wii のバランス・ボードを利用すると，体を前後左右に動かすことで，ゲーム内のキャラクターの動きを操作できる。これは，バランス・ボードに，体重心を計測する機能が備わっているためである。また，一世を風靡した Microsoft 社 Kinect センサーは，専用ソフトウェアと連動させることで，操作者の各関節の位置を検出することができる。

アーダランら（Ardalan et al., 2019）は，ゲーム・コントローラーの高機能性に着目し，Wiiバランス・ボードとMicrosoft Kinectを用いたASDのデジタル・フェノタイピングに取り組んだ。彼らの研究では，バランス・ボードとKinectを用い，ASD児と定型発達児を対象に，姿勢を一定に保つゲームを行っている際の体重心と，各関節の位置を計測した。これらのデータを人工知能で分析することで，90%近い精度で，ASD児と定型発達児を識別することができたと報告している。バランス・ボードやKinectは，専用の重心計や，体の動きを計測する専用装置であるモーション・キャプチャ・システムに比べて，その精度こそ劣るが，数十分の一から数百分の一のコストで導入できる。市販の低価格機器と人工知能の組み合わせによるロー・コストな自動診断補助技術の開発は，デジタル・フェノタイピング研究の重要課題になっていくと考えられる。

　スマートフォン・タブレット端末の普及に伴い，スクリーンに触れたときの，指の動きや圧力を測定できるタッチ・センサーが急速に身近なものになった。アンズレウィッツら（Anzulewicz et al., 2016）は，タブレット端末のタッチ・センサーの機能をASD児の身体運動のデジタル・フェノタイピングに活用した。

　この研究では，3〜6歳のASD児と定型発達児に，タブレット端末でゲームを行ってもらった。その際の手指運動の特徴を，タッチ・センサーで記録した。研究で収録した手指運動は，タブレット端末の画面に表示されたボタンを指で押す運動，地図を拡大するときのように2〜3本の指で画面を操作する

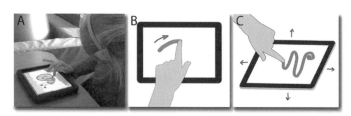

図9-2　ゲームで遊ぶ子どもの様子（A）と，タブレット端末で計測できる特徴的な手指運動（B，C）(Anzulewicz et al., 2016)

際の運動，画面をスワイプするときの運動，そして，画面から指を離す運動である。タッチ・センサーを用いることで，これらの運動を行っている際に手指が画面に加える圧力や，画面上での手指の運動軌跡・運動速度などの情報を得ることができる（図9-2）。

　アンズレウィッツらは，これらのデータを分析し，ASD児における手指運動の特徴を明らかにしたほか，人工知能と組み合わせることで，タッチ・センサーデータに基づき，90％を超える精度でASD児と定型発達児を識別することに成功している。すでに普及しているタブレット端末をセンサーとして用いたデジタル・フェノタイピングは，特別な設備を新たに導入することなく，アプリをインストールするだけで実施することができる。コストをかけずに大量のデータを収集することができるため，ASDの基礎研究のツールとして有効である。さらに，将来的にはこの技術を用いて，大人数を対象にASDの可能性がある児を早期に見つけ出すことができるようになる可能性がある（Millar et al., 2019）。

社会行動　社会的相互反応，社会的コミュニケーションの非定型性は，ASDの主たる症状の1つである。ASD者が表情・感情的音声等の社会的情報を認識する能力に関しては，すでに多くの研究が行われてきた。その一方で，表情・音声の表出に関する研究は，その研究手法が確立していないこともあり，比較的数が少ない。

　近年，ASD者における表情表出能力の評価に，コンピュータビジョン技術を取り入れた研究が報告されるようになった。たとえば，グロサードら（Grossard et al., 2020）は，表情を自動認識するプログラムを用いてASD児と定型発達児の表情を分析した。その結果，自動認識プログラムは，ASD児の幸福の表情を，怒りの表情と混同することが多かった。さらに，自動認識プログラムがASD児の表情を認識するには，定型発達児の表情を認識するときよりも，多くの画像情報を利用する必要があった。これらの結果は，従来指摘されてきたように，ASD児が，定型発達児とは若干異なる非定型的な表情表出を行うことを，ICTを活用して客観的に示したものであるといえる。

　ASDの社会的認知能力に関する実験心理学・脳科学研究では，実生活とはかけ離れた実験室環境での行動・脳活動を評価することが多い。これに対し，

ドリマラら（Drimalla et al., 2020）は実生活に近い会話場面をシミュレートし，その際の行動に基づき ASD 者・定型発達者を自動識別する試みを行った。

　実験では，会話の相手を演じる女優のビデオを，研究に参加した ASD 者・定型発達者に見てもらった。参加者は，女優から質問（「どんな食べ物が好き？」など）されるたびに，それに回答するよう促された。その最中の顔動画像と音声から，表情表出パターン・視線の動き・音声の特徴を数値化した。

　これらのデータを人工知能で分析した結果，約 75％の精度で，ASD 者と定型発達者を識別することができた。特筆すべきは，この研究が，行動の非定型性が外に現れにくい成人の ASD 者を対象に，動画を見た専門家による判断と遜色ない正答率を実現していることである。この研究のように，複数の情報を同時に活用するマルチモーダル計測が，自動識別精度の向上に果たす役割は大きいと考えられる。

　既存のデジタル・フェノタイピング技術の大半は，定型発達者と，ASD・ADHD 者との識別に焦点を当てている。したがって，デジタル・フェノタイピング技術を用いて，発達障害間の違いを識別できるかどうかは定かではない。

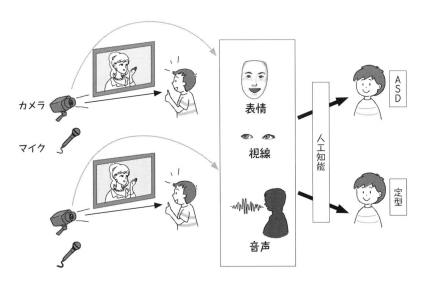

コンピュータビジョン・音声分析技術を取り入れた研究例

ASD は ADHD を合併することがある。この点に着目し，ADHD を併発した ASD 者（ASD ／ ADHD+）と併発していない ASD 者（ASD ／ ADHD －）をデジタル・フェノタイピングで識別できるかどうかを検証したのが，ジャイスワルら（Jaiswal et al., 2017）である。彼らの研究の参加者は，短い物語を聞き，その話に関する質問に回答するよう求められた。その様子を，Kinect センサーで計測し，表情の特徴や，頭部運動の大きさを数値化した。これらのデータを人工知能で分析することで，ASD ／ ADHD －と ASD ／ ADHD+ を，94％を超える精度で自動識別できたと報告している。この研究は研究参加者数も少なく，小規模な予備的研究の域を出ていない。したがって，発達障害間の識別におけるデジタル・フェノタイピング技術の有効性については，さらなる検証が必要である。

2）ADHD のデジタル・フェノタイピング

ADHD は，注意障害（不注意）に加え，多動性－衝動性コントロールの困難を呈することが多い。このうち，後者の症状は，身体動作の頻度・大きさとして外に現れやすい。この点に着目し，ADHD のデジタル・フェノタイピングにおいては，数分から数時間にわたり体動量（体の動きの頻度・大きさ）を連続的に記録し，体動量の大きさから多動性を数値化する試みが報告されている。

体動量の長時間連続記録では，ウェアラブルな体動記録装置であるアクチグラフが広く用いられている。アクチグラフを腕や足首に取り付けた状態で身体を動かすと，アクチグラフに加速度が生じる。アクチグラフは，この加速度を感知し，そのデータを長時間にわたり連続計測することができる。

ADHD 者を対象とした体動量計測では，授業時間中や，集中力を必要とする認知課題（フランカー課題等）遂行中の体動量を計測した結果が報告されている。たとえばカムら（Kam et al., 2011）は，授業時間中の児の体動を非利き手に取り付けたアクチグラフで連続記録した。その結果，ADHD 児では，定型発達児に比べ，加速度の大きな体動が授業時間中に多く見られることを見いだしている。

また，オルガネロら（Muñoz-Organero et al., 2018）はアクチグラフを

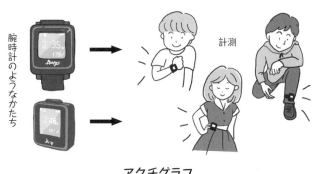

腕時計のようなかたち

計測

アクチグラフ

用いて，ADHD 児と定型発達児の日常生活における加速度データを長時間連続記録した。そのデータを人工知能により分析することで，定型発達児にはみられない，ADHD 児に特徴的な加速度変化パターンを見いだした。さらに，加速度変化パターンに基づき，ADHD 児と定型発達児を自動識別することに成功している。

　アクチグラフの弱点の 1 つは，1 つの加速度計で計測できるのは装着部位の動きのみであるため，全身の体動量を数値化するのがむずかしいという点にある。この問題を解決するため，ベーアマンとミュラー（Wehrmann & Müller, 2015）は，ADHD 者の動画像の圧縮率を利用したユニークな試みを行っている。

　PC で扱う動画は，ファイルサイズを小さくするために圧縮という処理を施される。たとえば，ある動画の中に，動きのない同じような映像がずっと映っていたとしよう。映像を圧縮すると，動きのない映像が，よりコンパクトな情報にまとめられてしまう。その結果，動画のファイルサイズが小さくなる。圧縮後に，動画のファイルサイズが何％減少したかを，圧縮率という。したがって，動きのない映像ほど圧縮率が大きくなる。

　ベーアマンらはこの特性を生かして，圧縮率を指標に，ADHD 者の全身体動量を定量化した。この手法のメリットは，アクチグラフと異なり，全身の体動量を定量化できることだけではない。アクチグラフのような体動測定のため

の特殊な装置を必要としないため，市販のカメラさえあればどこでも同じような解析を行えることと，過去の映像からでも全身の体動量の客観評価を簡単に行えることも大きなメリットである。

　このように，ADHD のデジタル・フェノタイピングにおいては，多動性を数値化する目的で，アクチグラフ等を用いた体動量計測が行われてきた。これらの研究では，体動量データに基づき ADHD 者と定型発達者とを自動識別できる可能性が示唆されている。その一方で，いくつかの研究では，アクチグラフ等により計測した体動量が，親・教師が評価した多動性－衝動性と，必ずしも相関しないとの知見も報告されている。

3）デジタル・フェノタイピングの成人および幼児の診断・リスク評価への活用

　比較的安価な機器で実施できるデジタル・フェノタイピングは，大人数に対して簡易に実施可能なため，これまで診断がついていなかった ASD・ADHD 者を発見するうえで役に立つと期待される。とりわけ，昨今社会的注目を集めている，大人の発達障害の診断補助と，ASD リスクがある児の早期発見においては，将来的に大きな役割を果たすようになる可能性がある。

大人の発達障害診断補助における活用　イギリスで行われたコミュニティベースの調査では，ASD と診断された児 3 人に対し，診断を受けないままに終わる児は約 2 名存在すると推定されている（Baron-Cohen et al., 2009）。この調査が行われた当時から状況は改善されているとはいえ，実際には ASD・ADHD を発症していながら，診断が下らず，医療的介入の恩恵を受けられない ASD・ADHD 者が多く存在することは疑いがない。とりわけ，ASD 者は，経験を積んだ専門家の数が少ないこともあり，見過ごされる可能性が高い。実際に，相当数の ASD 者が，診断を受けないまま成人し，老境を迎えることがあると報告されている（Foran, 2018）。

　ASD はしばしば他の精神疾患と誤診される。このため，過った方針に基づく治療を受け続けている者も多い。また，職場をはじめとした社会環境への適応に問題を抱えながら，その改善法がわからずに，深刻な精神的ストレスを抱えることもある。簡易に実施可能なデジタル・フェノタイピングを活用することで，診断を受けていない大人の発達障害者の検出が進み，かれらの生活の質

（QOL）向上に資することが期待される。

　成人の場合は，社会に溶け込むための工夫を重ねることで，苦手分野をカバーしていることもあるため，短時間の行動観察では問題を発見しにくいことも多い。簡易かつ客観的に非定型性を検出できるデジタル・フェノタイピングは，大人の発達障害診断にまつわる問題を克服できる可能性があるため，見過ごされた ASD 者を見つけ出すための，有効な診断補助技術となりうる。

ASD・ADHD 児の早期発見における活用　　ASD は，早期に医療的介入を行うことで，社会適応が大きく改善することが明らかにされている（Dawson et al., 2010）。現状，ASD の診断がつくのは，3 歳前後であるといわれている。しかし多くの研究から，正式に診断がつくようになる以前に，ASD の早期徴候が出現することが明らかにされている。

　乳児期における ASD の早期徴候に関する研究として有名なのは，オスターリングらの研究（Osterling et al., 2002）である。彼らは，ASD 児と定型発達児の保護者に依頼し，生後 1 歳の誕生日の様子を録画したビデオを収集・分析した。その結果，誕生日ビデオにおける ASD 児の行動には，定型発達児と比べて，他者の顔を見つめることが少ない，笑顔が少ない，物をつかむ動作がぎこちないなどの非定型性が見いだされた。類似の研究手法を用いることで，ASD 児は歩き始めた直後の歩行動作が左右非対称になりやすい，といった新たな知見が得られている（Esposito et al., 2011）。

　近年では，ASD ハイリスク児（ASD の兄弟がいる児）の発達の様子を，出生後から追跡調査するというアプローチによる研究が行われるようになった。このアプローチによる研究の代表例は，エルザバらによる研究である（Elsabbagh et al., 2012）。この研究では，定型発達児と，ASD ハイリスク児の発達を追跡した。その過程で，子どもたちが生後 10 か月になった時点で，他者の顔画像を見たときの脳波を計測した。その結果，10 か月時点で計測された視線に対する脳波反応が，成長後 ASD の診断を受けた児では，定型発達児とは異なることが明らかになった。このことから，ASD 児は，正式に診断がつく前の，生後 10 か月時点ですでに，顔刺激に対して非定型的な反応を示していることがわかる。

　これら ASD の早期徴候に基づいて，発達後に ASD の診断を受けるかどう

かを自動予測することは可能だろうか？　残念なことに，この点に関する実証的研究はまだ数が少ない。しかし，MRI を用いた乳児の脳発達研究では，いくつかの興味深い知見が報告されている。

　ASD 者は，定型発達者と比べて，体積の大きな脳をもっていることがかねてから指摘されてきた。ハズレットら（Hazlett et al., 2017）は，ASD ハイリスク児と定型発達児を対象に，MRI を用いて生後 6 か月以降の脳体積の発達を計測した。その結果，2 歳の時点で ASD の診断を受けた児では，ASD の診断を受けていない児に比べ，生後 6 ～ 10 か月の間における脳体積の増加速度が早いことを見いだした。さらに，脳データを人工知能で分析することで，生後 6 か月の脳体積データをもとに，90%近い精度で ASD 児と定型発達児を識別できることが明らかになった。生後 6 か月児の安静時の脳活動データを用いた研究でも，類似の結果が得られている（Emerson et al., 2017）。

　脳体積・活動の発達の非定型性は，行動の非定型性として外に現れてくる可能性が高い。このため，乳児期の脳体積・活動の特徴に基づき，生後 2 歳時点で ASD 診断がつくかどうかを予測できることを示したこれらの研究は，デジタル・フェノタイピングによる ASD 早期発見の可能性を示唆する知見であるといえる。

　ASD リスクがある児の早期発見を実現するには，MRI やアイトラッカーのような高額な設備を必要とせずに，行動を客観的に数値化できることが望ましい。ASD 児は，発達初期から，非定型的な身体運動を呈することが知られている（Paquet et al., 2016；Teitelbaum et al., 1998）。したがって，身体運動のデジタル・フェノタイピングは，ASD の早期発見技術の有力候補であると考えられる。しかし，ASD の早期徴候検出にコンピュータビジョンによる身体運動分析を応用した研究は，今のところほとんど存在しない。

　その一方で，将来的に，早期発見に役立つ技術の開発につながる可能性がある新たな知見も報告されている。黒目の中心には，眼球に光を取り込むための瞳孔とよばれる孔がある。瞳孔はカメラの絞りに相当する部位であり，眼球に入る光量を調整する働きを担っている。突然まぶしい光が眼に入射すると，瞳孔の直径が小さくなり，眼球に入る光量を減らそうとする。これを対光反射という。

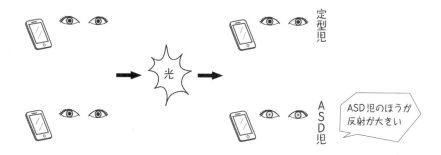

ASD 早期発見に活用できる技術革新に期待が高まる

ナイストロムら（Nyström et al., 2018）は，ASD ハイリスク児を対象に生後 10 か月時点での対光反射を計測した。その結果，3 歳の時点で ASD と診断された児では，生後 10 か月時点で，定型発達児よりも大きな対光反射が観察された。対光反射の計測には，これまで専用の瞳孔径測定器が必要とされてきた。しかし最近になって，スマートフォンに搭載されたハイスピードカメラを用いて，専用機器と遜色のない精度で瞳孔径計測を行える可能性が示された（McAnany et al., 2018）。これらの技術を ASD 児の発達についての研究の知見と融合させることで，ASD 早期発見に活用できる技術の幅が広がっていくことが期待される。

ADHD でも，診断がつく前の発達段階で，早期徴候が現れるのだろうか？ADHD 児の発達初期の様子に関する研究は，ASD に比べると数が少ない（Athanasiadou et al., 2019）。乳児期の自発的全身運動の特徴と，発達後の ADHD 症状との関連性を報告した研究も存在するが，あくまで散発的なものにとどまっている。ASD の例でもみられるように，身体運動パターンの評価は，デジタル・フェノタイピング技術の活用がさかんに行われている分野の 1 つである。今後は，発達初期の身体運動と，成長後の ADHD 症状との関連性に関する研究のいっそうの充実化が望まれる。

3. ICT を用いた ASD・ADHD への療育的介入

　従来，ASD・ADHD への介入は，ソーシャルスキル・トレーニングをはじめとした対面での療育等が主流だった。一方で，近年は，発達障害児の療育における ICT の積極的な活用が進んでいる。このうち，研究事例が多いのは，ある場面でどう振る舞うべきか，といった社会的に望ましい行動をとるために必要なスキルを学ぶ，スキル・トレーニングでの ICT の利用である。また，センサーが取得した生体情報を本人に伝え，望ましい精神・生理状態を身につけるべくトレーニングするニューロフィードバック（Neurofeedback）研究も長年行われている。以下では，ASD・ADHD 児向けの教材への活用事例と，ニューロフィードバックに焦点を絞り，ASD・ADHD への介入における ICT の利用について概説する。

(1) ASD・ADHD 向けの教材・生活支援

　ASD 児をはじめとする発達障害児は，タブレット端末などの情報機器に強い関心を示すことがあるといわれている。このため，発達障害児向けの教材作成への ICT 導入の初期には，数学や語学の個別学習にマルチメディア教材を利用する試みがさかんに行われてきた（Aspiranti et al., 2020）。しかし，マルチメディア教材の利用効果に関する実証研究は必ずしも多くない。したがって，マルチメディア教材利用の学習促進効果を議論するのは，時期尚早であると考えられる。

　近年，さかんになっているのは，情報端末の持ち運びやすさを生かし，ASD・ADHD 児の生活支援や，ASD・ADHD 児が苦手とする能力のスキル・トレーニングに ICT を活用する試みである。コリンズら（Kollins et al., 2020）が，ADHD 児を対象に行った大規模研究では，iPad を用いてゲーム感覚で行える 1 日 25 分の自己制御・注意能力トレーニングを，4 週間にわたって実施した。その結果，トレーニングを行っていない ADHD 児に比べ，トレーニングを受けた ADHD 児では，注意能力テスト成績に向上がみられたと報告している。

ASD 者の社会的コミュニケーション改善においても，他者の目の領域に注意を払うようトレーニングするゲームアプリが開発され，一定の効果をあげている（Fage et al., 2018）。また，エスコベドら（Escobedo et al., 2012）が発表した MOSOCO とよばれるアプリは，対面で他者とコミュニケーションをとっているときの ASD 児の振る舞い（コミュニケーション相手との距離，声のイントネーション等）をスマートフォンに埋め込まれたセンサーで計測する。そのデータを解析し，社会的に適切な行動がとれているかどうかを，ASD 児にリアルタイムで伝える機能を備えている。認知機能のトレーニングに加え，MOSOCO の例にみられるような生活支援技術の充実が，今後，ASD・ADHD 者の社会的適応に大きな役割を果たすことが期待される。

(2) ニューロフィードバック・トレーニング

特定の行動に対しフィードバック（報酬や罰）を与えることで，その行動をとるように仕向けたり，逆にその行動を抑制することができる。フィードバックを活用し行動を変化させる試みは，長年にわたって行われている。ADHD 児の行動に関しても，タイロンら（Tyron et al., 2006）が，体動量が一定のレベルを超えると警告を発するデバイスを用い，ADHD 児の多動性を抑制できるかどうかを検証している。

神経細胞が発生させる電気活動が頭皮上にまで伝わった信号が，脳波として記録されることは先に説明したとおりである。ASD・ADHD 者を対象とした脳波研究は数多く行われており，かれらに特徴的な脳波パターンについても，知見が蓄積されている。さらに，これらの脳波パターンのいくつかは，ASD・ADHD の症状重症度とも関連することが明らかにされている。

ニューロフィードバック・トレーニングとよばれる脳トレーニング法では，ASD・ADHD 者自身が，自らの意思の力で脳活動をコントロールできるようにする。具体的には，ASD・ADHD 症状と関連する脳波パターンの出現をコントロールできるようにトレーニングすることで，ASD・ADHD の症状改善をめざす。

ニューロフィードバック・トレーニングでは，参加者の脳波データを計測し

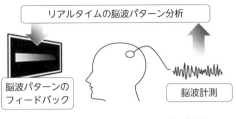

図9-3　ニューロ・フィードバックの概略

つつ，脳波データをリアルタムで処理し，その結果を，視聴覚的にフィードバックする（図9-3）。脳波パターンの変化に伴って状態が変化するアニメーションを提示することで，参加者にわかりやすく脳波の状態をフィードバックすることが多い。たとえば，ある脳波パターンが増加するとスピードが増大し，減少するとスピードが低下するような自動車のアニメーションを提示し，自動車ができるだけすばやくゴールにたどり着けるようにするゲームを行う。このようなゲーム感覚のトレーニングに取り組むことで，参加者が楽しみながら，脳活動をコントロールできるようにするのである。

　ADHD児を対象としたニューロフィードバック研究の嚆矢は，ルバーとシャウセの研究である（Lubar & Shouse, 1976）。この研究では，SMRとよばれる脳波を増大させるニューロフィードバック・トレーニングを行った。大脳皮質の運動野は，身体運動を引き起こす働きがある。SMRは，運動野の活動にブレーキをかける脳の働きを反映している。したがって，SMRが増大するほど，身体運動が起こりにくくなる。

　ルバーとシャウセは，多動性を呈する児を対象に，意思の力でSMRを増大させることができるよう，ニューロフィードバック・トレーニングを行った。その結果，参加した児のSMRが増加しただけではなく，SMR増加に伴う筋活動の低下が認められた。さらに，実験室外での行動にも，授業中における集中力などの改善が認められた。

　その後のニューロフィードバック研究では，SMRだけでなく，衝動性コントロールや注意機能など，さまざまな機能と関連する脳波パターンを意思の力でコントロールできるようにすることで，ADHD児の行動・症状改善がみら

れたと報告されている（Enriquez-Geppert et al., 2019 など）。

　ADHD と比較して，ASD を対象としたニューロフィードバック研究は数が少ない。とりわけ，ASD の社会的相互反応・社会的コミュニケーションの非定型性改善をめざしたニューロフィードバック・トレーニング開発の試みは少ない。

　ミラーシステムとよばれる神経ネットワークは，他者の意図や感情の理解に関連すると考えられている。一部の研究者は，このミラーシステム機能の非定型性が，ASD における社会行動の非定型性を生み出していると主張している（Ramachandran & Oberman, 2006）。この理論に基づき，ASD 者を対象にして，ミラーシステムの活動を反映するμ波とよばれる脳波をコントロールできるようにするニューロフィードバック・トレーニングが行われ，社会的コミュニケーション・社会的相互反応の改善において，一定の成果をあげている（Datko et al., 2018）。

　このように，ADHD 児を中心として，長年にわたり行われてきたニューロフィードバック・トレーニングは，ASD・ADHD 症状改善において一定の成果を収めている。しかし，ニューロフィードバック研究は，一部の例外を除き，研究対象者が少ない，研究デザインが適切ではないといった問題を抱えていることも多い。今後は，有効性が証明された治療法（投薬など）の効果と比較することで，ニューロフィードバック・トレーニングの効果を評価するといった工夫（Duric et al., 2012）を積み重ねることにより，エビデンスの質を高めていくことが必要である。

まとめ

　ASD・ADHD の診断には，経験を積んだ医師・心理士らによる面談やアセスメントが必要である。これらの手続きは，長い時間を要するほか，その評価から曖昧性を排除することができない。これらの問題を克服するため，長年にわたり，ASD・ADHD のバイオマーカー開発に大きな期待が寄せられてきた。遺伝情報をはじめとした生体情報解析や，MRI・脳波計測を用いた脳機能・形態解析は，ASD・ADHD の生物学的原因解明において大きな役割を果たしてきた。また，心理学分野では，さまざまな手法を用いて ASD・ADHD におけ

る行動の特徴を数値化する試みが行われてきた。さらに，これらのデータを人工知能により分析することで，バイオマーカーに基づき，ASD・ADHDリスクを自動評価することが可能になりつつある。

　これら，従来のバイオマーカー開発に加え，近年では，スマートフォンに搭載された各種センサーやウェアラブル・デバイスから取得したデータを，ICTを用いて解析することで，簡易かつ客観的に，行動の特徴を数値化するデジタル・フェノタイピング技術の開発が進んでいる。また，デジタル・フェノタイピングと人工知能を組み合わせた，ASD・ADHDリスクの自動評価が一定の成果を上げている。

　これら，ICTを用いた新たなASD・ADHDリスク評価法は，ASD・ADHDの早期発見や，大人の発達障害の診断補助にも有効であると考えられる。しかし，これらの研究の大半は，ASD・ADHD者と定型発達者の識別に焦点を合わせているため，発達障害間の違いを検出できるかどうかは不明である。また，自動識別の精度が上がってきているとはいえ，偽陽性率（誤ってASD・ADHDであると判断してしまう確率）・偽陰性率（ASD・ADHDであるにもかかわらず，そうではないと判断してしまう確率）が，現状では無視できないほど高い点は，大きな問題である。したがって，現時点では，これらの技術は，あくまで診断補助技術としての活用可能性が示唆された萌芽的段階にあると見なすのが妥当だろう。

　ICTの活用が期待されるのは，ASD・ADHDの診断補助だけではない。ASD・ADHDへの介入においても，ICTには大きな期待が寄せられている。すでにタブレット端末で利用できるマルチメディア教材の開発，ASD・ADHD者が苦手とする能力の向上を目的としたスキル・トレーニング，および，ニューロフィードバックなどの分野で，創意に富んだ研究が報告されている。しかし残念なことに，これらの大半は，その有効性の検証方法に方法論上の問題を抱えている。今後は，より綿密に計画された研究により，これら介入技術の有効性について質の高いエビデンスを得ることが不可欠である。

練習問題

◆以下の空欄に適切な単語を，下の欄から選びなさい。

1. 唾液や血液などの生体試料から測定できる，疾患のリスクを反映した生体情報を（　①　）と呼ぶ。代表的な（　①　）には，遺伝子やタンパク質量があるが，脳の形態・機能の情報を（　①　）として利用する試みも始まっている。これらの試みの中には，データの中に自動的にパターンを発見し推論を行う（　②　）技術を用いて脳データを分析することで，ASD・ADHD 者と定型発達者の自動識別に成功した例もある。

2. ICT を用いて精神疾患の行動の特徴を数値化することを（　③　）と呼ぶ。（　③　）の例として，タブレット端末のセンサーを用いて ASD 者の身体運動の特徴を分析する技術や，体動量を連続的に計測できる（　④　）で得られたデータから，ADHD 者の多動性を数値化する技術があげられる。

3. ICT は，ASD・ADHD 者のスクリーニングだけでなく，療育・生活支援にも導入されつつある。脳活動をリアルタイムで当事者に提示することで，自分の意思により脳活動をコントロールできるように訓練する（　⑤　）はその代表例である。

> ニューロフィードバック，機械学習，アクチグラフ，
> 脳波，デジタル・フェノタイピング，バイオマーカー

発達障害のニセ科学

　健康にまつわるニセ情報の影響の大きさを考えると，発達障害にまつわるニセ情報の拡散は，看過できない問題である。ニセ情報には，すぐに嘘とわかる荒唐無稽な話もあれば，科学的根拠があるかのように装ったニセ情報もある。このうち問題が深刻なのは，無論，後者のニセ科学（Pseudo-science）情報のほうである。

　発達障害にまつわるニセ科学情報として有名なのは，母親が冷淡な態度をとることで，子が自閉症になると主張する「冷蔵庫母（refrigerator mother）仮説」であろう。ASD児の母親にいわれのない罪悪感を抱かせることになったこの仮説は，提唱された1940年代当時は，真面目な学説として受け入れられていた。その主たる支持者が，ASD研究の祖の一人であるレオ・カナー（Kanner, 1943）だったことからも，当時の状況をうかがい知ることができよう。「冷蔵庫母仮説」の罪は重い。その反面，ASDに関する実証的研究がほとんど進んでいない当時の学術水準を考慮すると，人々を意図的にミスリードするために提唱されたわけではないらしいと推測される。

　その一方で，なんらかの意図があって流されたのではないかと邪推したくなる悪質なニセ科学情報も存在する。かつて大きな話題になった「自閉症ワクチン原因説」はその典型である。1998年にイギリスの医師アンドリュー・ウェイクフィールドら（Wakefield et al., 1998）は，高名な科学誌『ランセット（*Lancet*）』に，MMRワクチンの接種がASDの発症と関連性があるとする論文（以下，ランセット論文）を発表し，大きな反響をよんだ。しかし，その後の調査で，MMRワクチンとASDとの関連性はすぐさま否定されたほか，ウェイクフィールド自身にも重大な疑惑が持ち上がった。ワクチンを製造する会社に対し集団訴訟を準備していた団体から，ウェイクフィールドが研究資金を受け取っていたのに加え，ランセット論文で研究不正を行っていたことが明るみに出たのだ。最終的には，ランセット論文は撤回され，ウェイクフィールドも医師免許を失うこととなった。

　「冷蔵庫母仮説」にせよ，「自閉症ワクチン原因説」にせよ，今日では，すでに科学的根拠がないことが明らかになっている。「自閉症ワクチン原因説」に至っては，この説が提唱されるに至った裏事情さえ白日の下にさらされている。では，これらの説はすでに過去のものとなったと考えていいのだろうか？　答えはイエスでもありノーでもある。確かに，これらの仮説をまともに受け止める研究者は，現在ではほとんどいない。しかし，web上にあふれる健康情報・育児情報サイトをのぞくと，未だに，ワクチンとASDの関係性が事実であるかのように，もっともらしい説明つきで紹介されている。また，"伝統的子育て"により，発達障害を予防できるとする珍説に，「冷蔵庫母仮説」の残響を聞き取ることはできないだろうか？　一度，世の中に流布されたニセ情報は，姿を変えて生き続けるのである。

練習問題の解答と グループワークの考えるヒント

◆ 第 I 部 ◆

第 I 章

❖ 事例 1

①診断は ASD である。幼少期より、社会的コミュニケーションの困難さと行動、こだわりの強さがみられる。

・視線が合わない：あまり視線が合わず、聞こえていないように感じる。

・他人に関心がない：友達に興味がない。

・表情が乏しい：にっこり笑ったり、楽しそうにすることがない。

・一方的なコミュニケーション：ひろきくんは、保育士に好きな電車の名前や駅名を延々と説明し続ける。

・こだわり：いつもブロックを並べて遊んでいる。また以前ブロックがなくなったときはパニックを起こした。

・感覚過敏：体に触れると、泣き出した。

②子どもの特性を見極めて、一人ひとりに合った支援を行うことが大切である。

［例］

・できるところからスモールステップで支援する。

・時計などの視覚情報を用いて見通しを示す。

・他の子どもと交流できるように、保育士がサポートする。

・要求が言えるように、本人が困ったときは、人に相談することができるように支援する。

❖ 事例 2

①診断は ADHD である。学校と家庭の 2 か月の場面で不注意、多動性－衝動性の症状がみられる。

・落ち着かない：じっとしていられない。

・忘れ物が多い：忘れ物をする。

・整理整頓が苦手：机の中にいろんなものがある。部屋の片づけができない。

・集中困難：興味のない授業には関心を示さ

ない。気になるものが目に入ったり音が鳴ったりすると、注意がそれる。

・順番待ちができない：滑り台の順番待ちができない。

・思い立ったらすぐに行動する：衝動的に後先考えずに行動する。

②学校では例外を認めないという方針からは離れ、その子どもに合った支援を行う。

▶不注意については、ミスは起こりやすいということを前提にして生活の枠組みを立てていく。

［例］

・課題を 1 つに絞り、それ以外の多少のミスは認めるようにする。また提出物の期限から、優先順位を決めて、取り組むとよい。

・提出物などの管理は、スケジュール帳、スマートフォンのアプリを使用して、目に見える形で予定を入力する。またアラーム機能を使用するとよい。プリントの管理についても、スマートフォンのアプリを利用して、書類をスキャンして整理しておく。

・片づけるときには、クリアファイル、箱などを用意して、写真、ラベルシールを貼って管理する。また鍵など大切なものは、同じ場所に置くように習慣づける。

・興味のない科目、学ぶ能力に偏りがある場合には、タブレット機器を使用すると、読み書きが簡単になるので、学ぶ意欲にもつながる（對馬・林、2018）。

▶多動・衝動性については、過程をみて、いつも注意をするのではなく、結果がよければ OK にする。

・授業中に姿勢が悪いからといって、怒るのではなく、結果を重視するとよい。

・教室では、さまざまな刺激を少なくするために、一番前の席に座ることや、机の上に備え付けができる卓上パーテーションを使用する。

・試験中など集中したいときは、耳栓を使用

する。

・事故防止には，手をつないでおく，絵カードなどの視覚情報を用いて説明する，散歩のひもを使用するとよいだろう。

・場合によっては，主治医に相談のうえ，少量からの薬物療法を行うことも有効である。

第2章

① M-CHAT　　②／③ ADOS-2, CARS-2
④／⑤ ADI-R, DISCO　　⑥ ADHD-RS
⑦ Conners3　　⑧／⑨ CAARS, ASRS
⑩ CAADID

◆ 第2部 ◆

第3章

❖ 事例1

①担任は，ソウちゃんがなぜ激しく怒ったのかを考えて，ソウちゃんが読みたかった本を読める場をもつ。その場はクラス全体の場でもよいし，少人数の子どもたちの集まりでもよいし，担任と2人でもよい。ソウちゃんが怒り始めたときには，担任をもたないフリーの保育者に，ソウちゃんに対する個別対応をしてもらったり，クラスを任せて担任がソウちゃんと関われるようにしてもらったりして，園内で連携していく。

②ソウちゃんは，普段は担任の保育者が大好きだと思われるので，この本はどうしても読んでほしかったのだととらえることができる。どうしても読みたかったのはみんなの前で読みたかったのか，担任の保育者に聞かせたかったのかをソウちゃん本人に確認する。またソウちゃんの気持ちに寄り添いながら，これを良い機会としてとらえ，みんなの前で読むのがなぜ今はむずかしいのかを伝え，自分の思い通りにできる場とできない場についての理解が深まるようにする。好きな遊びの時間などには，自由に本が読めたりするようにしてみる。

❖ 事例2

①ヒジリくんがイライラしている様子がうかがえるので，どのような遊びが好きか，どのような場面だとイライラしやすいかを，人や

物（おもちゃなど）との接し方，場所・時間を含めて，保育者間でよく観察する。そしてヒジリくんと相性のよい（よく関わっている）保育者が，時間・場所を選び，友達との関わり方や，物の扱い方を，保育者がモデル（見本）を示して指導する。

②保護者もおそらく困っている可能性があるため，子どもの良いところから伝えていくようにする。また保護者面談を通じて，"本人の困りごと"として伝えていくことも必要になる。保護者から「どのように対応をすればよいですか？」などの相談を受けた場合には，関係機関と連携していく。関係機関との連携においては，自治体の巡回相談などの機会を活用することが大事である。園と関係機関で十分に連携しておき，専門家のアドバイスをもとにして，保護者と話をする。保護者側からの求めがあれば，療育センター等の関係機関との連携を提案していくことも必要である。

第4章

特別支援教育コーディネーターの先生の指摘から，全校集会は，いつき君にとって，逃げ場もなくストレスがたまる環境であると考えられる。このような中での教員の声かけは，「注意をされている経験」を積み重ねることになり，いつき君にさらにストレスを与えている可能性が高い。

個別の指導計画については，「集中して参加する」という目標は具体的な評価がむずかしいため，より具体的なスモールステップの目標にする必要がある。また，聴覚過敏があるASDのいつき君に対しては，声かけではなく，いつき君の特性に応じた手立てや教材を取り入れ，目標を達成できたことが，いつき君自身にもわかるような形で評価してあげることが重要である。さらに，朝会で話をする先生に協力を依頼するなど，いつき君だけではなく他の子どもにとってもプラスに働くような全体の支援も考えるとよい。

第5章

まず巡回相談を実施し，巡回相談員に子どもの観察をしてもらい，学校でできる対応に

ついてアドバイスをしてもらう。できれば，巡回相談員に保護者との面談をしてもらい，子どもの特性や学校での支援の在り方，外部専門機関との関わり方などについて説明してもらう。

欠席することを非難したり，子どもに対して学校を休まないように説得したりするのではなく，子どもがなぜ欠席するのかを検討する。学習の達成度はどうか，対人関係はどうかなど子どもの登校意欲に関係することをていねいに確認することが必要である。

学習の問題がある場合，子どもの認知特性，発達特性を把握し，認知能力の問題や不注意など，学習が困難になっている背景を探ることが必要である。

巡回相談，または医療機関，学校外の教育機関（例：教育委員会）などで発達検査などを実施し，生徒の特性を把握することが望ましい。

発達検査の結果や専門機関からの意見などに基づき，子どもの認知特性や行動，注意に合わせた学習環境を整備することは検討すべきであろう。通級指導教室の利用を検討したり，特別支援学級への転級を考えたりしたほうがよいこともある。いずれの教育スタイルでも教師による特別支援は必要である。授業内容を子どもにわかりやすくアレンジしたり，個別的な対応策を検討したりする。衝動的行動によって，注意を受けやすいようであれば，問題行動ではない行動を褒める対応を増やすことも必要である。このような子どもに合わせた支援を考える際に個別の教育指導計画や教育支援計画を作成することも不可欠である。

医療機関につながった場合，診断を受けたり，治療を受けたりすることもあるため，主治医との連携が必要になる。

保護者との連携も不可欠であるため，保護者との面談を通して十分な話し合いをしながら，支援を考えることが必要である。

第6章

まずは，当事者が発達障害の可能性があるか支援者としてのアセスメントをすることが求められる。上司や同僚などは専門家ではな

いため，発達障害について誤って認識していることがある。正しい知識に基づきアセスメントをしよう。発達障害の可能性がありながら，本人が否定している場合には，まずは診断の有無にとらわれず，本人の特性に応じた支援ができるか検討するのもよい。当事者が支援により楽になる体験をすることが，自身の特性の受容にもつながる可能性がある。

会社内で配慮を検討する場合には，現実には診断が必要とされる場合も多い。受診を促す際には，レッテル貼りとはならないこと，診断がある場合のメリットなどを合わせて本人に伝える必要がある。また，発達障害への認識は個々人で大きく異なり，当事者が偏った認識をもっている場合には，それを修正したうえで受診を促したほうがよい。いずれにしても，十分な工夫や配慮が望まれる。

第7章

❖ 問題1

① VBM（Voxel Based Morphometry）
② SBM（Surface Based Morphometry）
③拡散テンソル画像　④ fMRI（functional MRI）

❖ 問題2

①父親の年齢　②オキシトシン　③社会的相互反応障害

第8章

①二重盲検法　②／③／④／⑤コンサータ®，アトモキセチン／ストラテラ®，インチュニブ®，ビバンセ®　⑥オキシトシン　⑦抗精神病薬　⑧副作用　⑨／⑩ペアレント・トレーニング，ソーシャルスキル・トレーニング

第9章

①バイオマーカー　②機械学習　③デジタル・フェノタイピング　④アクチグラフ　⑤ニューロフィードバック

文献

第Ⅰ部

第1章

American Psychiatric Association (2013). *Diagnostic and statistical manual of mental disorders* (5th ed.). Arlington, VA: American Psychiatric Association. (米国精神医学会（著）日本精神神経学会（日本語版用語監修）髙橋三郎・大野 裕（監訳）(2014). DSM-5 精神疾患の診断・統計マニュアル 医学書院)

Danielson, M. L., Bitsko, R. H., Ghandour, R. M., Holbrook, J. R, Kogan, M. D, & Blumberg, S. J. (2018). Prevalence of parent-reported ADHD diagnosis and associated treatment among U.S. children and adolescents, 2016. *Journal of Clinical Child and Adolescent Psychology*, 47, 199-212.

本田秀夫 (2018). 発達障害がよくわかる本 講談社

市橋秀夫 (2018). 大人の発達障害——生きづらさへの理解と対処 講談社

Katzman, M. A., Bilkey, T. S., Chokka, P. R, Fallu, A., & Klassen, L. J. (2017). Adult ADHD and comorbid disorders: Clinical implications of a dimensional approach. *BMC Psychiatry*, 17 (302). doi: 10.1186/s12888-017-1463-3.

Kanai, C., Hashimoto, R., Itahashi, T., Tani, M., Yamada, T., Ota, H., Iwanami, A., & Kato, N. (2017). Cognitive profiles of adults with high-functioning autism spectrum disorder and those with attention-deficit/ hyperactivity disorder based on the WAIS-III. *Research in Developmental Disabilities*, 61, 108-115. doi: 10.1016/j.ridd.2016.12.008.

Kim, Y., Koh, M. K., & Park, K. J. (2020). WISC-IV intellectual profiles in Korean children and adolescents with attention deficit/hyperactivity disorder. *Psychiatry investigation*, 17 (5), 444-451. doi: 10.30773/pi.2019.0312.

Maenner, M. J., Shaw, K. A., & Baio, J. (Eds.), Washington, A., Patrick, M., DiRienzo, M., Christensen, D. L., Wiggins, L. D., Pettygrove, S., ...Dietz, P. M. (2020). Prevalence of Autism Spectrum Disorder among children aged 8 Years — Autism and developmental disabilities monitoring network, 11 sites, United States, 2016. *Morbidity and Mortality Weekly Report: Surveillance Summaries*, 69, 1-12. doi: 10.15585/mmwr.ss6904a1.

Moffitt T. E., Houts, R., Asherson, P., Beisky, D. W., Corcoran, D. L., Hammerie, M., ...Caspi, A. (2015). Is adult ADHD a childhood-onset neurodevelopmental disorder? Evidence from a four-decade longitudinal cohort study. *The American journal of psychiatry*, 172, 967-977.

Moura, O., Costa, P., & Simões, M. R. (2019). WISC-III cognitive profiles in children with ADHD: Specific cognitive impairments and diagnostic utility. *The Journal of general psychology*, 146, 258-282.

Sayal, K., Prasad, V., Daley, D., Ford, T., & Coghill, D. (2018). ADHD in children and young people: Prevalence, care pathways, and service provision. *The Lancet Psychiatry*, 5, 175-186. doi: 10.1016/S2215-0366 (17) 30167-0.

van Steensel, F. J. A., Bögels, S. M., & de Bruin, E. I. (2013). Psychiatric comorbidity in children with Autism Spectrum Disorders: A comparison with children with ADHD. *Journal of Child and Family Studies*, 22, 368-376.

對馬陽一郎（著）林 寧哲（監修）(2018). ちょっとしたことでうまくいく——発達障害の人が上手に働くための本 翔泳社

World Health Organization (2019). International Classification of Diseases, 11th Revision. https://icd.who.int/en (2020年12月23日閲覧)

第2章

American Psychiatric Association (2000). *Diagnostic and Statistical Manual of Mental Disorders DSM-IV-TR* (Text Revision) Subsequent Edition. American Psychiatric Publication

Inc.（高橋三郎・大野　裕・染矢俊幸（訳）(2004)．DSM-IV-TR 精神疾患の診断・統計マニュ
　　アル［新訂版］　医学書院）

American Psychiatric Association (2013)．*Diagnostic and statistical manual of mental
　　disorders* (5th ed.)．Arlington, VA: American Psychiatric Association.（米国精神医学会（著）
　　日本精神神経学会（日本語版用語監修）高橋三郎・大野 裕（監訳）(2014)．DSM-5 精神疾患
　　の診断・統計マニュアル　医学書院）

Baron-Cohen, S., Wheelwright, S., Skinner, R., Martin, J., & Clubley, E. (2001)．The autism-
　　spectrum quotient (AQ): Evidence from Asperger syndrome/high-functioning autism,
　　malesand females, scientists and mathematicians. *Journal of autism and developmental
　　disorders*, 31 (1), 5-17.

Brown, C., & Dunn, W. (2002)．*Adolescent/adult sensory profile*. San Antonio, TX: Pearson.

Conners, C. K. (2008)．*Conners 3rd edition manual*. Toronto, Ontario, Canada: Multi-Health
　　Systems.（田中康雄・坂本 律（訳）(2001)．Conners3 日本語版マニュアル　金子書房）

Conners, C. K., Erhardt, D., & Sparrow, E. (1998)．*Conners' Adult ADHD Rating Scales*.
　　Toronto: Multi Health Systems Inc.

Corsello, C., Hus, V., Pickles, A., Risi, S., Cook, E. H., Jr., Leventhal, B. L., & Lord, C. (2007)．
　　Between a ROC and a hard place: Decision making and making decisions about using the
　　SCQ. *Journal of Child Psychol Psychiatry,* 48 (9), 932-940. doi:10.1111/j.1469-
　　7610.2007.01762.x

DiLavore, P. C., Lord, C., & Rutter, M. (1995)．The pre-linguistic autism diagnostic observation
　　schedule. *Journal of Autism and Developmental Disorders*, 25 (4), 355-379.

Dunn, W. (1999)．*Sensory Profile: User's manual*. San Antonio, TX: Psychological Corporation.

Dunn, W., & Daniels, D. B. (2002)．*Infant Toddler Sensory Profile* (ITSP) *questionnaire*. San
　　Antonio, TX: Psychological Corporation.

DuPaul, G. J., Power, T. J., Anastopoulos, A. D., & Reid, R. (1998)．*ADHD Rating Scale—IV:
　　Checklists, norms, and clinical interpretation*. New York: Guilford Press.

Epstein, J., Johnson, D. E., & Conners, C. K. (2001)．*Conners' Adult ADHD Diagnostic
　　Interview for DSM-IV™*. Toronto: Multi Health Systems Inc.

Gotham, K., Pickles, A., & Lord, C. (2009)．Standardizing ADOS scores for a measure of severity in
　　autism spectrum disorders. *Journal of Autism and Developmental Disorders*, 39 (5),
　　693-705. doi:10.1007/s10803-008-0674-3

Gotham, K., Risi, S., Dawson, G., Tager-Flusberg, H., Joseph, R., Carter, A., ... Lord, C. (2008)．A
　　replication of the autism diagnostic observation schedule (ADOS) revised algorithms.
　　Journal of the American Academy of Child and Adolescent Psychiatry, 47 (6), 642-
　　651. doi:10.1097/CHI.0b013e31816bffb7

Gotham, K., Risi, S., Pickles, A., & Lord, C. (2007)．The autism diagnostic observation schedule:
　　Revised algorithms for improved diagnostic validity. *Journal of Autism and
　　Developmental Disorders*, 37 (4), 613-627. doi:10.1007/s10803-006-0280-1

Henderson, S., Sugden, D., & Barnett, A. L. (2007)．*The movement assessment battery for
　　children* (2nd ed.)．(Movement ABC-2). London: Psychological corporation.

Kamio, Y., Haraguchi, H., Stickley, A., Ogino, K., Ishitobi, M., & Takahashi, H. (2015)．Brief report:
　　Best discriminators for identifying children with autism spectrum disorder at an 18-month
　　health check-up in Japan. *Journal of Autism and Developmental Disorders*, 45 (12),
　　4147-4153. doi:10.1007/s10803-015-2527-1

Kessler, R. C., Adler, L., Ames, M., Demler, O., Faraone, S., Hiripi, E., ...Walters, E. E. (2005)．The
　　World Health Organization Adult ADHD self-report scale (ASRS): A short screening scale for
　　use in the general population. *Psychological Medicine*, 35 (2), 245-256.

Klin, A., Saulnier, C. A., Sparrow, S. S., Cicchetti, D. V., Volkmar, F. R., & Lord, C. (2007)．Social
　　and communication abilities and disabilities in higher functioning individuals with autism
　　spectrum disorders: The Vineland and the ADOS. *Journal of Autism and Developmental
　　Disorders*, 37 (4), 748-759.

黒田美保 (2013)．発達障害の特性把握のためのアセスメント　臨床心理学, 13 (4), 473-478.

黒田美保 (2014)．心理学的見方から：ASD のアセスメント　心理学ワールド, 67, 9-12.

Le Couteur, A., Rutter, M., Lord, C., Rios, P., Robertson, S., Holdgrafer, M., & McLennan, J. (1989)．

Autism diagnostic interview: A standardized investigator-based instrument. *Journal of Autism and Developmental Disorder*, 19（3）, 363-387.

Lord, C., Risi, S., Lambrecht, L., Cook Jr, E. H., Leventhal, B. L., DiLavore, P. C., …Rutter, M.（2000）. The autism diagnostic observation schedule—generic: A standard measure of social and communication deficits associated with the spectrum of autism. *Journal of Autism and Developmental Disorder*, 30（3）, 205-223.

Lord, C., Rutter, M., DiLavore, P., Risi, S., Gotham, K., & Bishop, S.（2012）. *Autism diagnostic observation schedule*（2nd ed.）.（ADOS-2）. Los Angeles, CA: Western Psychological Services.（黒田美保・稲田尚子（監修・監訳）（2015）. ADOS-2 日本語版 マニュアル 金子書房）

Lord, C., Rutter, M., Goode, S., Heemsbergen, J., Jordan, H., Mawhood, L., & Schopler, E.（1989）. Autism diagnostic observation schedule: A standardized observation of communicative and social behavior. *Journal of Autism and Developmental Disorder*, 19（2）, 185-212.

Nakai, A., Miyachi, T., Okada, R., Tani, I., Nakajima, S., Onishi, M., …Tsujii, M.（2011）. Evaluation of the Japanese version of the developmental coordination disorder questionnaire as a screening tool for clumsiness of Japanese children. *Research in Developmental Disabilities*, 32（5）, 1615-1622.

日本感覚統合学会（2011）. JPAN 感覚処理・行為機能検査 パシフィックサプライ

日本感覚統合障害研究会・MAP 標準化委員会（編訳）(1989). 日本版ミラー幼児発達スクリーニング検査マニュアル HBJ

Robins, D. L., Fein, D., Barton, M. L., & Green, J. A.（2001）. The modified checklist for autism in toddlers: An initial study investigating the early detection of autism and pervasive developmental disorders. *Journal of Autism and Developmental Disorder*, 31（2）, 131-144.

Rutter, M., Bailey, A., & Lord, C.（2003）. *The social communication questionnaire: Manual*. Los Angeles, CA: Western Psychological Services.（土屋賢治・黒田美保・稲田尚子（マニュアル監修）ADI-R 日本版研究会（監訳）（2013）. ADI-R 日本語版 金子書房）

Schopler, E., Van Bourgondien, M., Wellman, J., & Love, S.（2010）. *Childhood autism rating scale*（2nd ed.）(CARS-2): Manual. Los Angeles: Western Psychological Services.

Sparrow, S. S., Cicchetti, D. V., & Balla, D. A.（2005）. *Vineland Adaptive Behavior Scales*（2nd ed.）(Vineland-Ⅱ). Minneapolis, MN: NCS Pearson, Inc.

Wilson, B. N., Crawford, S. G., Green, D., Roberts, G., Aylott, A., & Kaplan, B. J.（2009）. Psychometric properties of the revised developmental coordination disorder questionnaire. *Physical & occupational therapy in pediatrics*, 29（2）, 182-202.

Wing, L., Leekam, S. R., Libby, S. J., Gould, J., & Larcombe, M.（2002）. The diagnostic interview for social and communication disorders: Background, inter‐rater reliability and clinical use. *Journal of child psychology and psychiatry*, 43（3）, 307-325.

第 2 部

第 3 章

堀 正嗣（1998）. 障害児教育とノーマライゼーション──「共に生きる教育」をもとめて 明石書店

文部科学省（2007）. 特別支援教育パンフレット（前編・後編）

文部科学省（2018）. 幼稚園教育要領解説 フレーベル館

野本茂夫（2012）. 特集 2 保育園・幼稚園での特別支援の実情──どの子にもうれしい保育になるために 教育と医学, 60（5）, 58-65.

鯨岡 峻（2009）. 障害児保育（pp. 15-22）ミネルヴァ書房

第 4 章

Ayers, H., Clarke, D., & Murray, A.（2014）. *Perspectives on behavior. A practical guide to effective interventions for teachers*（2nd ed）. New York: Routledge.

発達障害の支援を考える議員連盟（編著）（2017）. 改正発達障害者支援法の解説──正しい理解と支

援の拡大を目指して　ぎょうせい

Koegel, R., & Koegel, L.（2012）. *The PRT pocket guide: Pivotal response treatment for autism spectrum disorders.* Baltimore, MD: Paul H. Brookes. ケーゲル・R・L, ケーゲル・L（著）小野 真・佐久間徹・酒井亮吉（訳）（2016）. 発達障がい児のための新しい ABA 療育 PRT──Pivotal Response Treatment の理論と実践　二瓶社

国立重度知的障害者総合施設のぞみの園（2014）. 強度行動障害支援者養成研修（基礎研修）受講者用テキスト

国立特別支援教育総合研究所（2016）. 小中学校等で学習する重度の障害のある子どもの教育の充実に関する予備的研究──就学の経緯、教育目標・内容、交流及び共同学習の状況等に焦点をあてて（平成 27 年度 研究のまとめ）

行動障害児（者）研究会（1989）. 強度行動障害児（者）の行動改善および処遇のあり方に関する研究　キリン記念財団助成研究

Livingston Parish Public Schools（2020）. RTI-Response to Intervention. http://lpsb.org/parents/curriculum/r_t_i-_response_to_intervention（2020 年 8 月 8 日閲覧）

文部科学省（2009）. 特別支援教育の推進に関する調査研究協力者会議（第 14 回）配付資料 資料Ⅰ

文部科学省（2018）. 特別支援学校教育要領・学習指導要領解説 自立活動編（幼稚部・小学部・中学部）

文部科学省初等中等教育局（2016）. 教育課程部会特別支援教育部会 第 8 回資料 3 - 1「重複障害者等の教育課程の取扱い」の規定を踏まえた各教科の目標及び内容の連続性についての検討

文部科学省初等中等教育局（2019a）. 特別支援教育課 平成 30 年度特別支援学校教員の特別支援学校教諭免許状保有状況等調査結果の概要

文部科学省初等中等教育局（2019b）. 特別支援教育課 特別支援教育資料（平成 30 年）

文部科学省初等中等教育局（2019c）. 特別支援教育課 通級による指導のガイドの作成に関する検討会議資料──参考資料「通級による指導の現状」

文部科学省初等中等教育局（2020）. 特別支援教育課 初めての通級による指導を担当する教師のためのガイド

中村満紀男（2019）. 日本障害児教育史［戦後編］明石書店

庭野賀津子（2011）. 特別支援教育支援員活用の現状に関する調査研究──学級担任との連携における課題 東北福祉大学研究紀要, **35**, 265-277.

野口晃菜・米田宏樹（2014）. 特別学級・代替学校における障害のある児童生徒の通常教育カリキュラムへのアクセスの現状と課題──米国イリノイ州 15 学校区を中心に 障害科学研究, **38**, 117-130.

岡野由美子（2020）. 通級による指導担当教員の研修体制に関する一考察──特別支援教育センターの研修講座の実戦から 奈良学園大学紀要, **12**, 13-22.

岡野由美子・松田智子（2019）. 障害特性に応じた指導方法の工夫──自閉スペクトラム症のある児童生徒の自立活動について 奈良学園大学紀要, **10**, 29-38.

長田洋一・都築繁幸（2015）. 小学校通級指導教室における発達障害児の指導内容と指導形態の検討 障害者教育・福祉学研究, **11**, 67-77.

佐藤雅彦・浦野 弘（2017）. 特別の教育課程を必要とする場合の教育課程編成の現状とそれが教員に与える負担──特別支援教育を対象とした既存の調査結果から 秋田大学教育文化学部教育実践研究紀要, **39**, 127-136.

立松英子（2009）. 発達支援と教材教具──子どもに学ぶ学習の系統性　ジアース教育新社

俵 幸嗣（2020）. 特別支援教育に関する最新動向 令和元年度国立特別支援教育総合研究所セミナー講演資料

United Nations Department of Economic and Social Affairs, Division for Social Policy and Development.（2018）. *The United Nations and disability: 70 years of the work towards a more inclusive world.* New York: United Nations.

山口順也・岩田吉生（2017）. 小中学校の特別支援学級の教員の精神健康度とストレス要因──メンタルヘルスチェックの分析結果から 愛知教育大学教職キャリアセンター紀要, **2**, 33-40.

米田宏樹・野口晃菜・本間貴子（2011）. 米国の水準にもとづく教育における特別教育の実際──イリノイ州 Palatine CCSD15 の訪問から SNE ジャーナル, **17**（1）, 52-70.

第 4 章コラム

趙 成河・園山繁樹（2018）. 自閉スペクトラム症児の偏食に対する食物同時提示法の適用 自閉症スペクトラム研究, **15**（2）, 37-50.

第5章

傳田健三（2012）．小児のうつ病——発達障害の視点から　日本小児科医会会報，(44), 18-20.

本田秀夫(2020)．学童期・思春期の発達障害の子どもたちへの医療の関わり　小児の精神と神経, 60(1), 29-37.

金原洋治（2017）．多職種連携のコツ　小児科診療, 80 (7), 43-48.

小林潤一郎（2020）．発達障害医療は子どもの学校生活にどうかかわるか？——教師とともに子どもの学びを支える医療を目指して　小児の精神と神経, 60 (1), 11-19.

文部科学省（2009）．特別支援学校学習指導要領解説自立活動編
　　　　https://www.mext.go.jp/component/a_menu/education/micro_detail/__icsFiles/
　　　　afieldfile/2009/06/18/1278525.pdf（2020 年 10 月 22 日閲覧）

文部科学省（2010）．特別支援教育について 第 3 部　学校用（小・中学校）
　　　　https://www.mext.go.jp/a_menu/shotou/tokubetu/material/1298167.htm.

文部科学省（2015）．中央教育審議会 チームとしての学校の在り方と今後の改善方策について（答申）
　　　　https://www.mext.go.jp/b_menu/shingi/chukyo/chukyo0/toushin/__icsFiles/afieldfi
　　　　le/2016/02/05/1365657_00.pdf（2020 年 10 月 22 日閲覧）

西村 一・鈴木悠介(2017)．学校訪問を契機に診療が大きく展開した 2 症例　小児の精神と神経, 57(3), 199-204.

笹森洋樹（2018）．相談機関・専門機関を上手に活用するために　LD, ADHD & ASD, 15, 8-19.

清水康夫（2010）．ADHD を含めた発達障害にかんする医療と教育の連携のあり方——情緒障害通級指導教室との連携システム化に向けて　精神科治療学, 25 (7), 947-954.

第6章

American Psychiatric Association（1994）．*Diagnostic and statistical manual of mental disorders*（4th ed.）．American Psychiatric Publication Inc.

American Psychiatric Association（2013）．*Diagnostic and statistical manual of mental disorders*（5th ed.）．Arlington, VA: American Psychiatric Association.（米国精神医学会（著）日本精神神経学会（日本語版用語監修）高橋三郎・大野 裕（監訳）(2014)．DSM-5 精神疾患の診断・統計マニュアル　医学書院）

中村干城・井手孝樹・田中 祐（2008）．都立精神保健福祉センターにおける広汎性発達障害者のコミュニケーション・トレーニング・プログラムについて　デイケア実践研究, 12 (2), 193-200.

昭和大学発達障害医療研究所（2014）．平成 25 年度厚生労働省障害者総合福祉推進事業 青年期・成人期発達障害者の医療分野の支援・治療についての現状把握と発達障害を対象としたデイケア（ショートケア）のプログラム開発
　　　　https://www.mhlw.go.jp/file/06-Seisakujouhou-12200000-Shakaiengokyokushougaihokenfu
　　　　kushibu/0000067424.pdf（2020 年 12 月 17 日閲覧）

横井英樹・五十嵐美紀・小峰洋子・森田哲平・岩波 明（2013）．成人期注意欠如多動性障害者に対する心理社会的支援プログラムの開発　明治安田こころの健康財団研究助成論文集, 49, 87-96.

第3部

第7章

Aoki, Y., & Yamasue, H.（2015）．Reply: Does imitation act as an oxytocin nebulizer in autism spectrum disorder? *Brain*, 138 (7), e361.

Aoki, Y., Watanabe, T., Abe, O., Kuwabara, H., Yahata, N., Takano, Y., ...Yamasue, H.（2015）．Oxytocin's neurochemical effects in the medial prefrontal cortex underlie recovery of task-specific brain activity in autism: A randomized controlled trial. *Molecular psychiatry*, 20(4), 447-453.

Baron-Cohen, S.（2002）．The extreme male brain theory of autism. *Trends in Cognitive Sciences*, 6 (6), 248-254.

Furman, D. J., Chen, M. C., & Gotlib, I. H.（2011）．Variant in oxytocin receptor gene is associated with amygdala volume. *Psychoneuroendocrinology*, 36 (6), 891-897.

Happé, F., Ronald, A., & Plomin, R.（2006）．Time to give up on a single explanation for autism.

Nature Neuroscience, **9** (10), 1218-1220.

Hart, H., Radua, J., Mataix-Cols, D., & Rubia, K. (2012). Meta-analysis of fMRI studies of timing in attention-deficit hyperactivity disorder (ADHD). *Neuroscience and biobehavioral reviews*, **36** (10), 2248-2256.

Hart, H., Radua, J., Nakao, T., Mataix-Cols, D., & Rubia, K. (2013). Meta-analysis of functional magnetic resonance imaging studies of inhibition and attention in attention-deficit/ hyperactivity disorder: Exploring task-specific, stimulant medication, and age effects. *JAMA psychiatry*, **70** (2), 185-198.

Hazlett, H. C., Gu, H., Munsell, B. C., Kim, S. H., Styner, M., Wolff, J. J., ...Giedd, J. N. (2017). Early brain development in infants at high risk for autism spectrum disorder. *Nature*, **542** (7641), 348-351.

Inoue, H., Yamasue, H., Tochigi, M., Abe, O., Liu, X., Kawamura, Y., ...Kasai, K. (2010). Association between the oxytocin receptor gene and amygdalar volume in healthy adults. *Biological Psychiatry*, **68** (11), 1066-1072.

Kojima, M., Yassin, W., Owada, K., Aoki, Y., Kuwabara, H., Natsubori, T., ...Yamasue, H. (2018). Neuroanatomical correlates of advanced paternal and maternal age at birth in autism spectrum disorder. *Cerebral cortex*, **29** (6), 2524-2532.

Kosaka, H., Omori, M., Munesue, T., Ishitobi, M., Matsumura, Y., Matsumura, Y., ...Wada, Y. (2010). Smaller insula and inferior frontal volumes in young adults with pervasive developmental disorders. *NeuroImage*, **50** (4), 1357-1363.

Lau, W. K. W., Leung, M-K., Zhang, R., (2020). Hypofunctional connectivity between the posterior cingulate cortex and ventromedial prefrontal cortex in autism: Evidence from coordinate-based imaging meta-analysis. *Progress in Neuro-Psychopharmacology and Biological Psychiatry*, **103**, 109986.

Lenroot, R. K., Gogtay, N., Greenstein, D. K., Wells, E. M., Wells, E. M., Wallace, G. L., ...IBIS Network. (2007). Sexual dimorphism of brain developmental trajectories during childhood and adolescence. *NeuroImage*, **36** (4), 1065-1073.

Lombardo, M. V., Pierce, K., Eyler, L. T., Carter Barnes, C., Ahrens-Barbeau, C., Solso, S., ...Courchesne, E. (2015). Different functional neural substrates for good and poor language outcome in autism. *Neuron*, **86** (2), 567-577.

Lukito, S., Norman, L., Carlisi, C., Radua, J., Hart, H., Simonoff, E., ...Rubia, K. (2020). Comparative meta-analyses of brain structural and functional abnormalities during cognitive control in attention-deficit/hyperactivity disorder and autism spectrum disorder. *Psychological medicine*, **50** (6), 894-919.

Nakao, T., Radua, J., Rubia, K., & Mataix-Cols, D. (2011). Gray matter volume abnormalities in ADHD: Voxel-based meta-analysis exploring the effects of age and stimulant medication. *The American journal of psychiatry*, **168** (11), 1154-1163.

Philip, R. C. M., Dauvermann, M. R., Whalley, H. C., Baynham, K., ...Stanfield, A. C. (2012). A systematic review and meta-analysis of the fMRI investigation of autism spectrum disorders. *Neuroscience and biobehavioral reviews*, **36** (2), 901-942.

Plichta, M. M., & Scheres, A. (2014). Ventral-striatal responsiveness during reward anticipation in ADHD and its relation to trait impulsivity in the healthy population: A meta-analytic review of the fMRI literature. *Neuroscience and biobehavioral reviews*, **38**, 125-134.

Radua, J., Via, E., Catani, M., & Mataix-Cols, D. (2011). Voxel-based meta-analysis of regional white-matter volume differences in autism spectrum disorder versus healthy controls. *Psychological medicine*, **41** (7), 1539-1550.

Redcay, E., & Courchesne, E. (2005). When is the brain enlarged in autism? A meta-analysis of all brain size reports. *Biological Psychiatry*, **58** (1), 1-9.

Rojas, D. C., Smith, J. A., Benkers, T. L., Camou, S. L., Reite, M. L., & Rogers, S. J. (2004). Hippocampus and amygdala volumes in parents of children with autistic disorder. *The American journal of psychiatry*, **161** (11), 2038-2044.

Saito, Y., Suga, M., Tochigi, M., Abe, O., Yahata N., Kawakubo, Y., ...Yamasue, H. (2013). Neural correlate of autistic-like traits and a common allele in the oxytocin receptor gene. *Social cognitive and affective neuroscience*, **9** (10), 1443-1450.

Sasayama, D., Hayashida, A., Yamasue, H., Harada, Y., Kaneko, T., Kasai, K., ...Amano, N. (2010). Neuroanatomical correlates of attention-deficit-hyperactivity disorder accounting for comorbid oppositional defiant disorder and conduct disorder. *Psychiatry and clinical neurosciences*, **64** (4), 394-402.

van Ijzendoorn, M. H., & Bakermans-Kranenburg, M. J. (2012). A sniff of trust: meta-analysis of the effects of intranasal oxytocin administration on face recognition, trust to in-group, and trust to out-group. *Psychoneuroendocrinology*, **37** (3), 438-443.

Via, E., Radua, J., Cardoner, N., Happé, F., & Mataix-Cols, D. (2011). Meta-analysis of gray matter abnormalities in autism spectrum disorder: Should Asperger disorder be subsumed under a broader umbrella of autistic spectrum disorder? *Archives of general psychiatry*, **68** (4), 409-418.

Watanabe, T., Abe, O., Kuwabara, H., Yahata, N., Takano, Y., Iwashiro, N., ...Yamasue, H. (2014). Mitigation of sociocommunicational deficits of autism through oxytocin-induced recovery of medial prefrontal activity: A randomized trial. *JAMA psychiatry*, **71** (2), 166-175.

Watanabe, T., Yahata, N., Abe, O., Kuwabara, H., Inoue, H., Takano, Y., ...Yamasue, H. (2012). Diminished medial prefrontal activity behind autistic social judgments of incongruent information. *PLoS One*, **7** (6), e39561.

Yamasaki, S., Yamasue, H., Abe, O., Suga, M., Yamada, H., Inoue, H., ...Kasai, K. (2010). Reduced gray matter volume of pars opercularis is associated with impaired social communication in high-functioning autism spectrum disorders. *Biological Psychiatry*, **68** (12), 1141-1147.

Yamasue, H., Abe, O., Suga, M., Yamada, H., Rogers, M., Aoki, S., ...Kasai, K. (2008). Sex-linked neuroanatomical basis of human altruistic cooperativeness. *Cerebral cortex*, **18** (10), 2331-2340.

Yamasue, H., Ishijima, M., Abe, O., Sasaki, T., Yamada, H., Suga, M., ...Kasai, K. (2005). Neuroanatomy in monozygotic twins with Asperger disorder discordant for comorbid depression. *Neurology*, **65** (3), 491-492.

Yamasue, H., Kuwabara, H., Kawakubo, Y., & Kasai, K. (2009). Oxytocin, sexually dimorphic features of the social brain, and autism. *Psychiatry and clinical neurosciences*, **63** (2), 129-140.

Yamasue H., Suga M., Yahata N., Inoue H., Tochigi M., Abe O., ...Kasai, K. (2011). Reply to: Neurogenetic effects of OXTR rs2254298 in the extended limbic system of healthy caucasian adults. *Biological Psychiatry*, **70** (9), e41-e42.

Yamasue, H., Yee, J. R., Hurlemann, R., Rilling, J. K., Chen, F. S., Meyer-Lindenberg, A., & Tost, H. (2012). Integrative approaches utilizing oxytocin to enhance prosocial behavior: from animal and human social behavior to autistic social dysfunction. *The Journal of neuroscience*, **32** (41), 14109-14117.

Yassin, W., Kojima, M., Owada, K., Kuwabara, H., Gonoi, W., Aoki, Y., ...Yamasue, H. (2019). Paternal age contribution to brain white matter aberrations in autism spectrum disorder. *Psychiatry and clinical neurosciences*, **73** (10), 649-659.

Yokokura, M., Takebasashi, K., Takao, A., Nakaizumi, K., Yoshikawa, E., Futatsubashi, M., ...Ouchi, Y. (2020). In vivo imaging of dopamine D1 receptor and activated microglia in attention-deficit/hyperactivity disorder: A positron emission tomography study. *Molecular psychiatry*, **164** (3 Pt 1), 942-10. Advance online publication. doi: 10.1038/s41380-020-0784-7

第8章

Andari, E., Duhamel J-R., Zalla, T., Herbrecht, E., Leboyer, M. & Sirigu, A. (2010). Promoting social behavior with oxytocin in high-functioning autism spectrum disorders. *Proceedings of the National Academy of Sciences of the United States of America*, **107** (9), 4389-4394.

Auyeung, B., Lombardo, M. V., Heinrichs, M., Chakrabarti, B., Sule, A., Bethlehem, R.A.I., Dickens, L., Mooney, N., Sipple, J.A.N., Thiemann, P. & Baron-Cohen, S. (2015). Oxytocin increases eye contact during a real-time, naturalistic social interaction in males with and without autism. *Translational Psychiatry*, **5** (2), e507.

Baron-Cohen, S. (2008). *Autism and Asperger Syndrome: the facts*. Oxford University Press.

水野 薫・鳥居深雪・岡田 智（訳）（2011）．自閉症スペクトラム入門――脳・心理から教育・治療までの最新知識　中央法規出版

Barton, J. (2005). Atomoxetine: A new pharmacotherapeutic approach in the management of attention deficit/hyperactivity disorder. *Archives of Disease in Childhood*, **90** (Suppl 1), i26-29.

Biederman, J., Krishnan, S., Zhang, Y., McGough, J. J. & Findling, R. L. (2007). Efficacy and tolerability of lisdexamfetamine dimesylate (NRP-104) in children with attention-deficit/hyperactivity disorder: a phase III, multicenter, randomized, double-blind, forced-dose, parallel-group study. *Clinical Therapeutics*, **29** (3), 450-463.

Boon-yasidhi, V., Kim, Y. S., & Scahill, L. (2005). An open-label, prospective study of guanfacine in children with ADHD and tic disorders. *Journal of the Medical Association of Thailand*, **88** (suppl 8), S156-162.

Caballero, J. & Nahata, M. C. (2003). Atomoxetine hydrochloride for the treatment of attention-deficit/hyperactivity disorder. *Clinical Therapeutics*, **25** (12), 3065-3083.

後藤涼子・野中由花・小野久江（2011）．大学生における ADHD の認知度調査　臨床教育心理学研究, **37**, 23-26.

後藤太郎・竹綱正典・梅木康宏・佐々木奈緒・山崎裕義・平田祐子（2014）．臨床研究・症例報告 日常診療下における小児期の注意欠陥／多動性障害患者に対するアトモキセチンの安全性および有効性評価　小児科臨床, **67** (2), 285-296.

東田陽博（2013）．社会性記憶と自閉症：末梢オキシトシン投与による症状改善と CD38 の一塩基置換 *Drug Delivery System*, **28** (4), 310-317.

東田陽博・棟居俊夫（2013）．自閉症とオキシトシン, CD38 の関連について　脳と発達, **45** (6), 431-435.

堀内史枝（2018）．注意欠如・多動症の薬物療法：小児に対するグアンファシンの効果　精神科 *Psychiatry*, **32** (3), 277-281.

石田 悠・宮島 祐・森地振一郎・菅波佑介・小穴信吾・山中 岳・星加明徳（2011）．小児注意欠陥多動性障害に対するメチルフェニデート徐放剤の効果　東京醫科大學雑誌, **69** (3), 374-381.

岩坂英巳（2016）．行動療法, 特にソーシャルスキル・トレーニング（SST）　齊藤万比古（編）注意欠如・多動症―ADHD―の診断・治療ガイドライン［第4版］(pp. 275-279) じほう

医薬・生活衛生局医薬品審査管理課（2017）．インチュニブ錠1mg, 同錠 3mg 審議結果報告書 https://www.pmda.go.jp/drugs/2017/P20170412001/340018000_22900AMX00511000_A100_1.pdf.（2020 年 10 月 22 日閲覧）

医薬・生活衛生局医薬品審査管理課（2019a）．インチュニブ錠1mg, 同錠 3mg 審議結果報告書 https://www.pmda.go.jp/drugs/2019/P20190612001/340018000_22900AMX00511_A100_1.pdf（2020 年 10 月 22 日閲覧）

医薬・生活衛生局医薬品審査管理課（2019b）．ビバンセカプセル20mg, 同錠 30mg 審議結果報告書 https://www.pmda.go.jp/drugs/2019/P20190315001/340018000_23100AMX00296_A100_1.pdf（2020 年 10 月 22 日閲覧）

Jordan, I., Robertson, D., Catani, M., Craig, M. & Murphy, D. (2012). Aripiprazole in the treatment of challenging behaviour in adults with autism spectrum disorder. *Psychopharmacology*, **223** (3), 357-360.

Kanat, M., Spenthof, I., Riedel, A., van Elst, L. T., Heinrichs, M. & Domes, G. (2017). Restoring effects of oxytocin on the attentional preference for faces in autism. *Translational Psychiatryy*, **7**, e1097.

片瀬創平・岸本桂子・海老原毅・米山 明・長瀬美吾・福島紀子（2015）．ADHD を有する子供の親が抱える薬物治療への不安に関する質的研究 *Journal of pharmaceutical communication*：日本ファーマシューティカルコミュニケーション学会会誌, **13** (1), 19-31.

Kent, J. M., Hough, D., Singh, J., Karcher, K. & Pandina, G. (2013). An open-label extension study of the safety and efficacy of risperidone in children and adolescents with autistic disorder. *Journal of Child and Adolescent Psychopharmacology*, **23** (10), 676-686.

北 道子（2016）．ペアレント・トレーニング　齊藤万比古（編）注意欠如・多動症―ADHD―の診断・治療ガイドライン［第4版］(pp. 266-271) じほう

小暮陽介・阿部美穂子・水内豊和（2007）．グループペアレント・トレーニングプログラムの効果についての検討――教育センターにおける実践から　富山大学人間発達科学部紀要, **2** (1), 137-144.

小貫 悟・名越斉子・三和 彩（2004）．LD・ADHD へのソーシャルスキルトレーニング　日本文化科学社

Kosfeld, M., Heinrichs, M., Zak, P. J., Fischbacher, U. & Fehr, E.（2005）．Oxytocin increases trust in humans. *Nature*, **435**（2）, 673-676.

桑原 斉（2013）．子どもの自閉症スペクトラム障害（ASD）児童青年精神医学とその近接領域, **54**（2）, 99-118.

Lee, H. J., Macbeth, A. H., Pagani, J. H. & Yong, W. S. 3rd.（2009）．Oxytocin: the great facilitator of life. *Progress in Neurobiology*, **88**, 127-151.

Marcus, R. N., Owen, R., Kamen, L., Manos, G., McQuade, R. D., Carson, W. H., & Aman, M. G.（2009）．A placebo-controlled, fixed-dose study of aripiprazole in children and adolescents with irritability associated with autistic disorder. *Journal of the American Academy of Child and Adolescent Psychiatry*, **48**, 1110-1119.

McDougle, C. J., Scahill, L., Aman, M. G., ··· Vitiello, B.（2005）．Risperidone for the core symptom domains of autism: results from the study by the autism network of the research units on pediatric psychopharmacology. *American Journal of Psychiatry*, **162**, 1142-1148.

Michelson, D., Faries D., Wernicke, J., Kelsey, D., Kendrick, K., Sallee F. R., ...the Atomoxetine ADHD Study Group.（2001）．Atomoxetine in the treatment of children and adolescents with attention-deficit/hyperactivity disorder: A randomized, placebo-controlled, dose-response study. *Pediatrics*, **108**（5）, e83.

三嶋宏和（2020）．ADHD 治療薬（中枢神経刺激剤）リスデキサンフェタミンメシル酸塩（ビバンセⓇ 日本病院薬剤師会雑誌, **56**（2）, 220-222.

Munesue, T., Yokoyama, S., Nakamura, K., Anitha, A., Yamada, K., Hayashi, K., ...Nakatani, H.（2010）．Two genetic variants of CD38 in subjects with autism spectrum disorder and controls. *Neuroscience Research*, **67**, 181-191.

武蔵博文・松本奈緒美・山本かおり・水内豊和（2010）．発達障害児童を対象としたソーシャルスキル・トレーニングの効果——感情のコントロールを中心としたソーシャルスキルの獲得をめざして　香川大学教育実践総合研究,（20）, 71-84.

中田洋二郎（2010）．発達障害のペアレントトレーニング短縮版プログラムの有用性に関する研究　立正大学心理学研究所紀要, **8**, 55-63.

太田豊作（2017）．抗 ADHD 薬を用いることの功罪　児童青年精神医学とその近接領域, **58**（5）, 659-663.

太田豊作・飯田順三・岩坂英巳（2013）．子どもの注意欠如・多動性障害の標準的診療指針を目指して　児童青年精神医学とその近接領域, **54**（2）, 119-131.

Owen, R., Sikich, L., Marcus, R. N., Corey-Lisle, P., Manos, G., McQuade, R. D., ...Findling, R. L.（2009）．Aripiprazole in the treatment of irritability in children and adolescents with autistic disorder. *Pediatrics*, **124**（6）, 1533-1540.

Pandina, G. J., Bossie, C. A., Youssef, E., Zhu Y. & Dunbar, F.（2007）．Risperidone improves behavioral symptoms in children with autism in a randomized, double-blind, placebo-controlled trial. *Journal of Autism and Developmental Disorders*, **37**（2）, 367-373.

齊藤万比古（編）（2016）．注意欠如・多動症—ADHD—の診断・治療ガイドライン［第4版］じほう

佐久間隆介・軍司敦子・後藤隆章・北 洋輔・小池敏英・加我牧子・稲垣真澄（2012）．二次元尺度化による行動解析を用いた発達障害児におけるソーシャルスキルトレーニングの有効性評価　脳と発達, **44**（4）, 320-326.

佐々木剛（2018）．小児期 AD/HD に対するグアンファシン塩酸塩徐放錠（インチュニブ）治療：症例を中心に）*Japanese journal of clinical medicine*, **76**（4）, 626-631.

佐藤正恵・植田映美・小川香織（2010）．ADHD 児の保護者に対するペアレント・トレーニングの有用性について　アルテスリベラレス（岩手大学人文社会科学部紀要）, **86**, 27-40.

Scahill, L., Aman, M. G., McDougle, C. J., McCracken, J. T., Tierney, E., Dziura, J., ...Vitiello, B.（2006）．A prospective open trial of guanfacine in children with pervasive developmental disorders. *Journal of Child and Adolescent Psychopharmacology*, **16**（5）, 589-598.

Scahill, L., McDougle, C. J., Aman, M. G., Johnson, C., Handen, B., Bearss, K., ...Research Units on Pediatric Psychopharmacology Autism Network.（2012）．Effects of risperidone and parent training on adaptive functioning in children with pervasive developmental disorders and serious behavioral problems. *Journal of Child and Adolescent Psychopharmacology*, **51**

(2), 136-146.

Spigset, O., Brede, W. R., & Zahlsen, K.（2007）. Excretion of methylphenidate in breast milk. *American Journal of Psychiatry*, 164（2）, 348.

Stein, M. A., Sarampote, C. S., Waldman, I. D., Robb, A. S., Conlon, C., Pearl, P. L., ...Newcorn, J. H.（2003）. A dose-response study of OROS methylphenidate in children with attention-deficit/hyperactivity disorder. *Pediatrics*, 112（5）, e404.

鈴田泰子・菊池陽子（2007）. 軽度発達障害児のソーシャルスキル・トレーニングに関する試み――東北福祉大学特別支援教育研究センターにおける実践から 東北福祉大学研究紀要, 31, 261-275.

田中康雄（2010）. ADHDの心理・社会的治療 児童青年精神医学とその近接領域, 51（2）, 120-132.

上林靖子（監）北 道子・河内美恵・藤井和子（編）（2009）. こうすればうまくいく発達障害のペアレント・トレーニング実践マニュアル 中央法規出版

宇佐美政英（2017）. 子どもの抗精神病薬使用の適用とリスク・ベネフィット 児童青年精神医学とその近接領域, 58（5）, 652-659.

Vitiello, B.（2012）. Principles in using psychotropic medication in children and adolescents. In Rey J. M.（ed）, *IACAPAP e-Textbook of Child and Adolescent Mental Health*. Geneva: International Association for Child and Adolescent Psychiatry and Allied Professions.

Watanabe, T., Abe, O., Kuwabara, H., Yahata, N., Takano, Y., Iwashiro, N., ...Yamasue, H.（2014）. Mitigation of sociocommunicational deficits of autism through oxytocin-induced recovery of medical prefrontal activity: A randomized trial. *JAMA Psychiatry*, 71（2）, 166-175.

Watanabe, T., Kuroda, M., Kuwabara, H., Aoki, Y., Iwashiro, N., Tatsunobu, N., ...Yamasue, H.（2015）. Clinical and neural effects of six-week administration of oxytocin on core symptoms of autism. *Brain*, 138, 3400-3412.

Watanabe, T., Yahata, N., Kawakubo, Y., Inoue, H.,Takano, Y., Iwashiro, N., ...Yamasue, H.（2014）. Network structure underlying resolution of conflicting non-verbal and verbal social information. *Social Cognitive and Affective Neuroscience*, 9（6）, 767-775.

Whitham, C.（1991）. *Win the Whining War & Other Skirmishes: A family peace plan*. Los Angeles: Perspective Publishing. ウィッタム・C（著）上林靖子・中田洋二郎・藤井和子・井潤知美・北 道子（訳）（2002）. 読んで学べるADHDのペアレントトレーニング 明石書店

Wigal, T., Brams, M., Gasior, M., Gao, J., Squires, L. & Giblin, J.（2010）. Randomized, double-blind, placebo-controlled, crossover study of the efficacy and safety of lisdexamfetamine dimesylate in adults with attention-deficit/hyperactivity disorder: Novel findings using a simulated adult workplace environment design. *Behavioral and Brain Functions*, 6, 34.

Wigal, S. B., Kollins, S. H., Childress, A. C. & Squires, L.（2009）. A 13-hour laboratory school study of lisdexamfetamine dimesylate in school-aged children with attention-deficit/hyperactivity disorder. *Child and Adolescent Psychiatry and Mental Health*, 3, 17.

Wink, L. K., Early, M., Schaefer, T., Pottenger, A., Horn, P., McDougle, C. J. & Erickson, C. A.（2014）. Body mass index change in autism spectrum disorders: comparison of treatment with risperidone and aripiprazole. *Journal of Child and Adolescent Psychopharmacology*, 24（2）, 78-82.

山末英典（2018a）. 自閉スペクトラム症に対するオキシトシン治療効果の医師主導Randomized Controlled Trial――マルチモダリティ脳画像解析の応用 日本生物学的精神医学会誌, 29（3）, 109-113.

山末英典（2018b）. わかりあう難しさの脳基盤とオキシトシンによるその治療の試み 高次脳機能研究, 38（2）, 139-146.

Yamasue, H. & Domes, G.（2018）. Oxytocin and autism spectrum disorders. *Current Topics in Behavioral Neurosciences*, 35, 449-465.

油井邦雄（2012）. 自閉症スペクトラム障害の社会的相互性障害に対する治療薬の効果と比較・検討 精神経誌, 114（8）, 934-940.

第9章

American Psychiatric Association（2013）. *Diagnostic and statistical manual of mental disorders*（5th ed.）. Arlington, VA: American Psychiatric Association.（米国精神医学会（著）

日本精神神経学会（日本語版用語監修）高橋三郎・大野 裕（監訳）（2014）．DSM-5 精神疾患の診断・統計マニュアル　医学書院）

Anzulewicz, A., Sobota, K., & Delafield-Butt, J. T.（2016）. Toward the autism motor signature: Gesture patterns during smart tablet gameplay identify children with autism. *Scientific Reports*, **6**（31107）. doi: 10.1038/srep31107.

Ardalan, A., Assadi, A. H., Surgent, O. J., & Travers, B. G.（2019）. Whole-Body Movement during Videogame Play Distinguishes Youth with Autism from Youth with Typical Development. *Scientific Reports*, **9**（20094）. doi: 10.1038/s41598-019-56362-6.

Aspiranti, K. B., Larwin, K. H., & Schade, B. P.（2020）. iPads/ tablets and students with autism: A meta-analysis of academic effects. *Assistive Technology*, **32**（1）, 23-30. doi: 10.1080/10400435.2018.1463575.［Epub 2018 Jun 26.］

Athanasiadou, A., Buitelaar, J. K., Brovedani, P., Chorna, O., Fulceri, F., Guzzetta, A., Scattoni, M. L.（2019）. Early motor signs of attention-deficit hyperactivity disorder: A systematic review. *European Child & Adolescent Psychiatry*, **29**, 903-916. doi: 10.1007/s00787-019-01298-5.

Baron-Cohen, S., Scott, F. J., Allison, C., Williams, J., Bolton, P, Matthews F. E., & Brayne, C.（2009）. Prevalence of autism-spectrum conditions: UK school-based population study. *British Journal of Psychiatry*, **194**（6）, 500-509.

Coravos, A., Khozin, S., & Mandl, K. D.（2019）. Developing and adopting safe and effective digital biomarkers to improve patient outcomes. *NPJ Digital Medicine*, **2**（14）. doi: 10.1038/s41746-019-0090-4.

Datko, M., Pineda, J. A., & Müller, R. A.（2018）. Positive effects of neurofeedback on autism symptoms correlate with brain activation during imitation and observation. *European Journal of Neuroscience*, **47**（6）, 579-591.

Dawson, G., Campbell, K., Hashemi, J., Lippmann, S. J., Smith, V., Carpenter, K., ...Sapiro, G.（2018）. Atypical postural control can be detected via computer vision analysis in toddlers with autism spectrum disorder. *Scientific Reports*, **8**（17008）.

Dawson, G., Rogers, S., Munson, J., Smith, M., Winter, J., Greenson, J., Donaldson, A., ...Varley, J.（2010）. Randomized, controlled trial of an intervention for toddlers with autism: The early start denver model. *Pediatrics*, **125**（1）, e17-23.

Drimalla, H., Scheffer, T., Landwehr, N., Baskow, I., Roepke, S., Behnia, B., & Dziobek, I.（2020）. Towards the automatic detection of social biomarkers in autism spectrum disorder: Introducing the simulated interaction task（SIT）. *NPJ Digital Medicine*, **3**（25）. doi: 10.1038/s41746-020-0227-5.

Dubreuil-Vall, L., Ruffini, G., & Camprodon, J. A.（2020）. Deep learning convolutional neural networks discriminate adult ADHD from healthy individuals on the basis of event-related spectral EEG. *Frontiers in Neuroscience*, **14**（251）. doi: 10.3389/fnins.2020.00251.

Duric, N. S., Assmus, J., Gundersen, D., & Elgen, I. B.（2012）. Neurofeedback for the treatment of children and adolescents with ADHD: A randomized and controlled clinical trial using parental reports. *BMC Psychiatry*, **12**（107）. doi: 10.1186/1471-244X-12-107.

Elsabbagh, M., Mercure, E., Hudry, K., Chandler, S., Pasco, G., Charman, T., ...BASIS Team（2012）. Infant neural sensitivity to dynamic eye gaze is associated with later emerging autism. *Current Biology*, **22**（4）, 338-342.

Emerson, R. W., Adams, C., Nishino, T., Hazlett, H. Cody., Wolff, J. J., Zwaigenbaum, L., ...Piven, J.（2017）. Functional neuroimaging of high-risk 6-month-old infants predicts a diagnosis of autism at 24 months of age. *Science Translational Medicine*, **9**（393）, eaag2882. doi: 10.1126/scitranslmed.aag2882.

Enriquez-Geppert, S., Smit, D., Pimenta, M. G., & Arns, M.（2019）. Neurofeedback as a treatment intervention in ADHD: Current evidence and practice. *Current Psychiatry Reports*, **21**（6）, 46. doi: 10.1007/s11920-019-1021-4.

Escobedo, L., Nguyen, D. H., Boyd, L. E., Hirano, S., Alejandro, R., García-Rosas, D., ...Hayes, G. R.（2012）. MOSOCO: A mobile assistive tool to support children with autism practicing social skills in real-life situations. *Proceedings of the 2012 ACM Annual Conference on Human Factors in Computing Systems*, 2589-2598.

Esposito, G., Venuti, P., Apicella, F., & Muratori, F. (2011). Analysis of unsupported gait in toddlers with autism. *Brain and Development*, 33 (5), 367-373.

Fage, C., Consel, C. Y., Balland, E., Etchegoyhen, K., Amestoy, A., Bouvard, M., & Sauzéon, H. (2018). Tablet apps to support first school inclusion of children with autism spectrum disorders (ASD) in mainstream classrooms: A pilot study. *Frontiers in Psychology*, 9 (2020). doi: 10.3389/fpsyg.2018.02020.

Foran, L. L. (2018). Identifying autism spectrum disorder in undiagnosed adults. *The Nurse Practitioner*, 43 (9), 14-18.

Grossard, C., Dapogny, A., Cohen, D., Bernheim, S., Juillet, E., Hamel, F., ...Chaby, L. (2020). Children with autism spectrum disorder produce more ambiguous and less socially meaningful facial expressions: An experimental study using random forest classifiers. *Molecular Autism*, 11 (5). doi: 10.1186/s13229-020-0312-2.

Hazlett, H. C., Gu, H., Munsell, B.C., Kim, S. H., Styner, M., Wolff, J. J., ...The IBIS Network (2017). Early brain development in infants at high risk for autism spectrum disorder. *Nature*, 542 (7641), 348-351. doi: 10.1038/nature21369.

Jaiswal, S., Valstar, M. F., Gillott, A., & Daley, D. (2017). Automatic Detection of ADHD and ASD from Expressive Behaviour in RGBD Data. *12th IEEE International Conference on Automatic Face & Gesture Recognition* (FG2017), Washington, D. C., 762-769. doi: 10.1109/FG.2017.95.

Kam, H. J., Lee, K., Cho, S. M., Shin, Y. M., & Park, R. W. (2011). High-resolution actigraphic analysis of ADHD: A wide range of movement variability observation in three school courses - A Pilot Study. *Healthcare Informatics Research*, 17 (1), 29-37.

Kollins, S. H., DeLoss, D. J., Cañadas, E., Lutz, J., Findling, R. L., Keefe, R. S. E., ...Faraone, S. V. (2020). A novel digital intervention for actively reducing severity of paediatric ADHD (STARS-ADHD): A randomized controlled trial. *Lancet Digital Health*, 2 (4), PE168-E178. doi: 10.1016/S2589-7500 (20) 30017-0.

Lubar, J. F., & Shouse, M. N. (1976). EEG and behavioral changes in a hyperkinetic child concurrent with training of the sensorimotor rhythm (SMR): A preliminary report. *Biofeedback and Self-Regulation*, 1 (3), 293-306. doi: 10.1007/BF01001170.

McAnany, J. J., Smith, B. M., Garland, A., & Kagen, S. L. (2018). iPhone-based pupillometry: A novel approach for assessing the pupillary light reflex. *Optometry and Vision Science*, 95 (10), 953-958. doi: 10.1097/OPX.0000000000001289.

Millar, L., McConnachie, A., Minnis, H., Wilson, P., Thompson, L., Anzulewicz, A., ...Delafield-Butt, J. (2019). Phase 3 diagnostic evaluation of a smart tablet serious game to identify autism in 760 children 3–5 years old in Sweden and the United Kingdom. *BMJ Open*, 9 (7), e026226. doi: 10.1136/bmjopen-2018-026226.

Muñoz-Organero, M., Powell, L., Heller, B., Harpin, V., & Parker, J. (2018). Automatic extraction and detection of characteristic movement patterns in children with ADHD based on a convolutional neural network (CNN) and acceleration images. *Sensors (Basel)*, 18 (11), 3924. doi: 10.3390/s18113924.

Nyström, P., Gliga, T., Nilsson Jobs, E., Gredebäck, G., Charman, T., Johnson, M. H., ...Falck-Ytter, T. (2018). Enhanced pupillary light reflex in infancy is associated with autism diagnosis in toddlerhood. *Nature Communications*, 9 (1), 1678. doi: 10.1038/s41467-018-03985-4.

Osterling, J. A., Dawson, G., & Munson, J. A. (2002). Early recognition of 1-year-old infants with autism spectrum disorder versus mental retardation. *Development and Psychopathology*, 14 (2), 239-251.

Paquet, A., Olliac, B., Bouvard, M. P., Golse, B., & Vaivre-Douret, L. (2016). The semiology of motor disorders in autism spectrum disorders as highlighted from a standardized neuro-psychomotor assessment. *Frontiers in Psychology*, 7, 1292. doi: 10.3389/fpsyg.2016.01292.

Raichle, M. E, & Snyder, A. Z. (2007). A default mode of brain function: A brief history of an evolving idea. *NeuroImage*, 37 (4), 1083-1090.

Ramachandran, V. S., & Oberman, L. M. (2006). Broken mirrors: A theory of autism. *Scientific American*, 295, 62-69.

Teitelbaum, P., Teitelbaum, O., Nye, J., Fryman, J., & Maurer, R. G.（1998）. Movement analysis in infancy may be useful for early diagnosis of autism. *Proceedings of National Academy of Sciences in United States of America*, **95**（23）, 13982-13987.

Tryon, W. W., Tryon, G. S., Kazlausky, T., Gruen, W., & Swanson, J. M.（2006）. Reducing hyperactivity with a feedback actigraph: Initial findings. *Clinical Child Psychology and Psychiatry*, II（4）, 607-617. doi: 10.1177/1359104506067881.

Vahid, A., Bluschke, A., Roessner, V., Stober, S., & Beste, C.（2019）. Deep learning based on event-related EEG differentiates children with ADHD from healthy controls. *Journal of Clinical Medicine*, **8**（7）, 1055. doi: 10.3390/jcm8071055.

Wehrmann, T., & Müller, J. M.（2015）. An objective measure of hyperactivity aspects with compressed webcam video. *Child and Adolescent Psychiatry and Mental Health*, **9**（45）. doi: 10.1186/s13034-015-0076-1.

Yahata, N., Morimoto, J., Hashimoto, R., Lisi, G., Shibata, K., Kawakubo, Y., ...Kawato, M.（2016）. A small number of abnormal brain connections predicts adult autism spectrum disorder. *Nature Communications*, **7**（11254）. doi: 10.1038/ncomms11254.

第9章コラム

Kanner, L.（1943）. Autistic disturbances of affective contact. *Nervous Child*, **2**, 217-250.

Sathyanarayana Rao, T. S., & Andrade, C.（2011）. The MMR vaccine and autism: Sensation, refutation, retraction, and fraud. *Indian Journal of Psychiatry*, **53**（2）, 95-96. doi: 10.4103/0019-5545.82529.

Wakefield, A. J., Murch, S. H., Anthony, A., Linnell, J., Casson, D. M., Malik, M., ...Walker-Smith, J. A.（1998）. Ileal-lymphoid-nodular hyperplasia, non-specific colitis, and pervasive developmental disorder in children. *Lancet*, **351**（9103）, 637-641.

索引

執筆者一覧（執筆順）

*は編著者

金井　智恵子 *	（和洋女子大学人文学部）	第 1 部 第 1 章，コラム 1・2・7・8
黒田　美保	（帝京大学文学部）	第 1 部第 2 章
田島　大輔	（和洋女子大学人文学部）	第 2 部 第 3 章，コラム 3
本間　貴子	（国士舘大学文学部）	第 2 部 第 4 章，コラム 4
岩永　竜一郎	（長崎大学生命医科学域）	第 2 部 第 5 章，コラム 5
太田　晴久	（昭和大学発達障害医療研究所）	第 2 部 第 6 章，コラム 6，第 3 部第 8 章
山末　英典	（浜松医科大学精神医学講座）	第 3 部第 7 章
入口　真夕子	（琉球大学国際地域創造学部）	第 3 部第 8 章
正高　信男	（元京都大学霊長類研究所）	第 3 部第 8 章
土居　裕和 *	（国士舘大学理工学部）	第 3 部 序説，第 9 章，コラム 9

編著者紹介

土居　裕和（どい　ひろかず）

2004 年　東京大学大学院情報学環・学際情報学府　博士前期課程修了
現　在　国士舘大学理工学部人間情報学系　准教授（学術博士）

【主著・論文】

"Social Scaffolding of Vocal and Language Development" *The Origins of Language Revisited: Differentiation from Music and the Emergence of Neurodiversity and Autism*.（pp.115-137. ）Springer　2020 年

"Unconscious Presentation of Fearful Face Modulates Electrophysiological Responses to Emotional Prosody" *Cerebral Cortex*, 25（3）, 817-832.　2015 年

"Recognition of Facial Expressions and Prosodic Cues with Graded Emotional Intensities in Adults with Asperger Syndrome" *Journal of Autism and Developmental Disorders*, 43（9）, 2099-2113. 2013 年

金井　智恵子（かない　ちえこ）

2010 年　東京医科歯科大学大学院医歯学研究科心身医療学専攻　博士課程修了
現　在　和洋女子大学人文学部　准教授（医学博士）

【主著・論文】

Handbook of Social Behavior and Skills in Children.（pp.217-248.）（共著）Springer 2017 年

Handbook of Assessment and Diagnosis of ASD.（pp.379-402.）（共著）Springer　2016 年

"Fourth finger dependence of high-functioning autism spectrum disorder in multi-digit force coordination"（共著）*Scientific Reports*, 11（9）, 1737.　2019 年

"Cognitive profiles of adults with high-functioning autism spectrum disorder and those with attention-deficit/hyperactivity disorder based on the WAIS-III"（共著）*Research in developmental disabilities*, 61, 108-115.　2017 年

多職種連携を支える「発達障害」理解

—ASD・ADHD の今を知る旅—

2021 年 3 月 10 日　初版第 1 刷印刷	定価はカバーに表示 してあります。
2021 年 3 月 20 日　初版第 1 刷発行	

編著者　　土 居 裕 和

金 井 智 恵 子

発行所　　（株）北大路書房

〒 603-8303　京都市北区紫野十二坊 12-8
電 話 (075) 431-0361 (代)
FAX (075) 431-9393
振 替 01050-4-2083

©2021

本文イラスト／十倉実佳子
装丁／上瀬奈緒子（綴水社）
印刷・製本／亜細亜印刷（株）

検印省略　落丁・乱丁本はお取り替えいたします。
ISBN978-4-7628-3150-8　Printed in Japan

特別の支援を必要とする
多様な子どもの理解
―「医教連携」で読み解く発達支援―

長崎大学子どもの心の医療・教育センター（監修）
吉田ゆり（編著）

A5判・260頁・本体2200円＋税
ISBN978-4-7628-3135-5 C3037

教職課程コアカリキュラム対応の特別支援教育テキスト。「医教連携」の視点を中心に，子どもを理解・支援するアプローチを探る。

臨床心理フロンティア
公認心理師のための「発達障害」講義

下山晴彦（監修）
桑原　斉・田中康雄・稲田尚子・黒田美保（編著）

B5判・224頁・本体3000円＋税
ISBN978-4-7628-3045-7 C3311

現代臨床心理学のエキスパートによる講義を再現。発達障害の基本から専門的アセスメントと支援まで段階的に学ぶ。動画も視聴可。

ニューロダイバーシティと発達障害
―『天才はなぜ生まれるか』再考―

正高信男（著）

四六判・296頁・本体2200円＋税
ISBN978-4-7628-3091-4 C1011

偉人のエピソードをもとに進化心理学・神経科学の知見をふまえ，様々な障害が強みに働いた過程を考察。好評の書を増補改訂。

ギフティッド　その誤診と重複診断
―心理・医療・教育の現場から―

J. T. ウェブほか（著）
角谷詩織・榊原洋一（監訳）

A5判・392頁・本体5200円＋税
ISBN978-4-7628-3081-5 C3011

豊富な事例からギフティッドに類似する障害の特性と比較し，特有の問題や支援の実践を示す。正確な理解に向けた手引きとなる。